生鲜品供应链相关决策研究

王国利　郝玉洁　马晨欣　著

河北大学出版社
·保定·

生鲜品供应链相关决策研究

出 版 人：朱文富
责任编辑：张　磊
装帧设计：张彦琪
责任校对：姚萌萌
责任印制：常　凯

图书在版编目（CIP）数据

生鲜品供应链相关决策研究 / 王国利，郝玉洁，马晨欣著．-- 保定：河北大学出版社，2023.8
ISBN 978-7-5666-2217-4

Ⅰ．①生… Ⅱ．①王… ②郝… ③马… Ⅲ．①农产品－供应链管理－研究 Ⅳ．① F724.72

中国国家版本馆 CIP 数据核字 (2023) 第 135901 号

出版发行：河北大学出版社
地址：河北省保定市七一东路 2666 号　邮编：071000
电话：0312-5073019　0312-5073029
邮箱：hbdxcbs818@163.com　网址：www.hbdxcbs.com
经　　销：全国新华书店
印　　刷：涿州市般润文化传播有限公司
幅面尺寸：170 mm × 240 mm
印　　张：16
字　　数：210 千字
版　　次：2023 年 8 月第 1 版
印　　次：2023 年 8 月第 1 次印刷
书　　号：ISBN 978-7-5666-2217-4
定　　价：68.00 元

前　言

生鲜品是广大人民群众日常生活中的重要必需品，因此对于生鲜品供应链保鲜及相关决策进行研究具有重要的现实意义和理论价值。生鲜品不同于普通商品，其具有易损耗的特征，在无干预条件下产品质量和营养价值将随时间的流逝迅速消减，因此对其进行保鲜干预十分重要。由于市场结构和现实环境等因素，保鲜承担者的选择及合作模式是一类重要问题，究竟是由上游供应商进行保鲜，还是由下游零售商进行保鲜，抑或是由第三方冷链物流提供商进行保鲜，诸多学者对此进行了广泛的探讨研究，并在不同情境下得出了不同结论。同时，考虑到现实情况，供应商和零售商相对于专业的第三方物流提供商而言在某些方面存在劣势。比如成本方面，由于第三方物流提供商先期已经对物流设备进行了投资，并且有充足的技术人员储备，因此无疑具有先发优势，在运营过程中即表现为保鲜成本优势。将第三方物流提供商具有的保鲜成本优势嵌入生鲜品供应链保鲜决策中，使决策模型在更贴近现实环境的条件下进行构建和求解分析，可以预见更为真实的理论结果和具体的操作办法。此外，考虑到时间跨度并结合策略性库存，本书研究探讨了两期生鲜品供应链的相关问题。时间跨度赋予了生鲜品供应链供需双方更多的决策自由度，使得双方的博弈过程更为复杂，结论也更为真切，而策略性库存则是下游零售商面对市场波动时的重要应对方式。此外，生鲜品的销售模式也在随着时代的变化而呈现多种形式，因此生鲜品销售模式方面相关决策的研究也是本书的重要组成部分。基于上述原因，我们希望本书能够成为生鲜品供应链相关决策研究的一个重要尝试，并在未来的研究中不断完善和发展。

从研究方法来看，根据食品供应链不同参与方的关系架构，本书主要运用了主从博弈研究方法对各参与方在不同博弈环境下进行分析，以期获得相关结论，并为博弈各方提供决策参考和建议。同时根据部分食品行业报告，本书的理论模型所得结论得到了实证支持，无疑为该研究方法的运用提供了有力的支撑，相信未来会有更多实证结果不断证明本书理论的研究意义。

从创新点方面来看，第一，在生鲜品供应链中考虑保鲜成本优势属于方兴未艾的新思路，相信未来将有更多学者注意到这一因素，并进行更为深化和细致的研究；第二，尚未见有重要文献将在生鲜品供应链中考虑时间跨度和策略性库存结合起来进行研究，相信今后将吸引部分学者进行专门的研究和分析；第三，在生鲜品供应链中考虑不同销售模式和保鲜模式，并将销售模式和保鲜模式相结合进行研究，同时探讨多个因素下的生鲜品决策问题，是对前人学者研究成果的深入和发展。

本书的出版得到了天津市高等学校创新研究团队“食品行业智慧物流体系建设”的各位老师，以及天津科技大学社科处各位老师、经济与管理学院各位领导、物流管理系各位老师、天津科技大学食品行业智慧供应链研究院各位老师的帮助和支持。还要特别感谢我的两位研究生郝玉洁、马晨欣，她们在本书的创作过程中做了大量工作，包括资料收集、文字录入、格式编排和成稿校对等。其中，郝玉洁同学完成了约 3.2 万字的写作工作。在此，特向以上各相关单位的老师和同学表示真诚的感谢！

王国利

2023 年 7 月于天津

目　录

第一章　绪论

第一节　研究背景和研究意义

一、研究背景

近年来，生鲜品逐渐成为消费者追求健康生活的首选，其需求量日益增加，从而带动了生鲜市场交易额逐年稳定增长。特别是后疫情时代，人们越来越关注身体健康，追求健康生活的意识越来越强，使得生鲜品的需求量呈现持续稳定的增长趋势。东北证券股份有限公司在相关报告中指出，据 Euromonitor 数据显示，2020 年，国内生鲜零售市场的交易总额达到了 5 万亿元。随着广大消费者的生鲜品需求量的持续增长，生鲜行业由此迎来了难得的发展机遇。同时，在需求量稳定增长和市场规模不断扩大的背景下，行业发展也面临着由于生鲜品易损耗的特性所带来的诸多挑战。因此，为了抓住行业发展机遇，生鲜企业如何积极采取措施、直面问题、应对挑战就显得非常重要。

一方面，保鲜问题一直是生鲜行业发展面临的巨大挑战，生鲜品本身易损耗和低保质的特性给运输周转和销售带来了许多问题。许多生鲜报告中都曾指出，生鲜品新鲜度的品控相当困难，现有研究也表明在运输和储存过程中由于缺乏保鲜努力而导致新鲜度折损的问题仍然存在。其中，Ferguson 和 Ketzenberg 指出，相关数据显示，在美国零售杂货行业中由于变质导致的损失高达15%。而在中国，相关调查显示，生鲜品的变质率高达25%—35%。同时，随着生活水平的提高，消费者对生鲜品的质量要求也逐渐提高，主要表现为消费者在面对消费选择时会相较于以前的把关注点放在价格上转为更多地去关注产品的质量。换言之，消费者对保鲜努力的敏感性逐渐提高，在购买生鲜品时开始关注产品的新鲜度，而不再单纯受价格影响。2022年，中华人民共和国国家发展改革委员会发布了《"十四五"冷链物流发展规划》，旨在推动我国冷链物流高质量发展。《规划》中提到了要完善冷链物流设施布局，助力高质量生鲜品供应。因此，生鲜企业需要认真对待生鲜品新鲜度损耗的问题，需要认真考虑冷链保鲜努力投入，从而提供高质量的生鲜品，以满足消费者高质量的生活需求。

一般而言，在进行保鲜投入决策时，生鲜节点企业将会面临两种选择，即自行保鲜和外包给第三方物流服务提供商（Third parity logistics service provider，TPLSP）。节点企业自行保鲜时，有的是供应商投入大量资金在产地建立冷库，完善相关设施建设，也有的是零售商购买冷链运输设备，建立冷库进行存储周转。节点企业并不擅长自行保鲜，大量资金的投入将给其带来较大的成本压力，此时节点企业就会考虑选择TPLSP。比如，茂名市农业农村局选择与顺丰速运有限公司合作，利用顺丰的冷链保鲜运输为消费者供应高品质的荔枝，从而提升茂名荔枝的知名度。实际上，与节点企业自行保鲜相比，TPLSP在前期投入上具备成本优势，这就导致两种保鲜决策存在成本差异，从而对生鲜品供应链中企业的保鲜决策及其他相关决策产生影响。

另一方面，生鲜品易损耗的特性可引发生鲜市场的供应波动，从而造成生鲜品批发价的波动，这对生鲜行业的发展也是一大挑战。其中，生鲜零售商作为供应链的下游成员需同时面对价格波动和供应链垂直结构上的竞争挑战。此时，生鲜零售商可以选择进行策略性采购来提高竞争力，在满足消费者需求的同时，为自身争取更多的收益。比如，为了整合资源、提升竞争力，克罗格公司和沃尔格林公司合作建立了一个联合采购组织，将其作为一种采购战略，旨在提高采购效率、降低成本和促进创新，同时在生鲜品供应链方面进行相关研究。在面对市场供应波动挑战时，策略性库存（Strategic Inventory，SI）作为一种有效策略也被广泛用于应对企业运营过程中的供应不确定性和加强企业自身竞争力。因此，生鲜品供应链的中下游零售商可以考虑进行策略性采购决策来应对上游批发价的波动、加强自身竞争力、维持稳定供应，从而更好地满足消费者的需求。

除保鲜策略及采购策略方面的研究外，生鲜品销售模式的探讨也十分重要。顺应电子商务的发展，将电商平台的销售模式选择融入生鲜品供应链的研究中，并考虑是否引入第三方外包保鲜服务，从供应链成员收益的角度讨论线上生鲜市场中的销售模式和保鲜策略选择。还可进一步引入横向竞争，研究由两个上游供应商和一个下游电子零售商组成的生鲜品供应链。其中，两个上游供应商可以选择一种销售模式（转售模式或市场模式）与电子零售商合作销售产品。电子零售商可以提供线上平台，帮助电子零售商和两个上游供应商直接销售产品。此外，基于由单个供应商和单个电商平台组成的生鲜品供应链，考虑保鲜成本系数和平台佣金率对供应链决策和效益的影响，讨论保鲜成本系数和平台佣金率等因素的影响，并通过比较均衡结果，分析供应链成员的销售模式和保鲜服务提供商的策略选择。

综上所述，在生鲜品需求量稳定增长的情况下，为应对生鲜品保鲜和供应波动的问题，研究考虑保鲜努力的生鲜品供应链、采购决策及销售模式选择等相关决策问题正当必要。第一，以不同保鲜承担主体为切入点，研究自行保鲜和外包保鲜策略下生鲜品供应链的保鲜投入决策，并设计契约，改进外包保鲜策略。第二，基于 TPLSP 的保鲜成本优势，探究成本优势对外包保鲜策略供应链的决策及节点企业外包保鲜决策的影响，并设计契约，改进考虑 TPLSP 成本优势的外包保鲜策略。第三，在零售商承担保鲜的情况下，考虑 3 种采购策略下两期生鲜品供应链的决策和各方收益，并探讨最优的采购策略。第四，在考虑政府补贴及策略性库存的情况下，研究生鲜品供应链中策略性库存、两期定价和保鲜努力水平决策，建立政府不提供补贴、政府向供应商提供补贴及政府向零售商提供补贴等 3 种不同补贴策略模型，分析不同政府补贴策略对两期生鲜品供应链的最优决策和成员收益的影响。第五，将电商平台的销售模式选择融入生鲜品供应链的研究中，并考虑是否引入第三方外包保鲜服务，从供应链成员收益的角度讨论线上生鲜市场中的销售模式和保鲜策略选择。第六，研究由两个上游供应商和一个下游电子零售商组成的生鲜品供应链，其中，两个上游供应商可以选择一种销售模式与电子零售商合作销售产品，电子零售商可以提供线上平台，帮助电子零售商和两个上游供应商直接销售产品。第七，基于由单个供应商和单个电商平台组成的生鲜品供应链，考虑保鲜成本系数和平台佣金率对供应链决策和效益的影响，讨论保鲜成本系数和平台佣金率等因素的影响，分析供应链成员的销售模式和保鲜服务提供商的策略选择。

二、研究意义

生鲜品需求量的稳定增长虽然带来了发展机遇，但生鲜品易损耗的特性也为行业发展带来了挑战。在此背景下，针对保鲜和供应波动问题，本书结合实际，考虑 TPLSP 成本优势和策略性库存，依据不同保鲜承担主体和采购策略，建立相应的 Stackelberg 博弈模型，研究生鲜品供应链的保鲜决策、成本优势对保鲜决策的影响，以及在不同采购策略下两期生鲜品供应链的定价、保鲜决策和成员收益水平。通过探究保鲜投入决策和采购策略，为生鲜节点企业更好地应对挑战提供可行的建议和策略参考，以期推动行业发展。同时，基于生鲜品特性探讨不同参与方提供保鲜服务时的销售模式选择及相关参数的影响也将为供应链上各成员的决策提供依据，这些均具有一定的理论意义及实践价值。

本书的研究意义可总结为以下几个方面：

（一）丰富生鲜品供应链管理部分的研究

保鲜努力一直是生鲜品供应链管理研究的热点，因为生鲜品易损耗的特性，以及消费者对生鲜品新鲜度的要求越来越高，生鲜企业不得不考虑保鲜努力。但多数学者是基于竞争、碳管制政策环境和投资等视角研究生鲜品供应链的保鲜努力，少有学者在考虑 TPLSP 具备保鲜成本优势的情况下，以不同保鲜主体为研究对象，研究节点企业的外包保鲜策略。

（二）为生鲜品供应链中两期定价、保鲜及采购策略领域研究提供参考

为应对生鲜市场的价格波动和供应问题，本书建立了两期生鲜品供应链模型，考虑了零售商策略性库存，引入了 3 种采购策略，研究两期生鲜品供应链的动态定价和保鲜决策。同时，通过对比不同采购策略供应链的决策和成员收益，探索两期生鲜品供应链的最优采购策略，以期打开相关研究思路。

（三）为生鲜品供应链中上、下游节点企业的保鲜和采购策略选择提供参考

首先，通过对比不同保鲜策略下各参与方的决策及收益，可为面临保鲜投入抉择的企业提供关于保鲜策略的建议。其次，通过分析两期生鲜品供应链的动态定价和保鲜努力投入等相关决策，可为相关企业在生鲜品采购策略方面提供一些参考。

（四）为政府对生鲜品供应链相关参与方提供补贴给出建设性意见和依据

建立政府不提供补贴、政府向供应商提供补贴及政府向零售商提供补贴等 3 种不同的补贴策略模型，并分析不同补贴策略下的均衡结果，可为政府的政策决策提供基于量化方法的意见和建议。

（五）为生鲜品供应链中的保鲜服务及销售模式选择提供决策依据

将电商平台的销售模式选择融入生鲜品供应链的研究中，并考虑是否引入第三方外包保鲜服务，从供应链成员收益的角度讨论线上生鲜市场中的销售模式和保鲜策略选择。当考虑上游横向竞争时，上游供应商和下游电商平台之间的纵向博弈无疑将呈现新的特点，并涌现出新的结果。

第二节 研究内容和研究方法

一、研究内容

第一章，绪论。侧重介绍本书的研究背景，阐述本书的研究意义，概括本书的研究内容和研究方法，以及本书拟解决的关键问题，总结本书研究的创新点。

第二章，相关概念基础和研究概述。首先，根据研究内容，介绍相关概念。其次，从生鲜品供应链保鲜、契约设计、两期动态供应链及电商平台销售模式等 4 个方面综述相关文献。最后，通过总结、归纳、对比，引出本书的研究方向。

第三章，生鲜品供应链保鲜策略研究。以由生鲜供应商和生鲜零售商组成的两级供应链和由生鲜供应商、生鲜零售商、TPLSP 构成的三级供应链为研究对象，分别考虑自行保鲜和外包保鲜两种情况。其中，自行保鲜下，节点企业自行投入保鲜努力。外包保鲜下，节点企业选择将保鲜外包给 TPLSP。由此分别构建自行保鲜和外包保鲜两类供应链博弈模型，并讨论消费者的新鲜度敏感性对供应链最优决策与利润的影响。通过对比自行保鲜和外包保鲜两种保鲜策略下各参与方的利润，探讨生鲜品供应链保鲜策略。在此基础上设计协调契约，以改进外包保鲜策略。

第四章，考虑 TPLSP 成本优势的外包保鲜策略研究。在本书第三章的基础上，考虑 TPLSP 具备保鲜成本优势，研究成本优势对外包保鲜策略供应链的决策和各成员保鲜决策的影响。同时设计契约，激励外包保鲜策略下保鲜努力水平的提高，并实现收益的帕累托改进，从而促进各成员在外包保鲜策略中实现多赢，获得最优收益。

第五章，两期生鲜品供应链采购策略研究。考虑不同采购策略对生鲜品供应链的保鲜和定价决策的影响，并研究生鲜品供应链最优采购策略。

针对一条由生鲜供应商和生鲜零售商组成的两级供应链，考虑生鲜零售商的不同采购策略，分别构建单期一次性采购、不考虑策略性库存两期采购和考虑策略性库存两期采购的供应链博弈模型，对比分析各模型的最优决策和收益，探讨生鲜品供应链在同一采购策略下是否能实现多赢。

第六章，考虑政府补贴及策略性库存的两期生鲜品供应链决策。在考虑政府补贴及策略性库存的情况下，研究生鲜品供应链中策略性库存、两期定价和保鲜努力水平决策，建立政府不提供补贴、政府向供应商提供补贴及政府向零售商提供补贴等 3 种不同补贴策略模型，同时分析不同政府补贴策略对两期生鲜品供应链的最优决策和成员收益的影响。

第七章，基于生鲜电商的销售模式和保鲜策略选择的研究。本章尝试将电商平台的销售模式选择融入生鲜品供应链的研究中，并考虑是否引入第三方外包保鲜服务，从供应链成员收益的角度讨论线上生鲜市场中的销售模式和保鲜策略选择。

第八章，生鲜品供应链中竞争供应商线上销售模式的选择研究。本章研究了由两个上游供应商和一个下游电子零售商组成的生鲜品供应链，其中，上游供应商可以选择一种销售模式与电子零售商合作销售产品。电子零售商可以提供一个线上平台，帮助电子零售商和两个上游供应商直接销售产品。供应商不同的销售模式选择形成了 3 种销售情景。

第九章，考虑保鲜服务的生鲜品供应链销售模式选择研究。本章基于由单个供应商和单个电商平台组成的生鲜品供应链，考虑了保鲜成本系数和平台佣金率对供应链决策和效益的影响，讨论了保鲜成本系数和平台佣金率等因素的影响，并通过均衡结果，比较分析了供应链成员的销售模式和保鲜服务提供商的策略选择。

第十章，总结与展望。本章总结归纳了本书研究的主要结论及管理学启示，指出了研究的不足之处，并对后续研究进行了展望。

二、研究方法

（一）文献研究分析法

查阅供应链管理相关研究，尤其是生鲜品保鲜努力和采购方面的文献，并对相关文献进行整理分类和评述。认真学习相关文献中的研究方法，结合本书的研究问题进行反思总结，合理进行模型假设，进而进行建模求解。

（二）博弈和运筹学求解分析法

基于 Stackelberg 博弈理论，建立相应的供应链博弈模型，从而将实际问题模型化，并进行求解分析，同时运用恰当的运筹学方法对建立的博弈模型求解分析，从而得出相应的结论。

（三）契约设计优化

通过分析供应链均衡结果，考虑成本分摊、数量折扣、契约协调的激励作用，进行恰当的契约设计，以期协调保鲜外包给 TPLSP 时的三级生鲜品供应链，进而实现外包保鲜策略下收益的帕累托改进，并达到优化供应链管理的效果。

（四）数值算例分析法

结合模型求解结果和相关结论的分析，根据实际的生鲜市场环境，进行参数设置假设和算例赋值绘图，从而更清晰地展示求解分析的结果。

三、拟解决的关键问题

基于上述研究背景，针对生鲜品供应链保鲜和供应波动的问题，本书研究了生鲜品供应链保鲜投入决策和采购策略。为了促进保鲜努力，提高供应链效益，进行恰当的保鲜投入，根据保鲜投入主体的不同，建立了自行保鲜和外包保鲜两种策略，将不同保鲜投入策略下的保鲜努力水平和各方收益进行对比分析，并设计协调契约，改进外包保鲜策略。此外，考虑到保鲜外包给 TPLSP 具备一定的成本优势，就此展开研究，探索保鲜成本优势对保鲜外包的影响，并得到实现保鲜外包双赢的条件，采用契约设计，以期改进外包策略弱化条件。在零售商自行保鲜的情况下，建立两期供应链模型，探究零售商的策略性采购策略。此外，除保鲜策略及采购策略等方面的研究，生鲜品销售模式的探讨也占有重要位置。伴随电子商务的发展，将电商平台的销售模式选择问题融入生鲜品供应链的研究，并考虑是否引入第三方外包保鲜服务，从供应链成员收益的角度讨论线上生鲜市场中的销售模式和保鲜策略选择是生鲜品供应链研究中的一个重要领域。

综上所述，本书将致力于解决以下问题：

第一，自行保鲜和保鲜外包给 TPLSP 时供应链最优的保鲜努力水平决策和各方收益如何，何种保鲜策略是供应链最优的保鲜投入决策，契约对外包保鲜策略供应链的协调效果如何，能否达到帕累托改进。

第二，TPLSP 具备的保鲜成本优势将对供应链的决策产生何种影响，是否会影响各成员的保鲜投入策略选择。

第三，零售商的不同采购策略将如何影响供应链成员的最优决策和收益，策略性库存对两期动态定价和保鲜决策的影响。

第四，策略性库存是否可以为整个供应链带来更好的效益，考虑策略性库存的两期采购策略成员的双赢对单位库存持有成本是否有条件要求。

第五，基于生鲜供应市场价格波动和政府对生鲜市场的实际干预，考虑零售商如何持有策略性库存以应对供应价格波动，政府如何提出不同的补贴策略施加影响，以及两期生鲜品供应链模型中生鲜供应商的批发定价、生鲜零售商的策略性库存订货量、零售定价和保鲜努力水平决策等。

第六，供应商应选择哪种销售模式与生鲜电商合作，生鲜品所有者应选择哪种保鲜策略才能获取最大利益，不同的销售模式和保鲜策略如何影响市场中供应商、生鲜电商和第三方保鲜服务提供商的定价和决策。

第七，在竞争供应商选择销售模式时，市场中不同的销售模式组合如何影响供应链成员的定价和利润，作为生鲜品供应链的主导者，供应商更倾向于选择哪种销售模式，提供线上平台的电子零售商更倾向于哪种销售模式组合。

第八，在考虑保鲜服务的生鲜品供应链销售模式选择研究中，供应商选择哪种销售模式入驻电商平台才能实现利益最大化，供应商和电商平台中谁为产品提供保鲜服务才能保证双方的利益最大化，保鲜成本系数和平台佣金率如何影响该生鲜品供应链的决策和供应链成员的最优利润。

第三节 研究创新点

本书的研究创新点主要包括以下几个方面：

第一，关于生鲜品供应链保鲜的相关研究，多数学者都是在既定的保鲜投入主体设定下进行管理问题探究，而随着生鲜品需求量的增长和消费者对生鲜品新鲜度的进一步关注，生鲜行业及企业均需考虑保鲜投入，而对从不同保鲜投入主体的设定出发进行的保鲜策略探究在一定程度上有所忽视。此时，如何选择保鲜投入策略已成为节点企业亟须考虑的问题。因此，本书将现实中可能的保鲜投入方式进行全面分析，建立相关模型，对比不同保鲜策略下最优保鲜努力水平决策及各方收益，从而探究较优的保鲜投入策略。

第二，本书在外包保鲜策略的模型中，依据实际情况考虑了 TPLSP 具备的保鲜成本优势，而生鲜品供应链中关于保鲜外包给第三方物流服务提供商的研究中尚未有考虑此因素并展开探讨的相关文献。此外，多数研究中提到了 TPLSP 的加入将加剧双重边际效应，但若考虑成本优势，则可降低供应链的成本投入，并可带来一定的效益，这将在一定程度上弱化双重边际效应的影响，从而为外包保鲜策略决策带来积极信号。因此，本书基于 TPLSP 具备的保鲜成本优势，从较新的角度探索研究其对外包保鲜策略决策的影响，以期为后续相关研究提供理论基础。在此基础上，本书还考虑了契约协调改进外包保鲜策略，弱化节点企业保鲜外包的成本优势条件。

第三，本书在零售商自行保鲜的情况下，建立了两期动态决策供应链模型，以研究多周期生鲜品供应市场波动时的采购问题。对于生鲜品供应链，现有研究多在单周期背景下展开，少有研究考虑生鲜品供应链动态定价及保鲜决策，并同时考虑策略性库存导致的上游供应价格的波动。因此，本书的部分内容致力于动态决策下的策略性采购。

第四，在考虑政府补贴及策略性库存的两期生鲜品供应链决策问题中，供应商在策略性库存和政府补贴下均会降低批发价。零售商在政府补贴下将持有更多策略性库存和提供更高的保鲜努力水平，零售价决策与补贴策略和顾客保鲜努力敏感性密切相关。无论政府是向供应商还是向零售商提供补贴策略，都会有效刺激更多需求，并提高成员收益。通过数值仿真分析发现，在补贴率和顾客保鲜努力敏感性较低时，政府向供应商提供补贴更有利于提高成员收益。当补贴率和顾客保鲜努力敏感性达到一定水平时，政府向零售商提供补贴更有利于提高成员收益。

第五，在基于生鲜电商的销售模式和保鲜策略选择研究中，代售模式可为供应商和第三方带来更高收益，而对生鲜电商来说，佣金率才是其销售模式偏好的决定性因素。不论供应商以哪种销售模式入驻电商平台，自行保鲜策略都可以为供应商和生鲜电商带来更高利润。不同的策略选择对供应链成员的决策有显著影响。代售模式下产品价格低且更新鲜，对消费者更有吸引力，而产品定价方自行保鲜时通过销售更便宜的产品来吸引消费者，外包保鲜时通过提供高新鲜度的产品吸引消费者。另外，供应商和生鲜电商自行保鲜时，应通过积极改进保鲜技术来降低保鲜成本，从而提高利润。而对于第三方来说，若保鲜成本系数较低，则无须通过改进技术来提高利润，只有当保鲜成本系数过高时，第三方才有动力改进技术以降低保鲜成本。当供应商以代售模式入驻电商平台时，若自行保鲜，则供应商和生鲜电商都更喜欢以低佣金率合作。若供应商引入第三方外包保鲜，则高佣金率只对生鲜电商有利，供应商和第三方都将利益受损。若产品所有者外包保鲜服务，则转售模式下高外包费用系数对供应商和生鲜电商都不利，只有第三方希望外包费用系数适当增加，但是该系数过高也会损害第三方利益。代售模式下高外包费用系数只对供应商不利，生鲜电商和第三方都希望该系数在适当范围内小幅度增加。同时，通过相关研究发现，转售模式下批发价不受保鲜策略的影响，只与潜在市场规模相关。

第六，当上游供应商存在竞争时，在分析线上市场销售模式选择的基础上，进一步增加了关于生鲜品和竞争供应商的研究，得到以下主要结论：首先，供应商和电子零售商的偏好受平台佣金率的影响，即佣金率越低，供应商就越倾向于选择市场模式，而电子零售商则越喜欢转售模式；其次，销售情景也会影响供应商和电子零售商的最优决策和利润，即如果两个供应商分别选择不同的销售模式，那么选择转售模式的供应商的利润将远低于选市场模式的一方；最后，产品的新鲜度会影响竞争供应商和电子零售商的利润，即产品新鲜度越高，电子零售商的利润越高，而只有在保鲜成本足够低的情况下，供应商的利润才会更高。

第七，在考虑保鲜服务并包括供应商和电商平台的供应链中，若供应商选择以转售模式入驻电商平台，则合作双方都希望由电商平台提供保鲜服务。若供应商选择以代售模式入驻电商平台，则由供应商提供保鲜服务对双方都有利。如果由供应商提供保鲜服务，则其一定选择以代售模式入驻，而电商平台只有在供应商的保鲜技术较为先进时，才更倾向于选择代售模式。如果由电商平台提供保鲜服务，则其更喜欢转售模式下的合作，而供应商只有在电商平台的保鲜技术较为先进时，才会选择以转售模式入驻。只有在供应商以代售模式入驻，并且在电商平台提供的保鲜服务市场中佣金率较高且保鲜技术较为先进时，电商平台才会不急于发展保鲜技术。除此之外，供应商和电商平台都将追求更先进的保鲜技术。当供应商提供保鲜服务时，供应商总是希望佣金率尽量低，而电商平台只有在佣金率过高时，才会适当降低该比率。当电商平台提供保鲜服务时，电商平台将尽可能地提高佣金率，而电商平台的保鲜技术较为先进时，供应商也可以接受较高的佣金率。

第二章　相关概念基础和研究概述

第一节　相关概念基础

一、生鲜品供应链保鲜理论

生鲜品作为一种未经深加工的生活必需品能够提供丰富营养，往往为追求健康生活的消费者所钟爱。由于生鲜品易损耗的特征，消费者在购买时会更多关注生鲜品的新鲜度并衡量保鲜情况，同时生鲜企业也面临着保鲜品控的问题。因此，生鲜品供应链保鲜问题被众多学者所关注，许多研究也就此展开。

生鲜品供应链是一个由生鲜品生产、运输配送，以及销售过程中涉及的相关节点成员及企业组成的链状结构。生鲜品供应链保鲜是生鲜行业发展一直以来面临的问题，需要考虑保鲜努力投入达到一定的品控效果，满足消费者对高品质生鲜品的需求，因此保鲜努力于生鲜品供应链而言是相当重要的。然而，在生鲜品供应链的研究领域，关于保鲜努力投入尚未有统一定义。本书对保鲜努力投入的定义为：为延缓生鲜品的新鲜度下降，生鲜品供应链中的供应商或零售商等企业建立冷库、购买冷链运输设备、设备仓库运营等产生的投入成本。不同的保鲜努力投入将形成对应的保鲜努力水平，从而被消费者所感知，用以衡量购买效用。换言之，将保鲜努力投入作为影响消费者需求的一种因素考虑在生鲜品供应链中。

生鲜品供应链保鲜可由节点企业负责，也可外包给 TPLSP。在侧重于保鲜努力水平决策的探究中，许多学者分别在二级生鲜品供应链和保鲜外包给 TPLSP 的三级供应链中研究生鲜品供应链保鲜相关问题。虽然两种保鲜方式的目的都是延缓损耗，但是在提供同样保鲜努力水平时产生的成本存在差异。与节点企业自行保鲜相比，专业的 TPLSP 有固定的前期投入基础，从而具备一定的成本优势。

二、供应链契约协调概念

供应链契约协调是指通过恰当的机制设计，使参与方之间达成合作，以激励或补偿条款来提升供应链系统效益，并协调各方收益，最终实现收益的帕累托改进。1950 年，Spengler 提出供应链中的参与者在分散决策下为了追求自身利益最大化可导致双重边际化。双重边际化不利于供应链的效益提升，但在恰当的契约设计激励机制下可缓和双重边际化影响。后续的许多学者在供应链管理研究中为协调成员收益，广泛使用契约设计激励机制，如成本分摊契约、收益共享契约、数量折扣契约、批发价契约等。同时，也有学者在单一契约基础上优化机制设计，提出组合契约等。

下面将主要介绍本书相关的两个契约设计形式。

（一）成本分摊契约

成本分摊契约是指供应链中的一方分摊另一方在生产或服务期间产生的部分成本，降低另一方的成本压力，激励其提供更高质的产品。为了更好地满足市场需求、提高竞争力，供应链中的节点企业往往需要投入巨额资金以保证产品的生产或研发。但当其感觉投入与产出不对等时会拒绝继续投入，这将不利于供应链系统效益的提高。此时，若其他节点企业能够分摊部分成本，这将在一定程度上补偿该节点企业的利润，减轻该节点企业的压力，从而刺激其提高相关投入以追求更高收益。其实，成本分摊契约的实质就是通过契约使供应链中的成员建立合作关系，共同努力提高系统效益并向协调方向改进，这为供应链优化、实现共赢提供了可能性。

（二）数量折扣契约

数量折扣契约是上游供应企业根据下游零售商采购的产品数量给予其一定比率的批发折扣，从而激励下游零售商订购更多数量的产品。于上游供应企业而言，其提供的折扣可刺激更多的订单量，从而获得大规模生产带来的效益。于下游零售商而言，购买量越大则可获得更低的批发折扣，这将有利于控制采购成本。数量折扣契约实质上是通过促进各方建立良好的合作关系，使双方从中受益。合理的数量折扣设置可以加强双方的协作，缓和供应链中的双重边际效应，提高系统效益，从而使各方收益提高，实现多赢。

三、策略性采购概念

策略性采购是指结合实际情况，为了保障企业运营目标的实现而进行的前瞻性采购行为，其不是以降低采购成本为唯一目的，而是通过策略性采购满足需求，实现供应的可持续性。在竞争日益激烈的当下，企业需要结合背景环境和自身能力，通过策略性采购行为加强竞争力，从而保证供应的稳定性。此外，不同于战略采购是一个长期的、系统的、全面考虑后进行的采购活动，策略性采购主要是在了解明晰某项问题后，为了满足未来需求而提前采取措施进行的采购。

策略性库存作为一种策略性采购被广泛应用于零售层面，可赋予采购方更多权力，增强其竞争力。当面对市场波动、供应不稳定时，持有策略性库存可以保证产品的持续供应。同时，在供应链的竞争中，策略性库存有双重积极效应影响，既可以促使上游供应企业降低产品批发折扣，又可以抑制双重边际效应对供应链的影响，使成员得到更公平的回报，从而有利于整个供应链效益的提高。而在生鲜品的易损耗特征导致供应波动的情况下，生鲜品采购库存管理研究中则会考虑双重采购（库存）策略（常规模式和应急模式）。本书基于上述研究理论基础，在两期动态生鲜品供应链中考虑零售商持有策略性库存，以加强垂直层面竞争力，应对上游供应波动。

四、电商销售模式

现代电商零售平台在进行在线销售时通常采用的运营模式包括转售（Reselling）和代售（Agency selling）。转售模式（Reselling mode）即电商零售平台向上游供应商采购商品，自主定价后销售给终端消费者，如天猫自营、京东自营等诸多自营店。代售模式（Agency Selling mode）即电商零售平台不进行零售价的定价决策，而是由商品供应商进行销售定价，平台方只为商品供应商提供销售平台，同时收取一定比例的佣金，如天猫或京东等为各品牌商品提供的销售旗舰店平台。两种销售模式各有所长，上游供应商将根据自身实力及产品特性等多种因素选择恰当的销售模式。

第二节　研究概述

本节将结合本书研究，考虑生鲜品供应链的主流研究内容，将相关文献分为生鲜品供应链保鲜、供应链契约设计、两期动态供应链、电商平台销售模式的研究等 4 个方面进行梳理综述。第一，对生鲜品供应链保鲜的研究进行梳理，先对自行保鲜生鲜品供应链的决策研究展开综述，然后对外包保鲜生鲜品供应链的相关决策研究进行综述。第二，对供应链契约设计方面的研究展开论述。第三，对两期动态供应链的相关研究展开综述。第四，除保鲜策略及采购策略等方面的研究，生鲜品销售模式的探讨也占有重要位置，将电商平台的销售模式选择融入生鲜品供应链的研究，并考虑是否引入第三方外包保鲜服务，从供应链成员收益的角度讨论线上生鲜市场中的销售模式和保鲜策略选择。

一、生鲜品供应链保鲜研究

前人学者均会结合生鲜品易损耗的特征来开展生鲜品供应链管理问题的研究，如 Blackburn 和 Scudder 研究了易腐产品供应链的设计策略，设计的模型为考虑产品边际时间价值，为制定其他易腐产品供应链的设计提供了参考。Shukla 和 Jharkharia 通过文献综述的方式回顾了生鲜品供应链管理，侧重总结了在供应过程中能够影响生鲜品新鲜度的相关因素，以及在农业和产品收获中应用的相关技术。随着生鲜市场的发展，生鲜品供应链管理问题受到越来越多的学者的关注，相关研究也越来越丰富。其中，与本书的研究关联性较强的是生鲜品供应链保鲜决策研究、依据保鲜负责主体分为节点企业自行保鲜和保鲜外包供应链等相关问题。

（一）自行保鲜生鲜品供应链研究

近年来，保鲜努力一直是生鲜品供应链的研究热点，究其原因，保鲜努力可以解决生鲜供应过程中的损耗问题，有利于提升供应链运营效率。

依据不同的保鲜投入主体，相关研究可分为 3 类。

第一类是生产供给端进行保鲜，分析了不同背景设定下生鲜品供应链管理问题。比如，王磊和但斌在消费者效用受生鲜品新鲜度的影响的情况下，在两级生鲜品供应链中研究了供应商保鲜努力水平投入激励机制；Ma 等在碳管制和消费者绿色意识提高的背景下，研究了政府如何制定政策以引导冷链成员做出最优保鲜努力和碳减排策略；曹晓宁等在供应商承担保鲜努力的情况下，通过对比集中和分散等两种决策模型验证了协调的必要性，并设计了契约，促进渠道的合作；刘墨林等在生鲜需求受保鲜努力和增值服务的双重影响的情况下，研究了集中和分散等两种模式下各成员最优决策和供应链优化问题，发现供应商保鲜努力与决策模式和新鲜度需求弹性相关；Chen 等在当具备竞争性的两个供应商提供保鲜努力时，建立了 3 类需求信息共享情形的模型，研究零售商的信息共享策略，发现仅在高新鲜度敏感性下，零售商才会有分享需求信息的意愿；基于生鲜电商快速发展的背景，Tian 等认为供应商在进行保鲜的同时还需考虑侵占市场的销售模式，通过建立相关模型，研究分析供应商的销售模式选择策略和平台的信息共享策略，并发现竞争强度和保鲜敏感性将对平台信息共享意愿产生影响；范体军等考虑了权力结构和零售商竞争的影响，研究了生鲜品供应链决策相关问题；在新零售的背景下，周永圣等考虑到消费者的不同偏好，依据不同偏好的消费者需求整合问题，发现不同类型消费者的比例将不会影响成员的最优决策，但供应商提供的保鲜努力水平应随市场规模及时调整；在保鲜成本分摊的背景下，曹裕等研究了二级生鲜品供应链中两种不同契约方式对供应商最优保鲜努力水平的影响，发现博弈契约刺激保鲜努力水平提高的效果优于零售商单独提供分担的契约。

第二类是下游零售端进行保鲜。比如，Cai 等在零售商承担运输、提供保鲜努力的假设下，建立了两级生鲜品供应链模型，研究了成员最优决策及协调问题；在零售商负责保鲜投入时，Yang 和 Tang 依据不同销售模式建立了对应模型，研究分析了 3 种销售模式下的供应链最优决策，并发现销售模式将影响保鲜带来的效益；陈军等在生鲜农产品新鲜度损耗与代销商保鲜努力有关的假设条件下，建立了不同委托代销方式的博弈模型，探究供应链最优保鲜努力水平和定价等决策，以及各方委托代销策略选择；在零售店保鲜努力会影响需求的情况下，田宇等研究了生鲜电商不同合作模式的供应链最优决策和最优合作模式选择策略；从公平关切角度出发，张娜娜等建立了 Nash 讨价还价博弈模型，研究不同公平关切情形供应链中成员最优决策及收益变化，发现供应商的公平关切不利于生鲜电商保鲜努力水平的提高；潘晓飞等考虑了商超的损失规避性，通过建立期望效用最大化模型，研究其在损失规避下的优化决策；在权力影响定价的背景下，张艳和王淑云研究了控制力因素对供应链保鲜努力水平等决策的影响；基于生鲜农产品质和量双重损耗的特征，王磊和但斌考虑了 3 种控制损耗的保鲜策略，并建立模型，研究对比不同保鲜策略下的决策，发现高保鲜成本和效果敏感系数将促使零售商选择控制质和量双重损耗的保鲜策略。

第三类是上游供给和下游零售端都投入了保鲜努力。比如，曹裕等同时考虑了合作和保鲜因素，研究比较了两级生鲜品供应链中双方成员合作与否，以及不同主导方对整体保鲜努力水平的影响；依据参与方投资决策，Moon 等建立了 3 种不同情形的博弈模型，研究生鲜农产品供应链的决策和协调问题；在需求受节点企业双边保鲜努力水平的影响的情况下，覃艳红等研究了下游零售商的公平偏好对二级生鲜品供应链保鲜决策和协调的影响；不同于零售商的公平偏好，Yan 等在供应商公平关切的背景下，探究了在双方都进行保鲜努力的供应链中成员决策及帕累托改进问题。

（二）外包保鲜生鲜品供应链研究

不同于节点企业自行保鲜的生鲜品供应链相关问题研究，有些学者考虑了保鲜外包给 TPLSP 的情况，并展开了探索。比如，Cai 等在第三方物流加入，承担运输并负责保鲜努力的背景下，研究了生鲜品供应链管理问题，发现外包将加剧双重边际效应，但可在契约协调下得到改善和优化；Yu 等在外包冷链保鲜的情况下，研究了生鲜品供应链中定价和冷链保鲜服务决策，而后又考虑了零售商之间的纵向竞争，并探讨了（横向/纵向）一体化对相关决策和成员收益的影响；Yu 和 Xiao 基于不同决策顺序，建立了相关博弈模型，研究生鲜品供应链的最优保鲜冷链服务外包模式，并采用数量折扣契约协调成员收益；结合碳管制的相关政策，从环境角度切入，Ma 研究了 3 种不同政策下冷链服务外包的供应链最优保鲜努力水平等决策及优化问题；马雪丽等在 TPLSP 加入向农户提供冷链保鲜努力的三级供应链中，研究了系统协调及保鲜努力对控制农产品质和量损耗的影响；在零售商占据主导的情况下，冯颖等进行契约设计，研究其对 TPLSP 介入的三级生鲜农产品供应链系统效率的提升效果；Lou 等通过对比保鲜外包给第三方和零售商自行保鲜两种模式，发现外包有利于供应商，且会损害零售商收益，采取成本分摊契约将损害 TPLSP 的利益，但可提升节点企业的收益；余云龙和冯颖依据不同冷链服务模式建立了博弈模型，研究生鲜农产品供应链相关决策；从提升系统效益角度出发，陈柳鑫等在节点企业共担 TPLSP 运费成本的设定条件下，分析了各参与成员的最优决策和收益，通过收益共享契约设计，研究发现其在一定条件下有利于

TPLSP 和零售商的收益提升；姚冠新等在保鲜外包给 TPLSP 的双重信息不对称背景设定下，基于委托代理理论建立了激励模型，并求解最优激励参数，验证了激励机制的有效性，揭示了信息对生鲜品供应链参与者收益的影响；徐慧婷在 TPLSP 主导的生鲜电商供应链中建立了 Stackelberg 博弈模型，分析电商平台和供应商在不同领导权下的决策和收益。

综合上述文献发现，自行保鲜生鲜品供应链的研究大多集中在单一既定主体负责保鲜努力下，结合特定背景考虑其他因素（结构模式、环境可持续性、公平关切等）的影响，探究生鲜品供应链决策、保鲜激励及协调优化问题，少有学者依据不同保鲜努力主体，通过对比保鲜投入策略，探索生鲜品供应链保鲜策略选择。基于此，本书不仅考虑了节点企业自行保鲜的两种具体策略，还考虑了保鲜外包给 TPLSP 的两种具体策略，通过分析对比形成了两大类保鲜策略，从而探究生鲜品供应链的保鲜外包决策。此外，在外包保鲜生鲜品供应链的研究中，发现未有学者考虑 TPLSP 与节点企业在保鲜上存在的成本差异，也未就此展开探索分析。实际上，与节点企业相比，TPLSP 无疑具备一定的成本优势，而这种优势将对生鲜品供应链中节点企业的外包保鲜策略选择产生影响。因此，本书针对 TPLSP 所具备的保鲜成本优势，又进行了保鲜策略对比分析，以探究成本优势对外包保鲜策略决策的影响。

二、供应链契约设计研究

在供应链管理研究领域，成员在分散决策下作为独立个体纷纷以自身收益最大化为目标进行相关决策，这将会造成供应链的双重边际效应，从而不利于整个系统效益的提高。此时，需要通过签订恰当的契约合同，使成员建立良好的合作关系，从而缓和弱化双重边际效应的影响，实现系统效益的提高，并达到帕累托改进。因此，许多学者结合相关问题的特点进行了契约机制设计。在本书研究主要涉及的生鲜品供应链领域，契约激励设计作为协调和优化供应链的重要手段也被广泛应用。

有些学者针对供应链中成员冲突问题进行了单一契约设计，其中常见的契约设计包括成本分摊契约、收益共享契约、回购补偿契约、数量折扣契约等。在成本分摊契约设计下，董振宁等研究了农超对接模式下的生鲜农产品供应链保鲜努力等决策，通过保鲜成本分摊契约设计，完美协调了分散决策模式的供应链。Wang 等在生鲜品供应链中同时考虑了绿色水平和保鲜努力两种因素，并在成本分摊合同设计下实现协调。在收益共享契约设计下，史保阳和史保莉通过契约设计，使消费者效用受保鲜努力水平影响的分散决策模式下的农超对接生鲜品供应链实现了协调。在“合作社＋核心企业”模式生鲜品供应链的研究中，熊峰等发现消费者的高偏好可使收益共享契约的协调效果更佳。张琴义和曹稳通过研究发现，共同投资保鲜可使新鲜度提高，且合理的收益共享契约可实现供应链协调。郑琪等发现可利用改进的收益共享契约解决生鲜品供应链中的信息不对称问题，从而提高各方收益。还有些研究也表明，收益共享契约设计可解决生鲜品供应链管理的相关问题，使成员收益实现协调。有些研究则采用了回购契约设计来协调供应链，如刘亮和李斧头研究了零售商在供应商可能谎报新鲜度情况下的区块链技术投资决策，设计了回购补偿契约，发现其可使供应链成员实现双赢。杨亚等则研究了 RFID 技术投资决策，并对应用技术后的供应链设计了回购契约协调。有些研究采用数量折扣契约协调供应链，如张云丰等将数量折扣契约引入，以协调两级时滞变质品供应链，发现契约可使集中决策模式的供应链系统达到最优状态。赵磊洲在 O2O 模式生鲜农产品供应链中考虑了信息不对称问题，利用改进的数量折扣契约使线下成本扰动的供应链实现了协调。Yu 和 Xiao 在分析外包模式时，通过数量折扣契约设计，有效刺激了 TPLSP，提高了保鲜努力服务水平，并协调了成员之间的收益。

还有些学者则考虑了混合契约优化协调供应链，如张旭梅等考虑了补贴和公益性因素，研究生鲜冷链的保鲜投入激励问题，设计单一的成本分摊契约，使供应链达到协调需要的条件，采用“收益共享＋转移支付”的组合契约，可使供应链完美协调。Wu 等在生鲜物流外包的供应链中设计了“价格折扣＋库存风险分摊”的组合契约和“收益共享＋成本分摊”的组合契约，进行供应链协调，最终验证两个组合契约均可发挥作用，使成员之间实现双赢。从主导优先权切入，冯颖和顾美佳建立了两种模式的非合作博弈模型，求解对比 TPLSP 的物流服务水平和订购量，并设计了“物流服务成本分摊＋收益共享”组合契约协调两种模式下的供应链。在生鲜需求受保鲜努力水平和促销努力水平的影响的情况下，白世贞和谢爽设计了“收益共享＋成本分摊”组合契约，以促进生鲜电商供应链中成员合作，并探讨了契约有效协调的条件。张科静和马曼琼通过建立 Stackelberg 博弈模型，求解分析对比集中和分散等两种决策模式，并设计“保鲜技术＋成本分担＋收益共享”组合契约协调生鲜双渠道供应链。Ma 等考虑信息不对称的情况，研究了生鲜农产品供应链的协调问题，发现“收益共享＋成本分摊”组合契约可缓和需求信息隐藏，促进需求和期望收益提高。

综上所述，为了提高分散决策模式下的供应链系统效益，协调成员的收益，多数学者考虑采用了契约设计激励机制。而考虑到本书对外包保鲜策略决策的研究与传统的两级生鲜品供应链保鲜不同，当 TPLSP 加入时，将加剧供应链中业已存在的双重边际效应，从而不利于成员收益及供应链系统效益的提升，并将对最优保鲜努力水平决策产生影响。因此，在前人研究的基础上，可考虑采用契约设计协调保鲜外包的三级生鲜品供应链，以期改进外包保鲜策略，刺激 TPLSP，从而提供更高保鲜努力水平的服务，增加成员收益，实现帕累托改进。此外，通过研究发现，少有研究采用数量折扣契约协调生鲜品供应链，但考虑到数量折扣契约可在一定程度上控制边际成本，缓和双重边际效应，刺激更多订货量，本书将在外包保鲜策略下采用数量折扣契约协调优化三级生鲜品供应链。

三、两期动态供应链研究

实际生活中面临的是复杂多变的环境，这将为供应链管理带来巨大的挑战，此时单期的供应链建模便无法满足研究需求。鉴于此，许多学者在研究相关管理问题时考虑建立两期甚至多期供应链模型，进行更合理的探索，从而为行业管理提供更科学的建议和参考。其中，两期供应链的研究大多围绕动态定价和订货展开，如 Nahmias、Dolan、Jeuland、Rajan 等都曾对动态定价和多期供应链问题进行过初始研究。在此基础上，Bhattacharjee 和 Ramesh 建立了一个考虑库存和定价的单一产品动态供应链模型。与单一产品问题研究不同，Saha 等研究了两期供应链中两个可替代产品的策略性库存和定价策略。同时，Pan 等建立了一个两期供应链模型，通过动态定价和订货决策，以期提高竞争力。另外，还有一些学者考虑了不同类型的需求来研究两期供应链的最优定价策略。如 Maiti 和 Giri 分析了确定需求类型下的产品动态定价问题，这与 Chen 和 Xiao 在不确定需求环境下获得动态定价和订货的最优决策不同。在不确定的产品评价和市场潜在需求背景下，Liu 等考虑了双重信息不确定的利润风险水平，研究动态定价决策及供应商策略选择问题。

除了定价和订货策略外，在环境可持续管理问题研究中，许多学者也考虑采用两期供应链模型开展研究，结合特定的情形建立两期闭环供应链模型，研究供应链中决策、机制设计和协调等问题。如 De Giovanni 和 Zaccour 考虑了一个两周期的闭环供应链框架，研究制造商回收策略，制造商可考虑将产品回收活动外包给第三方回收服务提供商或零售商，发现当外包便利时制造商更偏好由零售商负责回收。Genc 和 De Giovanni 在回收率取决于产品价格和质量水平的设定下，通过建立两期 Stackelberg 博弈模型，以进行闭环供应链动态决策研究，发现公司回收产品时采取主动退货的方式是值得的。Mondal 和 Giri 在需求受绿色水平和绿色努力的影响的情况下，研究了两期闭环供应链的定价和回收策略。依据戴尔公司的再回收案例，Ramani 和 De Giovanni 建立了一个非典型的两期闭环供应链模型来研究相关问题。还有学者通过建立两期动态闭环供应链模型，分别研究了奖惩机制、定价和担保决策。Dey 等则研究探讨了两期供应链模型下博弈结构和绿色产品成本类型对供应链中决策的影响。还有学者通过建立两期供应链，研究了合同机制和选择偏好及相关决策。考虑到生鲜品在实际供应过程中面临着各种变化，以及生鲜市场上存在激烈竞争，最近有学者建立了两期供应链模型，研究生鲜品供应链的决策和管理策略，将模型中各参与方的相关决策如定价策略、订货策略等考虑为动态情形，并就此研究了两期生鲜定价、订购及合同契约设计策略。

此外，两期动态供应链模型也常与策略性库存相互关联，从而研究供应链管理问题。策略性库存作为采购策略之一，常被考虑在零售层面运用，相关研究表明，其可被考虑在动态模型中以增强下游零售商的竞争力，从而有利于提高供应链的管理效益。一些学者就此展开了研究，如Moon等研究了策略性库存投资策略，发现零售商考虑策略性库存是供应链管理的一个有效措施，但对供应链的协调而言却是一个麻烦的问题。Li等研究了策略性库存可能被零售商用来争取批发价优惠，以应对供应商入侵的策略。还有学者考虑到需求的不确定性、经济批量订购和市场策略等因素，对策略性库存展开了研究，如Arya等从下游企业战略性利用库存影响供应商定价的角度出发，建立动态供应链模型，研究了集中和分散等两种不同采购决策。基于一系列两期供应链模型和需求取决于价格的设定，Hartwig等先行测试了策略性库存对供应链绩效的影响。Roy等考虑了制造商定价前无法获得下游零售商策略性库存信息的情况，研究了信息可视性对供应链中使用策略性库存的影响。Chen等研究了竞争对策略性库存的影响，发现恰当的策略性库存对制造商、零售商和消费者均有正面影响。然而，策略性库存并不总有利于成员收益的提高。Mantin和Veldman在供应商流程改进投资的背景下，发现库存持有成本较高时可刺激投资，且发现策略性库存可能损害供应商和零售商的利益。Thorlakson等和Hsu等的研究表明，由于科技的发展，相关生产技术提升产品的供应不稳定性在一定程度上已经得到解决。

上述文献表明，动态模型（两期及多期）可被有效用于研究供应链中定价和环境的可持续管理问题。特别是基于消费者绿色偏好的假设下，两期供应链模型被广泛用于可持续性发展的问题，研究闭环供应链中再制造问题。也有学者将其用于研究生鲜品供应链中定价和合同机制设计策略，但未有研究考虑到生鲜市场供应波动的问题，并构建两期生鲜品供应链模型，研究不同采购策略下的动态定价和保鲜策略，以应对由生鲜品易损耗特征带来的市场波动。此外，上述文献也有在供应链中考虑了使用策略性库存应对竞争，以提高供应链效益，但还缺乏将动态决策（保鲜努力水平和价格）与策略性库存结合起来考虑，研究两期生鲜品供应链采购策略问题。基于此，本书建立了两期供应链模型，考虑了 3 种采购策略，研究生鲜品动态定价、保鲜及策略性采购决策。

四、电商平台销售模式

随着线上零售业的迅猛发展，线上销售的形式也在不断创新，逐渐由传统的转售模式发展为代售模式。随着广大学者对电子商务行业的关注，电子零售商的两种销售模式得到了广泛研究。这些研究主要集中在两个方面，即是否引入代售模式和如何选择销售模式。Yan 等考虑了两种线上溢出效应、平台成本和消费者效用等因素，探讨了在现有模型中引入市场渠道对供应链成员利益和决策的影响，他们发现考虑溢出效应时，制造商引入市场渠道的意愿增加，而电子零售商引入市场渠道的意愿下降，此外，较高的平台费用并不一定会鼓励电子零售商加入市场渠道。Zhang 和 Ma 讨论了如何整合物流服务战略，以及在转售模式合作的情况下，供应商和平台是否可以进一步引入代售模式。Huang 等研究了制造商在线上渠道销售模式的选择和电子零售商在消费者可能战略性等待的情况下引入自有品牌的决策。Jia 和 Li 讨论了在电子零售商提供市场渠道和再销售渠道的闭环供应链中，制造商如何分别为新产品和再制造产品选择最佳的销售模式。Tian 等将线上零售商视为连接供应商和消费者的线上市场，并讨论了供应商在这个线上市场中的销售策略选择。此外，考虑到生鲜品易损耗的特征和运输储存条件要求苛刻等特点，卖家通常会在生鲜品运输和销售过程中为其提供保鲜服务，以降低损耗。随着生鲜电商和保鲜技术的发展，供应商和电商平台之间由谁为产品提供保鲜服务也逐渐成为热点话题。在市场中，竞争是一个不可避免的话题。Chen 等在考虑零售商竞争的情况下，讨论了一个制造商和两个竞争电子零售商的销售策略，他们发现在没有零售商竞争的情况下，两个电子零售商都倾向于转售模式，以实现双赢，但是在竞争激烈的情况下，混合销售模式（即一个电子零售商选择代售模式，另一个电子零售商选择转售模式）可以最终实现帕累托改进。考虑到线上渠道和线下渠道的竞争，Pu 等分别在存在 3 种不同权力结构的线下渠道的情况下，讨论了制造商线上渠道的定价和销售策略。Liu 等考虑了区块链的可追溯商誉和产品新鲜度，讨论了电商平台为了与线下零售商竞争，在线上渠道的生鲜品销售策略的选择。Liu 等研究了与同一制造商合作的经销商和代理销售商为了扩大市场而尝试一种新的合作模式，并探讨了混合零售策略下的定价和渠道选择。

以上研究成果主要针对生鲜品供应链中的保鲜策略及保鲜决策问题，以及电商平台的销售模式选择问题，但很少有学者将其结合起来。因此，将保鲜决策问题与销售模式选择问题相结合，建立模型开展量化分析，无疑具有一定的理论价值，且更符合现实需求。同时，与现有的研究不同，本书将电子零售商销售模式的研究扩展到生鲜品和竞争供应商领域。本书考虑了生鲜品新鲜度水平，并建立了包含竞争供应商的生鲜品供应链博弈模型，其中与同一电商合作的竞争供应商决定线上销售模式，并讨论了不同销售模式组合，以及生鲜品供应商的销售策略对供应链成员决策的影响。

第三节　本章小结

本章首先对本书研究主要涉及的生鲜品供应链保鲜、契约协调及策略性采购、电商销售模式等相关理论基础进行了介绍，然后对前人学者在生鲜品供应链、供应链契约设计、两期动态供应链、电商平台销售模式的研究领域的相关文献进行了仔细梳理和综述。其中，对生鲜品供应链管理问题有相当丰富的探索，许多学者考虑了保鲜努力，以期解决生鲜品的损耗问题，但多在一种保鲜努力投入假定下展开最优保鲜努力水平决策或保鲜激励机制研究，鲜有学者立足不同保鲜投入主体，从而对比分析有利于各方及整个供应链的保鲜投入策略，也尚未见有学者基于 TPLSP 具备的保鲜成本优势开展外包保鲜策略决策研究，并分析成本优势将对供应链保鲜策略选择产生的影响。同时，为了改进外包保鲜策略，弱化双重边际效应，参照相关文献设计了成本分摊、“成本分摊＋收益共享”及数量折扣契约来协调 TPLSP 介入后的三级生鲜品供应链中的各方成员（见本书第三章、第四章）。此外，在生鲜品需求量稳定增长的背景下，生鲜品易损耗的特征可导致供应市场较大的价格波动，这将不利于供应链的效益提高。因此，需建立更加合理的模型，以分析生鲜品供应链策略性采购和动态保鲜及定价决策。在两期动态供应链领域，有学者进行了生鲜品供应链两期动态定价和契约探索，也有学者考虑了策略性库存在两期供应链中如何提高系统效益，但未有学者在两期生鲜品供应链中考虑零售商持有策略性库存作为一种策略性采购应对供应波动问题，以促使供应商产生让利行为。

第三章　生鲜品供应链保鲜策略研究

生鲜市场的稳定发展为生鲜企业带来了机遇，而生鲜品本身具有易损耗特性，且顾客对产品新鲜度的关注及要求也越来越高。此时，考虑保鲜投入问题对满足顾客需求和推动行业发展相当重要。因此，结合实际情况，本书以保鲜投入对象为依据考虑了两类保鲜策略。本章将对生鲜品供应链的保鲜投入策略进行研究，对比分析不同保鲜策略的保鲜努力水平和各方最优收益，并通过契约设计改进外包策略，协调供应链。

第一节　问题描述和假设

本章首先考虑了由生鲜品供应商和零售商构成的二级生鲜品供应链，生鲜品供应商作为主导者以批发价 w 向零售商提供单位生产成本为 c 的生鲜品，零售商作为跟随者将生鲜品再以零售价 p 销售给顾客。同时，鉴于生鲜品的易损耗特性和顾客对其新鲜度的高关注，考虑了自行保鲜策略，即由供应商或零售商进行保鲜投入决策后形成保鲜努力水平 θ，并依据保鲜努力承担方的不同分为生鲜品供应商保鲜策略（M）和零售商保鲜策略（R）。其次，供应链中的节点企业在面对较大保鲜成本压力时，也可能选择将保鲜外包给 TPLSP。因此，本章还考虑了外包保鲜策略下 TPLSP 介入的三级供应链，此时保鲜由 TPLSP 负责，并选择向供应商或零售商收取单位价格为 t 的服务费用，也形成了两种外包保鲜策略。自行保鲜策略和外包保鲜策略的供应链结构模型如图 3-1 所示。

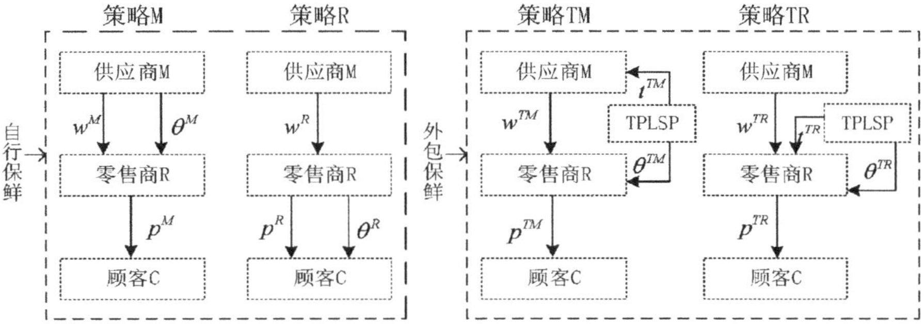

图 3-1　保鲜努力投入策略结构图

为建立相关研究模型，进行如下假设：

假设一，供应链中各参与方均为理性决策人，且风险特性亦为中性，各自追求自身利益的最大化。

假设二，假设生鲜品为非即时腐败的，在运达消费者前存在固定的折损率 s。

假设三，假设供应商供货能力充足，不考虑供应中断或销售中的缺货问题。

假设四，针对供应链的保鲜投入研究，不考虑多渠道销售相关因素。

保鲜努力投入下形成的保鲜努力水平将决定生鲜品的新鲜度，而顾客在购买生鲜品时一般会综合考虑价格和新鲜度以决定购买与否。因此，本章考虑了生鲜品的需求受价格和保鲜努力水平双重因素的影响，并通过参考 Yu 和 Xiao 对生鲜品需求的刻画方式，假设需求函数为以下线性形式：

$$D=a-p+\beta\theta \tag{3-1}$$

其中，a 为生鲜品的潜在市场规模，p 为零售商销售该产品的单位零售价，θ 为保鲜承担方决策的保鲜努力水平。同时，β 表示顾客保鲜努力敏感性，且 $0<\beta<2$，表明顾客保鲜努力敏感性既可高于也可低于其对价格的敏感性。通常假设 $a>p$，表明当无保鲜努力时，顾客依旧会在一定价格下购买，以满足自身对生鲜品的需求。

此外，为满足顾客需求，零售商在采购时需考虑生鲜品的折损，故而采购量为$\frac{D}{1-s}$。

参考 Cai 等和 Liu 等刻画保鲜成本的形式，本章假设保鲜成本为二次函数形式。不失一般性，假设各参与方保鲜成本函数均为$C(\theta)=\frac{\tau\theta^2}{2}$。其中，$\tau$ 为保鲜努力成本系数，二次形式的保鲜成本函数表明当保鲜努力水平达到一定值时，继续投入将缺乏经济性。

为了便于下文描述，现对本章模型中涉及的符号进行说明，见表 3-1。

表 3-1 变量符号说明

符号	含义	符号	含义
a	生鲜品潜在市场规模	w	单位产品批发价
β	顾客保鲜努力敏感性	p	单位产品零售价
τ	保鲜努力成本系数	θ	保鲜努力水平
c	单位产品生产成本	t	TPLSP 提供服务的单位收费
π_m	供应商收益	π_t	TPLSP 收益
π_r	零售商收益		

上标 j 表示在各种保鲜策略下生鲜品供应链中各方的最优决策和利润。

第二节 建模及分析

一、自行保鲜策略模型

在自行保鲜策略下，依据保鲜投入主体策略的不同可分为供应商保鲜策略和零售商保鲜策略。自行保鲜的两种具体策略的决策顺序均遵从供应商占据主导地位的 Stackelberg 博弈模型。

（一）供应商保鲜策略

供应商先确定保鲜努力水平和批发价，零售商则跟随确定零售价，并将产品销售给顾客。此时，双方收益函数 π_m 和 π_r 分别表示为：

$$\pi_m = (w-c)\frac{D}{1-s}-\frac{\tau\theta^2}{2} \tag{3-2}$$

$$\pi_r = pD-w\left(\frac{D}{1-s}\right) \tag{3-3}$$

运用 Stackelberg 逆序求解法，可得定理 3-1。

定理 3-1，供应商保鲜策略下双方最优决策及收益为：

$$\theta^M=\frac{\beta[(1-s)a-c]}{(1-s)(4\tau-\beta^2)} \tag{3-4}$$

$$w^M=\frac{2\tau[(1-s)a+c]-\beta^2 c}{4\tau-\beta^2} \tag{3-5}$$

$$p^M=\frac{\tau[3(1-s)a+c]-\beta^2 c}{(1-s)(4\tau-\beta)^2} \tag{3-6}$$

$$\pi_m^M=\frac{\tau[(1-s)a-c]^2}{2(1-s)^2(4\tau-\beta^2)} \tag{3-7}$$

$$\pi_r^M=\frac{\tau^2[(1-s)a-c]^2}{[(1-s)(4\tau-\beta)]^2} \tag{3-8}$$

由于此定理的求解过程和证明容易验证，故省略求解和证明过程。

定理 3-1 给出了供应商负责保鲜策略时二级生鲜品供应链的最优决策和各方收益。通过分析上述均衡解，发现供应商保鲜策略下，随着顾客保鲜努力敏感性的提高，保鲜努力水平和双方收益呈上升趋势。这是因为当保鲜努力敏感性提高时，顾客对高保鲜努力水平的感知更敏感。此时，就供应商而言，与提高保鲜成本相比，供应商的高保鲜努力水平将会带来更多收益，零售商也将从中获利。同时，这也表明顾客保鲜努力敏感性越高，供应商则更应提高保鲜努力水平以获取更多收益。因此，生鲜节点企业可采取措施提高顾客的敏感性，并以高保鲜努力水平策略获得更多收益。

（二）零售商保鲜策略

供应商先确定批发价，零售商则跟随确定保鲜努力水平和零售价，并将产品销售给顾客。此时，双方收益函数 π_m 和 π_r 分别表示为：

$$\pi_m = (w-c)\frac{D}{1-s} \tag{3-9}$$

$$\pi_r = pD - w\left(\frac{D}{1-s}\right) - \frac{\tau\theta^2}{2} \tag{3-10}$$

运用 Stackelberg 逆序求解法，可得定理 3-2。

定理 3-2，零售商保鲜策略下双方最优决策及收益为：

$$\theta^R = \frac{\beta[(1-s)a-c]}{2(1-s)(2\tau-\beta^2)} \tag{3-11}$$

$$w^R = \frac{(1-s)a+c}{2} \tag{3-12}$$

$$p^R = \frac{\tau[3(1-s)a+c]-\beta^2[(1-s)a+c]}{2(1-s)(2\tau-\beta^2)} \tag{3-13}$$

$$\pi_m^R = \frac{\tau[(1-s)a-c]^2}{4(1-s)^2(2\tau-\beta^2)} \tag{3-14}$$

$$\pi_r^R = \frac{\tau[(1-s)a-c]^2}{8(1-s)^2(2\tau-\beta^2)} \tag{3-15}$$

由于此定理的求解过程和证明容易验证，故省略求解和证明过程。

定理 3-2 给出了零售商负责保鲜策略时二级生鲜品供应链的最优决策和各方收益。依据上述均衡解，发现随着顾客保鲜努力敏感性的提高，保鲜努力水平和双方收益与供应商保鲜策略下一样也呈上升趋势。这表明自行保鲜时无论何方负责保鲜，在较高的顾客保鲜努力敏感性下，生鲜节点企业均应提高保鲜努力水平以刺激顾客需求，从而获取更多收益。然而，不同于供应商保鲜策略，零售商保鲜策略中供应商的批发定价不受顾客保鲜努力敏感性的影响，但保鲜程度关乎顾客需求，供应商若想提高收益则需考虑两者对需求的影响。因此，当零售商负责保鲜时，供应商决策批发价时可不考虑保鲜相关因素的影响，但若想获得更多收益，其应积极支持零售商提高顾客保鲜努力敏感性和保鲜努力水平。

结合上述定理及分析，通过对比供应商保鲜策略和零售商保鲜策略的供应链中最优保鲜努力水平决策和生鲜节点企业收益，可得推论 3-1。

推论 3-1，自行保鲜策略下，供应商保鲜策略和零售商保鲜策略的最优保鲜努力水平和各方收益的关系分别为 $\theta^R > \theta^M$、$\pi_m^R > \pi_m^M$、$\pi_r^R > \pi_r^M$。

证明：通过定理 3-1、定理 3-2，经计算可得

$$\theta^R - \theta^M = \frac{[(1-s)a-c]\beta^3}{2(1-s)(2\tau-\beta^2)(4\tau-\beta^2)} > 0,$$

$$\pi_M^R - \pi_m^M = \frac{\tau\beta^2[(1-s)a-c]^2}{4(1-s)^2(2\tau-\beta^2)(4\tau-\beta^2)} > 0,$$

$$\pi_r^R - \pi_r^M = \frac{\tau\beta^4[(1-s)a-c]^2}{8(2\tau-\beta^2)[(1-s)(4\tau-\beta^2)]^2} > 0。$$

因此，$\theta^R > \theta^M$，$\pi_m^R > \pi_m^M$，$\pi_r^R > \pi_r^M$。推论 3-1 得证。

推论 3-1 表明节点企业自行保鲜下，零售商保鲜策略可向顾客提供具备更高保鲜努力水平的生鲜品，且此策略也可为节点企业带来更多收益。同时，这也表明零售商保鲜策略优于供应商保鲜策略。究其原因，自行保鲜下两级生鲜品供应链中上游供应商在博弈中占据主导地位，若其负责保鲜，将激发较重的双重边际效应，这会大于零售商负责保鲜的策略，而双重边际效应不利于整个供应链系统效益的提高。此外，供应商在零售商保鲜策略下无保鲜成本压力，先行决策时可以更低的批发价向零售商提供产品，从而促使零售商投入更多保鲜努力以刺激顾客需求，从而实现收益提高，供应商也可获得更多收益。因此，在两级生鲜品供应链博弈中处于主导地位的企业负责保鲜将不利于保鲜努力水平的提高，反而处于跟随地位的零售商负责保鲜更有利，其直接面对终端顾客应主动承担保鲜，以高保鲜努力水平刺激更多需求，从而实现双方收益水平的提高。

二、外包保鲜策略模型

外包保鲜策略时，根据不同的承担外包服务费对象可分为向供应商收

费策略（TM）和向零售商收费策略（TR）。此时，保鲜努力投入由 TPLSP 承担，其将提供生鲜品保鲜努力水平，并向节点企业收取服务费用。这两种外包保鲜策略依旧遵从 Stackelberg 博弈模型。

（一）向供应商收费策略

首先，TPLSP 决定提供保鲜服务的保鲜努力水平及单位服务价格。其次，供应商确定生鲜品的批发价在给定的服务价和保鲜努力水平之下。最后，零售商确定零售价并将产品销售给顾客。此时，三级生鲜品供应链中各方收益函数 π_t、π_m、π_r 分别表示为：

$$\pi_t = t\frac{D}{1-s} - \frac{\tau\theta^2}{2} \tag{3-16}$$

$$\pi_m = (w-c-t)\frac{D}{1-s} \tag{3-17}$$

$$\pi_r = pD - w\left(\frac{D}{1-s}\right) \tag{3-18}$$

运用 Stackelberg 逆序求解法，可得定理 3-3。

定理 3-3，向供应商收费策略下各参与方最优决策及收益为：

$$\theta^{TM} = \frac{\beta[(1-s)a-c]}{(1-s)(8\tau-\beta^2)} \tag{3-19}$$

$$t^{TM} = \frac{4\tau[(1-s)a-c]}{8\tau-\beta^2} \tag{3-20}$$

$$w^{TM} = \frac{2\tau[3(1-s)a+c]-\beta^2 c}{8\tau-\beta^2} \tag{3-21}$$

$$p^{TM} = \frac{\tau[7(1-s)a+c]-\beta^2 c}{(1-s)(8\tau-\beta^2)} \tag{3-22}$$

$$\pi_t^{TM} = \frac{\tau[(1-s)a-c]^2}{2(1-s)^2(8\tau-\beta^2)} \tag{3-23}$$

$$\pi_m^{TM} = \frac{2\tau^2[(1-s)a-c]^2}{[(1-s)(8\tau-\beta^2)]^2} \tag{3-24}$$

$$\pi_r^{TM} = \frac{\tau^2[(1-s)a-c]^2}{[(1-s)(8\tau-\beta^2)]^2} \tag{3-25}$$

证明：首先，对（3-18）关于 p 求二阶导 $\frac{d^2\pi_r}{dp^2}=-2<0$，可知 π_r 是关于 p 的凹函数，最优解存在。令一阶导 $\frac{d\pi_r}{dp}=0$，求解得 $p=\frac{(1-s)(a+\beta\theta)+w}{2(1-s)}$，将反应函数 p 代入（3-17）化简得 $\pi_m=\frac{(w-c-t)[(1-s)(a+\beta\theta)-w]}{2(1-s)^2}$。然后，对 π_m 关于 w 求二阶导 $\frac{d^2\pi_m}{dw^2}=-\frac{1}{(1-s)^2}<0$，可知 π_m 是关于 w 的凹函数，最优解存在。令一阶导 $\frac{d\pi_m}{dw}=0$，求解得 $w=\frac{(1-s)(a+\beta\theta)+c+t}{2}$，再将反应函数 p 和 w 代入（3-16）化简得 $\pi_t=\frac{t[(1-s)(a+\beta\theta)-c-t]}{4(1-s)^2}-\frac{\tau\theta^2}{2}$。求其海塞矩阵为 $H(t,\theta)=\begin{bmatrix}\frac{-1}{2} & \frac{\beta}{4}\\ \frac{\beta}{4} & -\tau\end{bmatrix}$，当 $8\tau-\beta^2>0$ 时，海塞矩阵负定，此时最优解存在且唯一。令一阶偏导 $\frac{\partial\pi_t}{\partial t}=0$ 和 $\frac{\partial\pi_t}{\partial\theta}=0$，联立求解得 $t^{TM}=\frac{4\tau[(1-s)a-c]}{8\tau-\beta^2}$，$\theta^{TM}=\frac{\tau[(1-s)a-c]}{(1-s)(8\tau-\beta^2)}$。将 t^{TM} 和 θ^{TM} 代入反应函数 $w=\frac{(1-s)(a+\beta\theta)+c+t}{2}$ 得 w^{TM}，再将 w^{TM} 和 θ^{TM} 代入 $p=\frac{(1-s)(a+\beta\theta)+w}{2(1-s)}$ 得 p^{TM}。最后，分别将最优决策代入（3-16、3-17、3-18）得 π_t^{TM}、π_m^{TM}、π_r^{TM}。定理 3-3 得证。

定理 3-3 给出了保鲜外包且供应商承担服务费时生鲜品供应链最优决策和各方收益。与节点企业自行保鲜策略不同，保鲜外包向供应商收费策略下，博弈在三方之间进行。此时，TPLSP 的加入将加剧自行保鲜二级生鲜品供应链中业已存在的双重边际效应。特别是 TPLSP 在其中占据绝对主导地位，拥有决策优势，而节点企业作为决策跟随者受其影响。此外，根据上述均衡解可发现，保鲜外包向供应商收费策略下，保鲜努力水平和各方收益也随顾客保鲜努力敏感性的提高呈上升趋势。这表明高顾客保鲜努力敏感性有利于刺激企业提高保鲜努力水平，而各参与方可从中获取更多利润。因此，TPLSP 负责保鲜向企业提供服务虽未直接面对消费者，但仍应考虑与节点企业合作采取措施提高顾客敏感性，从而实现多赢，而节点企业则需跟随 TPLSP 的决策及时调整决策。

（二）向零售商收费策略

首先，供应商在均衡考虑成本和追求自身利益最大化下制定生鲜品的批发价。其次，TPLSP 跟随供应商确定自己保鲜服务努力水平并对服务报价。最后，零售商跟随决策零售价并将产品销售给顾客。此时，三级生鲜品供应链中各方收益函数 π_t、π_m、π_r 分别表示为：

$$\pi_m=(w-c)\frac{D}{1-s} \tag{3-26}$$

$$\pi_t=t\frac{D}{1-s}-\frac{\tau\theta^2}{2} \tag{3-27}$$

$$\pi_r=pD-(w+t)\frac{D}{1-s} \tag{3-28}$$

运用 Stackelberg 逆序求解法，可得定理 3-4。

定理 3-4，向零售商收费策略下各参与方最优决策及收益为：

$$\theta^{TR}=\frac{\beta[(1-s)a-c]}{2(1-s)(4\tau-\beta)^2} \tag{3-29}$$

$$T^{TR}=\frac{\tau[(1-s)a-c]}{4\tau-\beta^2} \tag{3-30}$$

$$w^{TR}=\frac{(1-s)a+c}{2} \tag{3-31}$$

$$p^{TR}=\frac{\tau(1-s)[7(1-s)a+c]-\beta^2[(1-s)a+c]}{2(1-s)(4\tau-\beta^2)} \tag{3-32}$$

$$\pi_t^{TR}=\frac{\tau[(1-s)a-c]^2}{8(1-s)^2(4\tau-\beta^2)} \tag{3-33}$$

$$\pi_m^{TR}=\frac{\tau\left[(1-s)a-c\right]^2}{4(1-s)^2(4\tau-\beta^2)} \tag{3-34}$$

$$\pi_r^{TR}=\frac{\tau^2\left[(1-s)a-c\right]^2}{4\left[(1-s)(4\tau-\beta^2)\right]^2} \tag{3-35}$$

证明定理 3-4 与证明定理 3-3 类似，故具体证明过程可参照定理 3-3 的证明过程。

定理 3-4 给出了保鲜外包且零售商承担服务费时生鲜品供应链最优决策和各方收益。与保鲜外包向供应商收费策略一样，向零售商收费策略下的博弈仍在三方之间展开，但在博弈中供应商占据主导地位的决策优势未变（与自行保鲜策略相比），TPLSP 仅于零售商拥有相对决策优势。同时，由于供应商占据主导地位且不考虑保鲜或承担服务费，其最优批发价决策与自行保鲜下零售商保鲜策略一样未受保鲜相关因素影响。此外，根据上述均衡解，发现保鲜外包向零售商收费策略下，TPLSP 向零售商收取的服务费也随顾客保鲜努力敏感性的提高呈上升趋势。这表明高顾客保鲜努力敏感性将促使 TPLSP 提高其服务要价，从而获得更多收益。因此，在供应商占据主导的外包保鲜策略下，供应商应带动跟随者致力于提高顾客保鲜努力敏感性，而 TPLSP 的加入需结合顾客敏感性，依据保鲜成本及时调整保鲜努力水平和服务报价，零售商直接面对消费者时更应积极采取行动来提高顾客敏感性，从而实现各方收益水平的提高。

结合定理 3-3、定理 3-4 及相关分析，通过对比两种外包保鲜策略供应链中最优保鲜努力水平决策和各方收益，可得推论 3-2。

推论 3-2，外包保鲜策略下，向供应商收费策略与向零售商收费策略的最优保鲜努力水平和各方收益的关系分别为 $\theta^{TR}>\theta^{TM}$、$\pi_m^{TR}>\pi_m^{TM}$、$\pi_r^{TR}>\pi_r^{TM}$。当 $\beta\in(0,\beta_1)$ 时，$\pi_t^{TR}<\pi_t^{TM}$；当 $\beta\in(\beta_1,2\sqrt{\tau})$ 时，$\pi_t^{TR}>\pi_t^{TM}$。

证明：通过定理 3-3、定理 3-4 最优解存在，可知 $4\tau-\beta^2>0$。此外，经计算可得

$$\theta^{TR}-\theta^{TM}=\frac{[(1-s)a-c]\beta^3}{2(1-s)(8\tau-\beta^2)(4\tau-\beta^2)}>0,$$

$$\pi_t^{TR}-\pi_t^{TM}=\frac{\tau(3\beta^2-8\tau)[(1-s)a-c]^2}{8(1-s)^2(8\tau-\beta^2)(4\tau-\beta^2)},$$

$$\pi_m^{TR}-\pi_m^{TM}=\frac{\tau[(1-s)a-c]^2[8\tau(4\tau-\beta^2)+\beta^4]}{4(4\tau-\beta^2)[(1-s)(8\tau-\beta^2)]^2}>0,$$

$$\pi_r^{TR}-\pi_r^{TM}=\frac{\tau^2\beta^2(16\tau-3\beta^2)[(1-s)a-c]^2}{4[(1-s)(4\tau-\beta^2)(8\tau-\beta^2)]^2}>0。$$

令 $\pi_t^{TR}-\pi_t^{TM}=0$，得 $\beta_1=\frac{2\sqrt{6\tau}}{3}$。因此，$\theta^{TR}>\theta^{TM}$，$\pi_m^{TR}>\pi_m^{TM}$，$\pi_r^{TR}>\pi_r^{TM}$。当 $\beta\in(0,\beta_1)$ 时，$\pi_t^{TR}<\pi_t^{TM}$；当 $\beta\in(\beta_1,2\sqrt{\tau})$ 时，$\pi_t^{TR}>\pi_t^{TM}$。推论 3-2 得证。

推论 3-2 表明 TPLSP 在向零售商收费策略中提供更高保鲜努力水平的服务，节点企业也将从此策略中获取更多利益，而 TPLSP 的收益水平则取决于顾客保鲜努力敏感性。具体而言，当顾客保鲜努力敏感性较低时（$0<\beta<\beta_1$），TPLSP 将在向供应商收费策略中获得更多收益；当顾客保鲜努力敏感性提升时（$\beta_1<\beta<2\sqrt{\tau}$），TPLSP 将在向零售商收费策略中获得更多收益。同时，这也表明当顾客保鲜努力敏感性达到一定水平后，向零售商收费策略为较优的外包保鲜策略，在此策略下顾客可购得具备更高保鲜努力水平的生鲜品，供应链中的成员也将获得更多利润。这是因为外包保鲜策略下，TPLSP 采取不同的收费方式将影响供应链中成员的决策地位，向供应商收费策略中其占据主导地位，可利用决策优势以较低保鲜努力水平的服务获得更多收益，而向零售商收费策略中其绝对主导地位带来的决策优势不复存在，供应商以低批发价策略提高保鲜努力水平刺激更多需求，有利于其获得更多收益。此外，较高的顾客保鲜努力敏感性有利于整个供应链系统效益的提高，当顾客保鲜努力敏感性提高到一定水平后，提高保鲜努力水平为整个系统带来的效益可抵消保鲜成本的增长。根据 β_1 的表达式可知，各方在向零售商收费策略下均获得最优收益的条件取决于

保鲜成本系数，较低的保鲜成本系数将降低外包保鲜时多赢局面的实现条件。因此，TPLSP 应采取措施降低保鲜成本系数，而节点企业应提高顾客保鲜努力敏感性，从而促使 TPLSP 选择向零售商收费，实现各方收益最大化。特别是零售商处于供应链下游，其直接面对消费者，应与供应商合作，推动自身承担外包服务费，使所有供应链成员获得更多收益。

三、两类保鲜策略对比分析

通过对比自行保鲜和外包保鲜两大类策略下最优保鲜努力水平和各方收益，可得如下结论，从而进一步探讨生鲜品供应链的保鲜投入决策。

命题 3-1，不同保鲜投入策略下的最优保鲜努力水平关系为 $\theta^{R}>\theta^{M}>\theta^{TR}>\theta^{TM}$。

证明：由推论 3-1、推论 3-2 可知，$\theta^{R}>\theta^{M}$ 和 $\theta^{TR}>\theta^{TM}$。此外，经计算可得

$$\theta^{M}-\theta^{TR}=\frac{[(1-s)a-c]\beta}{2(4\tau-\beta^{2})(1-s)}>0。$$

因此，$\theta^{R}>\theta^{M}>\theta^{TR}>\theta^{TM}$。命题 3-1 得证。

命题 3-1 表明自行保鲜策略下的最优保鲜努力水平均高于外包保鲜策略下的最优保鲜努力水平。同时，这也表明 TPLSP 提供保鲜反而不利于保鲜努力水平的提高，节点企业自行保鲜可为顾客提供更高保鲜努力水平的生鲜品，且由直接面对消费者的零售商负责保鲜更有利于顾客购得高质量生鲜品。这是因为 TPLSP 的加入加剧了双重边际效应，而其为保证自身收益最大化，在较大的保鲜成本压力下将降低保鲜努力水平。同时，根据推论 3-1、推论 3-2 和定理 3-1、定理 3-2、定理 3-3、定理 3-4 可知，不论谁负责保鲜投入均可以更高的保鲜努力获得更多收益，且顾客保鲜努力敏感性越高越有利于保鲜努力水平的提升。因此，为了推动生鲜行业高质量发展，生鲜节点企业作为非专业的第三方物流服务提供商，若有能力可主动投入保鲜，而选择保鲜外包时，直接面对消费者的下游零售商承担服

务费用可获得更高保鲜努力水平的服务。

命题 3-2（a），不同保鲜策略下的供应商最优收益关系为 $\pi_m^R > \pi_m^M > \pi_m^{TR} > \pi_m^{TM}$。

命题 3-2（b），不同保鲜策略下的零售商最优收益关系为 $\pi_r^R > \pi_r^M > \pi_r^{TR} > \pi_r^{TM}$。

证明：由推论 3-1、推论 3-2 可知，$\pi_m^R > \pi_m^M$，$\pi_m^{TR} > \pi_m^{TM}$，$\pi_r^R > \pi_r^M$，$\pi_r^{TR} > \pi_r^{TM}$。此外，经计算可得

$$\pi_m^M - \pi_m^{TR} = \frac{\tau\left[(1-s)a-c\right]^2}{4(4\tau-\beta^2)} > 0,$$

$$\pi_r^M - \pi_r^{TR} = \frac{3\tau^2\left[(1-s)a-c\right]^2}{4(4\tau-\beta^2)^2} > 0。$$

因此，$\pi_m^R > \pi_m^M > \pi_m^{TR} > \pi_m^{TM}$，$\pi_r^R > \pi_r^M > \pi_r^{TR} > \pi_r^{TM}$。命题 3-2 得证。

命题 3-2（a）表明自行保鲜策略下的供应商收益水平均高于外包保鲜策略下的收益水平，供应商在零售商保鲜策略中收益最优，其次是在供应商保鲜策略中，接着是在向零售商收费策略中，而在向供应商收费策略中可获得的收益最少。换言之，供应商在面临保鲜决策时，其应当优先选择节点企业自行保鲜而不是保鲜外包。首先，通过对比分析零售商保鲜策略与向零售商收费策略，发现在这两个策略下供应商均占据主导地位，有绝对的决策优势，从而可以以相同的批发价将生鲜品销售给零售商，但 TPLSP 加入后为追求自身利益最大化将提供较低的保鲜努力水平，不利于刺激更多需求，这也带来了较大的双重边际效应，导致供应商收益降低。其次，自行保鲜策略下，零售商承担保鲜减少了供应商的成本压力，从而更优。此外，由推论 3-1、推论 3-2 可知，向供应商收费策略下 TPLSP 占据绝对的主导地位，其以较低的保鲜努力水平获取更多收益，但在双重边际效应的影响下，这将损害供应商的收益。因此，保鲜外包时 TPLSP 的加入将加剧供应链中的双重边际效应，从而导致供应商收益降低，供应商在能力范围内可自行投入保鲜努力，但最优策略是推动零售商

承担保鲜。

命题 3-2（b）表明自行保鲜策略下的零售商收益水平均高于外包保鲜策略下的收益水平，零售商收益水平在零售商保鲜策略中最高，其次是在供应商保鲜策略中，接着是在向零售商收费策略中，而在向供应商收费策略中所获收益最少。与供应商保鲜决策选择一样，外包保鲜不利于零售商，其应优先选择节点企业自行保鲜，并主动承担保鲜，从而获取最优收益。同样，通过对比零售商保鲜策略与向零售商收费策略，发现零售商以相同批发价采购生鲜品，此时将保鲜外包给 TPLSP 将受保鲜成本双重边际效应的影响，故不利于零售商。特别是向供应商收费策略下，TPLSP 的加入将引发更大的双重边际效应，并在一系列链式反应中损害零售商利益，故而此策略于零售商最不利。此外，由推论 3-1、推论 3-2 可知，零售商保鲜策略与向零售商收费策略下，零售商将从更低的批发价中获益，低批发价使其有余力去承担保鲜成本，从而获得更多利润。因此，零售商应在能力范围内主动负责保鲜，并可采取行动提高顾客保鲜努力敏感性，以高保鲜努力水平策略实现收益最大化。

综合上述，保鲜外包给 TPLSP 将加剧供应链中的双重边际效应，不仅会损害供应商利益，还会损害零售商利益，于节点企业无益。同时，保鲜外包时，供应链中最优保鲜努力水平也低于自行保鲜策略。因此，本章考虑对外包保鲜策略设计契约协调 TPLSP 加入的三级生鲜品供应链，并以自行保鲜下零售商保鲜策略为基准进行比对探讨。

第三节 外包保鲜策略的契约协调设计及分析

由前文分析可知，外包保鲜策略将加剧供应链中保鲜成本的双重边际效应，从而不利于提高保鲜努力水平和节点企业收益水平。此时，若供应链中的成员采用恰当的契约进行协调，可缓和双重边际效应，实现供应链绩效的优化。在实践中，成本分摊和收益共享均被广泛应用于供应链的协调及优化。因此，本节将进行恰当的契约设计，探讨外包保鲜策略的供应链优化，以实现外包保鲜下保鲜努力水平及成员收益的提升。

在保鲜外包中，TPLSP 负责保鲜，顾客需求随保鲜努力水平的提高而增长，节点企业在承担保鲜外包服务费的同时应考虑激励 TPLSP 提高保鲜努力水平，分摊保鲜成本压力。因此，首先考虑采取成本分摊契约进行协调，即节点企业以比率 ϕ 分摊 TPLSP 的保鲜成本。此时，两种外包保鲜策略下各参与方的收益函数如下。

向供应商收费策略契约：

$$\pi_t = t\frac{D}{1-s} - \frac{\tau(1-\phi)\theta^2}{2} \tag{3-36}$$

$$\pi_m = (w-c-t)\frac{D}{1-s} - \frac{\tau\phi\theta^2}{2} \tag{3-37}$$

$$\pi_r = pD - w\left(\frac{D}{1-s}\right) \tag{3-38}$$

向零售商收费策略契约：

$$\pi_m = (w-c)\frac{D}{1-s} \tag{3-39}$$

$$\pi_t = t\frac{D}{1-s} - \frac{\tau(1-\phi)\theta^2}{2} \tag{3-40}$$

$$\pi_r = pD - (w+t)\frac{D}{1-s} - \frac{\tau\phi\theta^2}{2} \tag{3-41}$$

运用逆向归纳求解法可得成本分摊契约下两种外包保鲜策略的最优决策和参与方收益，如表 3-2 所示。

表 3-2　不同外包保鲜策略下均衡解结果

符号	向供应商收费策略契约	向零售商收费策略契约
θ	$\frac{\beta[(1-s)a-c]}{2(1-s)[8\tau(1-\phi)-\beta^2]}$	$\frac{\beta[(1-s)a-c]}{2(1-s)[4\tau(1-\phi)-\beta^2]}$
w	$\frac{2\tau(1-\phi)[3(1-s)a+c]-\beta^2 c}{8\tau(1-\phi)-\beta^2}$	$\frac{(1-s)a+c}{2}$

续表

符号	向供应商收费策略契约	向零售商收费策略契约
p	$\frac{\tau(1-\phi)[7(1-s)a+c]-\beta^2 c}{(1-s)[8\tau(1-\phi)-\beta^2]}$	$\frac{\tau(1-\phi)[7(1-s)a+c]-\beta^2[(1-s)a+c]}{2(1-s)[4\tau(1-\phi)-\beta^2]}$
t	$\frac{4\tau(1-\phi)[(1-s)a-c]}{8\tau(1-\phi)-\beta^2}$	$\frac{\tau(1-\phi)[(1-s)a-c]}{4\tau(1-\phi)-\beta^2}$
π_t	$\frac{\tau(1-\phi)[(1-s)a-c]^2}{2(1-s)^2[8\tau(1-\phi)-\beta^2]}$	$\frac{\tau(1-\phi)[(1-s)a-c]^2}{8(1-s)^2[4\tau(1-\phi)-\beta^2]}$
π_m	$\frac{\tau[(1-s)a-c]^2[4\tau(1-\phi)^2-\phi\beta^2]}{2(1-s)^2[8\tau(1-\phi)-\beta^2]^2}$	$\frac{\tau(1-\phi)[(1-s)a-c]^2}{4(1-s)^2[4\tau(1-\phi)-\beta^2]}$
π_r	$\frac{\tau^2(1-\phi)^2[(1-s)a-c]^2}{(1-s)^2[8\tau(1-\phi)-\beta^2]^2}$	$\frac{\tau[(1-s)a-c]^2[2\tau(1-\phi)^2-\phi\beta^2]}{8(1-s)^2[4\tau(1-\phi)-\beta^2]^2}$

通过比较上述成本分摊契约下的外包保鲜策略与无契约下的外包保鲜策略的保鲜努力水平和各参与方收益，可得如下结论。

命题 3-3 (a)，向供应商收费策略下，成本分摊契约明显提高了最优保鲜努力水平（$\theta^{CTM}>\theta^{TM}$），且当 $\varphi\in(0,\phi_1)$ 时，各方收益实现帕累托改进。

命题 3-3 (b)，向零售商收费策略下，成本分摊契约明显提高了最优保鲜努力水平（$\theta^{CTR}>\theta^{TR}$），且当 $\varphi\in(0,\phi_2)$ 时，各方收益实现帕累托改进。

证明：经计算可知，$4\tau(1-\phi)-\beta^2>0$。此外，经计算可得

$$\theta^{CTM}-\theta^{TM}=\frac{8\beta\phi[(1-s)a-c]}{(8\tau-\beta^2)[8\tau(1-\phi)-\beta^2]}>0,$$

$$\theta^{CTR}-\theta^{TR}=\frac{2\beta\phi[(1-s)a-c]}{(4\tau-\beta^2)[4\tau(1-\phi)-\beta^2]}>0,$$

$$\pi_t^{CTM}-\pi_t^{TM}=\frac{\tau\beta\phi^2[(1-s)a-c]^2}{8(1-s)^2(8\tau-\beta^2)[8\tau(1-\phi)-\beta^2]}>0,$$

$$\pi_t^{CTR}-\pi_t^{TR}=\frac{\tau\beta\phi^2[(1-s)a-c]^2}{8(1-s)^2(4\tau-\beta^2)[4\tau(1-\phi)-\beta^2]}>0,$$

$$\pi_m^{CTR}-\pi_m^{TR}=\frac{\tau\beta\phi^2\ [\ (1-s)\ a-c]^2}{4\ (1-s)^2\ (4\tau-\beta^2)\ [4\tau\ (1-\phi)\ -\beta^2]}>0,$$

$$\pi_r^{CTM}-\pi_r^{TM}=\frac{\phi\tau^2\beta^2\ [16\tau\ (1-\phi)\ -\ (2-\phi)\ \beta^2]\ [\ (1-s)\ a-c]^2}{[\ (1-s)\ (8\tau-\beta^2)\ ]^2\ [8\tau\ (1-\phi)\ -\beta^2]^2}>0,$$

$$\pi_m^{CTM}-\pi_m^{TM}=\frac{\tau\phi\beta^2\ [\ (1-s)\ a-c]^2\ [4\tau\ (2+\phi)\ \beta^2-64\phi\tau^2-\beta^4]}{2\ [\ (1-s)\ (8\tau-\beta^2)\ ]^2\ [8\tau\ (1-\phi)\ -\beta^2]^2}>0,$$

$$\pi_r^{CTR}-\pi_r^{TR}=\frac{\tau\phi\beta^2\ [\ (1-s)\ a-c]^2\ [2\tau\ (2+\phi)\ \beta^2-16\phi\tau^2-\beta^4]}{[\ (1-s)\ (4\tau-\beta^2)\ ]^2\ [4\tau\ (1-\phi)\ -\beta^2]^2}>0。$$

令 $\pi_m^{CTM}-\pi_m^{TM}=0$，得 $\phi_1=\frac{\beta^2\ (8\tau-\beta^2)}{4\tau\ (16\tau-\beta^2)}$；令 $\pi_r^{CTR}-\pi_r^{TR}=0$，得 $\phi_2=\frac{\beta^2\ (4\tau-\beta^2)}{2\tau\ (8\tau-\beta^2)}$。因此，最优保鲜努力水平均得到明显提高。当 $\varphi\in(0,\ \varphi_1)$ 时，向供应商收费策略下各方收益实现帕累托改进；当 $\varphi\in(0,\ \varphi_2)$ 时，向零售商收费策略下各方收益实现帕累托改进。命题 3-3 得证。

命题 3-3（a）表明在契约激励下，TPLSP 在向供应商收费策略中明显提高了保鲜努力水平，且恰当的成本分摊契约可使各方收益实现帕累托改进。首先，采取成本分摊契约后，供应商承担了部分保鲜成本，这将减少 TPLSP 的保鲜成本压力，使其有余力提高保鲜努力水平，以刺激更多需求，从而追求更高收益。其次，TPLSP 在提高保鲜努力水平后也恰当地提高了服务报价，故而其总收益得以提高。当供应商将分摊率控制在一定范围内（$0<\phi<\phi_1$），其亦可从 TPLSP 提高保鲜努力水平的决策中获取更多利益。但当分摊率提高后（$\phi_1<\phi<1$），高保鲜努力水平带来的效益不足以弥补分摊保鲜成本带来的压力。然而于零售商而言，其作为跟随者，高保鲜努力水平带来的效益足以抵消边际收益带来的变动，从而实现收益提高。因此，在向供应商收费策略下，供应商可通过与 TPLSP 签订成本分摊契约，并将分摊率控制在合适范围内，以刺激 TPLSP 提高保鲜努力水平，从而使各方收益水平得到提高，实现外包保鲜策略的帕累托改进。

命题 3-3（b）表明在契约激励下，TPLSP 在向零售商收费策略中也明显提高了保鲜努力水平，且恰当的成本分摊契约可使各方收益实现帕累托改进。首先，与向供应商收费策略不同，采取成本分摊契约后，零售商承担了部分保鲜成本，这将减少 TPLSP 的保鲜成本压力，使其有余力提高保鲜努力水平，以刺激更多需求，从而获得更多收益。其次，供应商作为主导者拥有决策优势，其批发定价不受保鲜及契约设计影响，但将受益于高保鲜努力水平。此时，零售商作为下游跟随者承担了部分保鲜成本，若其将分摊率控制在一定范围内（$0<\phi<\phi_2$），即可从高保鲜努力水平决策中获得更多收益。但当分摊率提高后（$\phi_2<\phi<1$），高保鲜努力水平带来的效益将不足以弥补分摊保鲜成本带来的压力和边际收益的降低（未获得供应商降低批发价的让利和 TPLSP 提高保鲜服务报价）。因此，在向零售商收费策略下，零售商也可通过与 TPLSP 签订恰当的成本分摊契约，刺激 TPLSP 提高保鲜努力水平，以实现供应链中各方收益的帕累托改进。

同时，为了分析成本分摊契约对两种外包保鲜策略的影响，对比分析契约协调下两种外包保鲜策略的保鲜努力水平和成员的收益水平，可得命题 3-4。

命题 3-4，成本分摊契约实现协调改进下，两种外包保鲜策略的最优保鲜努力水平关系为 $\theta^{CTR}>\theta^{CTM}$，各参与方的收益关系为 $\pi_m^{CTR}>\pi_m^{cTM}$，$\pi_r^{CTR}>\pi_r^{CTM}$。当 $\beta\in(0,\ \beta_2)$ 时，$\pi_t^{CTR}<\pi_t^{CTM}$；当 $\beta\in(\beta_2,\ 2\sqrt{\tau(1-\phi)})$ 时，$\pi_t^{CTR}>\pi_t^{CTM}$。

证明：由最优解存在可知，$4\tau(1-\phi)-\beta^2>0$，$\phi<\min\{\phi_1,\ \phi_2\}$。此外，经计算可得

$$\theta^{CTR}-\theta^{CTM}=\frac{\beta^3[(1-s)a-c]}{2(1-s)[4\tau(1-\phi)-\beta^2][8\tau(1-\phi)-\beta^2]}>0,$$

$$\pi_m^{CTR}-\pi_m^{CTM}=\frac{\tau[(1-s)a-c]^2\{[(1-3\phi)(32\tau^2-8\tau\beta^2+\beta^4)]+16\tau\phi^2[2\tau(3-\phi)-\beta^2]\}}{4(1-s)^2[4\tau(1-\phi)-\beta^2][8\tau(1-\phi)-\beta^2]}>0,$$

$$\pi_r^{CTR}-\pi_r^{CTM}=\frac{\tau\beta^2[(1-s)a-c]^2\{[32\tau^2(1-3\phi^3-5\phi+7\phi^2)]-[2\tau\beta^2(3-14\phi+11\phi^2)-\beta^4]\}}{8(1-s)^2[4\tau(1-\phi)-\beta^2]^2[8\tau(1-\phi)-\beta^2]^2}>0,$$

$$\pi_t^{CTR}-\pi_t^{CTM}=\frac{\tau(1-\phi)[(1-s)a-c]^2[3\beta^2-8\tau(1-\phi)]}{8(1-s)^2[4\tau(1-\phi)-\beta^2][8\tau(1-\phi)-\beta^2]}>0。$$

令 $\pi_t^{CTR}-\pi_t^{CTM}=0$，得 $\beta_2=\frac{2\sqrt{6\tau(1-\phi)}}{3}$。因此，$\theta^{CTR}>\theta^{CTM}$，$\pi_m^{CTR}>\pi_m^{CTM}$，$\pi_r^{CTR}>\pi_r^{CTM}$。当 $\beta\in(0,\beta_2)$ 时，$\pi_t^{CTR}<\pi_t^{CTM}$；当 $\beta\in(\beta_2,2\sqrt{\tau(1-\phi)})$ 时，$\pi_t^{CTR}>\pi_t^{CTM}$。命题 3-4 得证。

命题 3-4 表明在恰当的契约设计下，两种外包保鲜策略最优保鲜努力水平及节点企业收益水平的关系并未受契约影响而发生改变，仍为向零售商收费策略中保鲜努力水平更高，且节点企业也更偏好于此策略。而 TPLSP 的收益水平虽仍取决于顾客保鲜努力敏感性，当顾客保鲜努力敏感性提升时（$\beta_2<\beta<2\sqrt{\tau(1-\phi)}$），其将在向零售商收费策略中获得更多收益，但策略选择偏好转变的条件却受到一定的影响。通过顾客保鲜努力敏感性边界值 β_3 可知，成本分摊契约降低了 TPLSP 收费策略改变的条件，可使各参与方在外包保鲜策略下实现多赢，均获得最优收益，且成本分摊率越高将对多赢局面的实现更有利。同时，这表明零售商可通过调整分摊比率以弱化 TPLSP 选择向零售商收费策略使各方获得最优收益的顾客保鲜努力敏感性的条件，从而在实现各成员收益帕累托改进的同时达成多赢局面。此外，零售商需注意结合两种外包保鲜策略供应链中各方收益实现帕累托改进的成本分摊率。因此，在各方收益实现帕累托改进的约束条件范围内，零售商可提高分摊率以弱化 TPLSP 选择向零售商收费策略的顾客保鲜努力敏感性的条件以实现多赢，使所有供应链成员均能获得最优收益。

同时，为了分析成本分摊契约对两种外包保鲜策略的影响，对比分析契约协调下的两种外包保鲜策略的保鲜努力水平和成员的收益水平，可得命题 3-5。

命题 3-5，成本分摊契约下的向零售商收费策略与无契约下的零售商保鲜策略相比，两种策略下的最优保鲜努力水平关系为 $\theta^{CTR}<\theta^{R}$，供应商收益关系为 $\pi_m^{CTR}<\pi_m^{R}$，零售商收益关系为 $\pi_r^{CTR}<\pi_r^{R}$。

证明：经计算可得

$$\theta^{CTR}-\theta^{R}=\frac{\tau\beta(1-2\phi)[(1-s)a-c]}{2(1-s)(2\tau-\beta^2)[4\tau(1-\phi)-\beta^2]}<0,$$

$$\pi_r^{CTR}-\pi_r^{R}=-\frac{\tau[(1-s)a-c]^2\{6\tau(1-\phi)[2\tau(1-\phi)-\beta^2]+\beta^2[2\tau\phi^2+(1-\phi)\beta^2]\}}{8(1-s)^2(2\tau-\beta^2)[4\tau(1-\phi)-\beta^2]^2}<0,$$

$$\pi_m^{CTR}-\pi_m^{R}=\frac{\tau[(1-s)a-c]^2[2\tau(1-\phi)-\phi\beta^2]}{4(1-s)^2(2\tau-\beta^2)[4\tau(1-\phi)-\beta^2]}<0。$$

因此，$\theta^{CTR}<\theta^{R}$，$\pi_m^{CTR}<\pi_m^{R}$，$\pi_r^{CTR}<\pi_r^{R}$。命题 3-5 得证。

命题 3-5 表明与零售商保鲜策略相比，在恰当的契约激励下，向零售商收费策略下的成员收益得到帕累托改进，但向零售商收费策略下的最优保鲜努力水平仍较低，且节点企业收益也仍处在较低水平。同时，这也表明成本分摊契约虽可在一定条件下改进向零售商收费策略，但却不能完全缓和 TPLSP 加入生鲜品供应链所带来的双重边际效应的加剧，从而无法使向零售商收费策略下的最优保鲜努力水平超过零售商保鲜策略下的最优保鲜努力水平，也无法使节点企业获得更多收益。此外，通过对比最优保鲜努力水平发现，当成本分摊率超过 0.5 时，契约改进的向零售商收费策略中最优保鲜努力水平可超过零售商保鲜策略，但此时的零售商收益将严重受损。因此，零售商在进行保鲜决策时，应先考虑自己承担保鲜投入，以高保鲜努力水平获得更多收益。若需考虑外包保鲜，其应当采取恰当的成本分摊契约，以改进成员收益，尽量减少与自行保鲜下的收益差。

综上所述，单一的成本分摊契约虽可激励 TPLSP 提高保鲜努力水平，与无契约协调相比，在一定条件下成员收益得以实现帕累托改进，但提高收益后的节点企业收益水平仍未能超过自行保鲜下的收益，无法实现外包保鲜下各成员均获得最优收益的多赢局面。

结合上述研究，考虑到单一的成本分摊契约实现协调的条件限制，在采取成本分摊契约的基础上，加入收益共享契约，即 TPLSP 选择拿出比率 ρ 的毛收益分享给节点企业，促使其在无条件约束下选择契约协调。此时，令外包保鲜策略中各参与方的最优决策与单一成本分摊保持一致，而 TPLSP 根据自身收益抽取一部分给供应商。通过分析验证，“成本分摊＋收益共享”的组合契约可使外包保鲜策略在无条件约束下实现完美协调。

第四节 数值算例分析

本节将对参数进行合理的赋值假设，以直观展现前文的研究结果。首先参照生鲜品供应链保鲜相关研究中关于参数的设置，并对生鲜行业的市场实情进行综合考虑，假设 $a=50$、$c=2$、$\tau=1.2$、$s=0.2$。然后根据基础参数假设，结合条件约束分别设置顾客保鲜努力敏感性，从而探讨分析不同保鲜投入策略下的保鲜努力水平和各方收益受相关因素影响的变化趋势。

一、顾客保鲜努力敏感性对保鲜努力水平和各方收益影响分析

顾客保鲜努力敏感性是生鲜品供应链保鲜投入决策的重要影响因素，因此为了更清晰直观地观察顾客保鲜努力敏感性在不同保鲜投入策略下对生鲜品供应链最优保鲜努力水平决策及各方收益的影响，结合上述研究分析和参数假设，且为满足 $2\tau-\beta^2>0$，设置相关参数范围为 $\beta\in\left(0,\ \frac{2\sqrt{15}}{5}\right)$。

（一）顾客保鲜努力敏感性对不同保鲜策略下最优保鲜努力水平决策影响分析

首先，结合基础参数设置赋值绘图，得到不同保鲜投入策略下最优保鲜努力水平决策的关系及其随顾客保鲜努力敏感性变化的变化趋势，如图 3-2 所示。

观察图 3-2 可发现，随着顾客保鲜努力敏感性的提高，不同保鲜投入策略下最优保鲜努力水平均呈上升趋势。这是因为当顾客敏感性提高时，通过提高保鲜努力水平可有效刺激更多需求，这将有利于整个供应链系统

效益的提升。此外还可发现，无论顾客保鲜努力敏感性如何提高，自行保鲜策略下的保鲜努力水平总是高于外包保鲜策略，且两者之间的差距将随着顾客保鲜努力敏感性的提高而变大。这表明，自行保鲜策略下最优保鲜努力水平对顾客保鲜努力敏感性的提高更敏感。换言之，当节点企业自行保鲜时，若感知到顾客敏感性提高，其更愿意提供更高的保鲜努力水平。

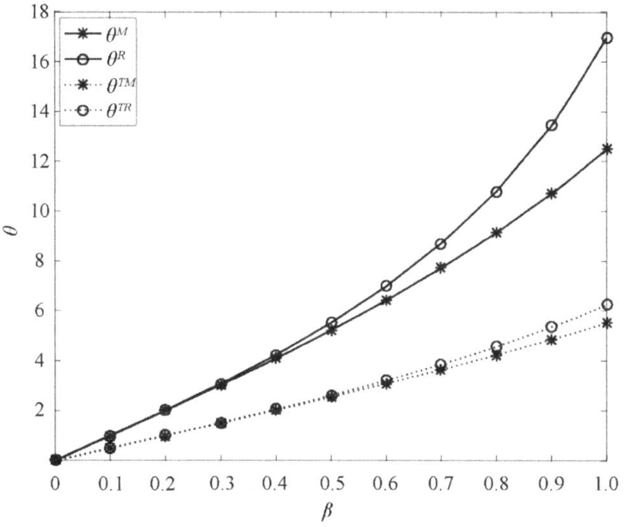

图 3-2　顾客保鲜努力敏感性对最优保鲜努力水平决策影响图

（二）顾客保鲜努力敏感性对外包保鲜策略下 TPLSP 收益影响分析

在外包保鲜策略下，结合上述基础参数的设置，考虑约束条件 $4\tau-\beta^2>0$，设置相关参数范围为 $\beta\in$（1，2），从而得到 TPLSP 在两种外包保鲜策略下收益水平的变化趋势，如图 3-3 所示。

观察图 3-3 可发现，当顾客保鲜努力敏感性提高到一定水平时，外包保鲜策略下 TPLSP 的收益水平关系发生转变，其从向零售商收费策略中获得的最优收益水平将超过从向供应商收费策略中获得的最优收益水平。这表明，当顾客敏感性较低时，TPLSP 将以低保鲜努力水平（见图 3-2）

在向供应商收费策略中获得更多收益。但随着顾客敏感性的提高，高保鲜努力水平策略反而会给其带来更多收益。此外还可发现，当顾客保鲜努力敏感性提高到一定水平后，向零售商收费策略的收益增长较为明显。因此，TPLSP 应积极支持节点企业提高顾客保鲜努力敏感性。

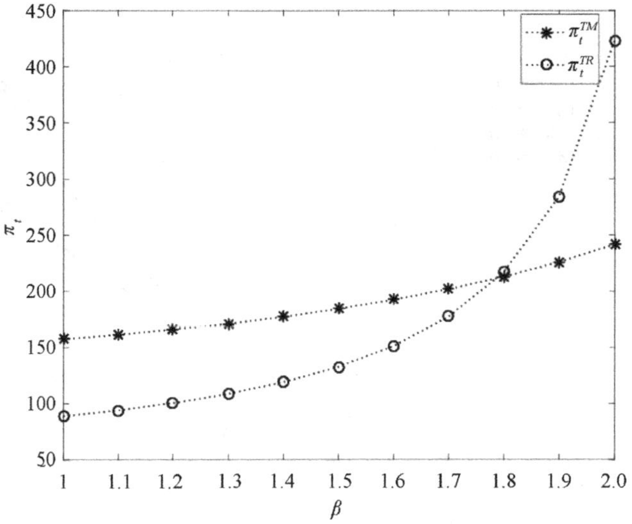

图 3-3 顾客保鲜努力敏感性对外包保鲜策略下 TPLSP 收益影响图

（三）顾客保鲜努力敏感性对不同保鲜策略下节点企业收益影响分析

在 4 种保鲜策略下，结合上述基础参数的设置，不同于外包保鲜策略考虑约束条件 $4\tau-\beta^2>0$，此时需满足条件 $2\tau-\beta^2>0$。因此，设置相关参数范围为 $\beta\in$ （0，1），从而得到节点企业在 4 种保鲜策略下的收益水平受顾客保鲜努力敏感性影响的变化趋势，如图 3-4 所示。

观察图 3-4（a）可发现，随着顾客保鲜努力敏感性的提高，不同保鲜策略下供应商最优收益水平均呈上升趋势。同时，不论顾客保鲜努力敏感性如何提高，不同保鲜策略下供应商的收益水平关系均未发生改变。其中，零售商保鲜策略下收益水平最高，且随着顾客保鲜努力敏感性的提高，与其他保鲜策略的收益差距逐渐变大，而向供应商收费策略的收益最

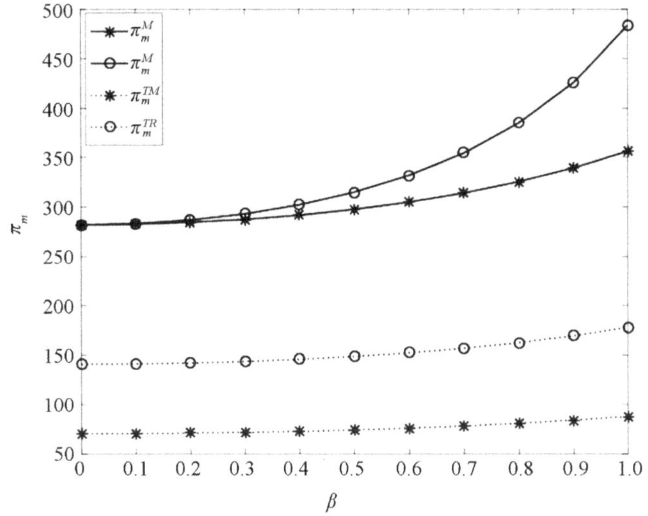

(a)

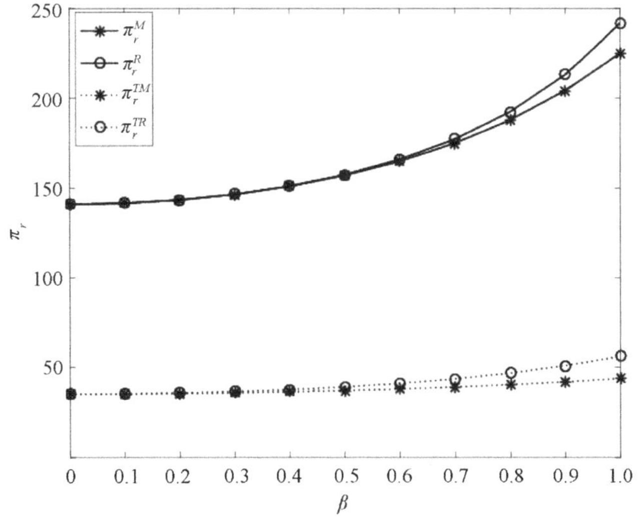

(b)

图 3-4　顾客保鲜努力敏感性对不同保鲜策略下节点企业收益影响图

低，且受顾客保鲜努力敏感性影响更小。这也表明，顾客敏感性的提高对自行保鲜策略下供应商收益的提高更有利。因此，供应商应积极推动零售商承担保鲜工作，并与其合作提高顾客敏感性。

观察图 3-4（b）可发现，随着顾客保鲜努力敏感性的提高，不同保鲜策略下零售商的收益也呈上升趋势，不同保鲜策略下零售商收益水平的关系保持不变，且与供应商相同，均在零售商保鲜策略下获得最优收益。当顾客敏感性达到一定水平时，外包保鲜策略对于自行保鲜策略下零售商收益水平提高的作用更强，且将使零售商自行保鲜策略下的收益与外包保鲜策略下的收益拉开差距。因此，零售商应更积极主动地承担保鲜工作，同时可提高顾客保鲜努力敏感性以实现高收益。

二、契约激励作用分析

本章的第三节分析了顾客保鲜努力敏感性对生鲜品供应链保鲜投入决策的影响，接下来为了更清晰直观地观察成本分摊契约对外包保鲜策略的激励作用，结合上述参数假设，且 $4\tau(1-\phi)-\beta^2>0$，设置参数 $\beta=0.8$ 或 $\beta=1.5$，进行以下算例分析。

（一）契约设计对外包保鲜策略下最优保鲜努力水平影响分析

结合相关参数设置，令 $\beta=0.8$，分别对无契约下和成本分摊契约下的外包保鲜策略最优保鲜努力水平进行数值仿真，得到成本分摊率对外包保鲜策略下最优保鲜努力水平的影响，如图 3-5 所示。

观察图 3-5 可发现，随着成本分摊率的提高，在契约激励下两种外包保鲜投入策略的最优保鲜努力水平均不断提高。这是因为当成本分摊率提高时，TPLSP 的保鲜成本压力得以缓和，促使其以高保鲜努力水平策略刺激更多需求，从而获得更多保鲜服务收益。同时与无契约相比可以发现，契约有效激励了 TPLSP 提供更高保鲜努力水平的服务，且随着成本分摊率的提高，契约对其提高保鲜努力水平的激励效果越来越强。当成本分摊率超过 0.5 时，向零售商收费策略下 TPLSP 提供的最优保鲜努力水平优于自行保鲜策略下最高的保鲜努力水平。因此，节点企业若想从外包保鲜策略中获得更高的保鲜努力水平，可通过签订成本分摊契约激励 TPLSP。

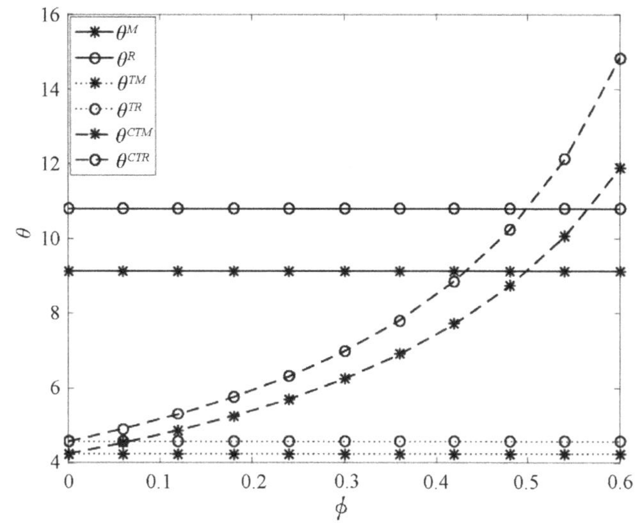

图 3-5 成本分摊率对最优保鲜努力水平影响图

（二）契约设计对不同外包保鲜策略下 TPLSP 收益影响分析

通过对无契约下和成本分摊契约下的外包保鲜策略 TPLSP 收益水平进行数值仿真，得到成本分摊率对外包保鲜策略下 TPLSP 收益水平的影响，如图 3-6 所示。

图 3-6（a）为顾客保鲜努力敏感性较低时（$\beta=0.8$），契约对外包保鲜策略下 TPLSP 收益的影响。此时，随着成本分摊率的提高，TPLSP 从两种外包保鲜投入策略中可获得的最优收益水平均得到明显提高。这是因为当采取成本分摊契约后，节点企业分摊了一部分保鲜成本，这有利于降低 TPLSP 的成本压力，且促使其提高保鲜努力水平，以获得更多收益。同时，当成本分摊率提高到一定水平后，契约对提升 TPLSP 收益的协调作用更加明显，且当顾客敏感性提高时，这种契约协调效果更明显（见图 3-6（b））。此外，观察图 3-6（b）可发现，当顾客敏感性提高到一定水平后（$\beta=1.5$），在恰当的契约协调下，TPLSP 对两种外包保鲜策略的选择偏好将发生改变，即 TPLSP 将从向零售商收费策略中获得更多收益，

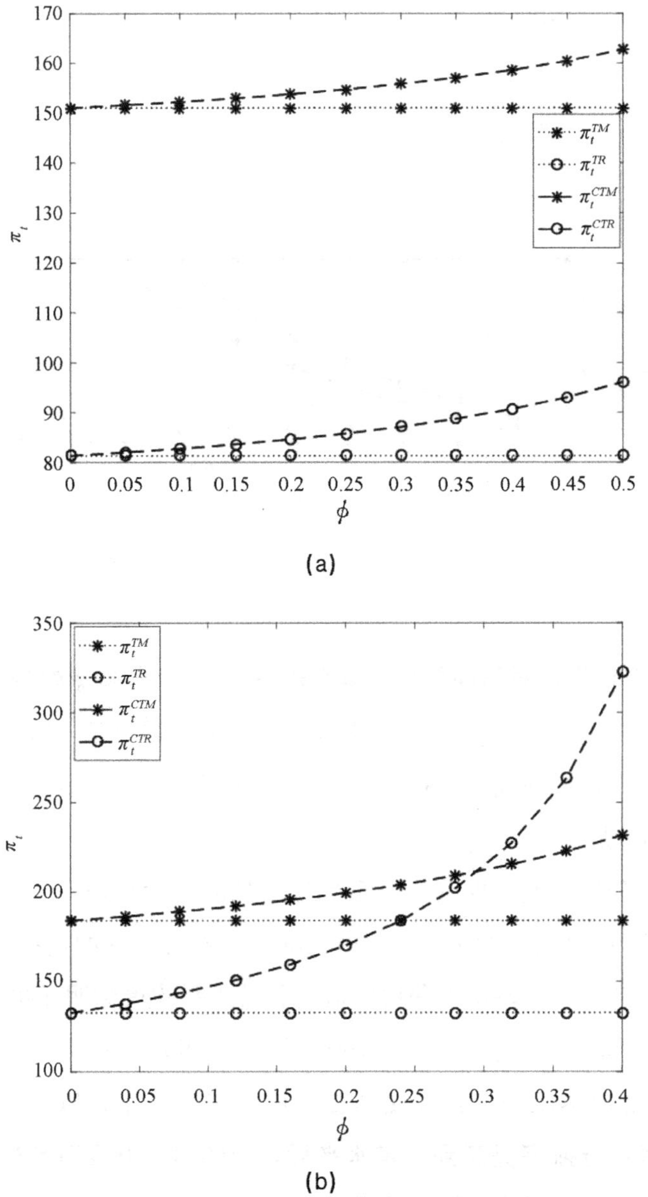

图 3-6　成本分摊率对外包保鲜策略下 TPLSP 收益影响图

而不是无契约下的从向供应商收费策略中获得更多收益。这也表明，契约协调可缓和 TPLSP 转变收费策略的顾客敏感性条件。因此，节点企业可利用契约协调作用调节 TPLSP 对策略转变的顾客敏感性水平，从而实现外包保鲜的多赢局面。

（三）契约设计对不同外包保鲜策略下节点企业收益影响分析

设置顾客保鲜努力敏感性参数 $\beta=1.5$，通过对无契约下和成本分摊契约下的外包保鲜策略节点企业的收益水平进行数值仿真，分别得到成本分摊率对外包保鲜策略下供应商和零售商收益水平的影响，如图 3-7、图 3-8 所示。

图 3-7 为契约对外包保鲜策略下供应商收益影响趋势图，通过观察可发现，随着成本分摊率的提高，与无契约下的外包保鲜策略相比，供应商从契约协调下向零售商收费策略中可获得的最优收益水平得到明显提高（见图 3-7（a）），而从向供应商收费策略中获得的收益先提高后降低（见图 3-7（b））。这表明，成本分摊契约对不同外包保鲜策略供应商收益的协调激励效果不同，向供应商收费策略下供应商需分摊保鲜成本，故而需设计恰当的分摊率，激励 TPLSP 的同时也可提高自身的收益水平。但在向零售商收费策略下，供应商无须分摊成本，其将直接从契约协调中受益。此外，观察图 3-7（a）还可发现，成本分摊契约无法使供应商在外包保鲜策略中的收益超过其从零售商保鲜策略中可获得的收益。因此，零售商保鲜策略是供应商的最优选择。若要保鲜外包时，向零售商收费策略下成本分摊契约可有效提高其收益，但在向供应商收费策略下，其需要控制成本分摊率，以实现收益提高。

图 3-8 为契约对外包保鲜策略下零售商收益影响趋势图，通过观察可发现，随着成本分摊率的提高，与无契约下的外包保鲜策略相比，零售商从契约协调下向供应商收费策略中可获得的最优收益水平得到提高（见图 3-7（b）），而从向零售商收费策略中可获得的收益先提高后降低（见图 3-7（a）（b））。这与契约对外包保鲜策略下供应商收益的影响相反，因为不同的外包保鲜策略承担保鲜服务费的节点企业不同，但对于承担者而言，其需要设计恰当的分摊率，激励 TPLSP 的同时实现自身收益水平的提高，即承担保鲜服务费方要将分摊率控制在自身可以接受的范围内，从

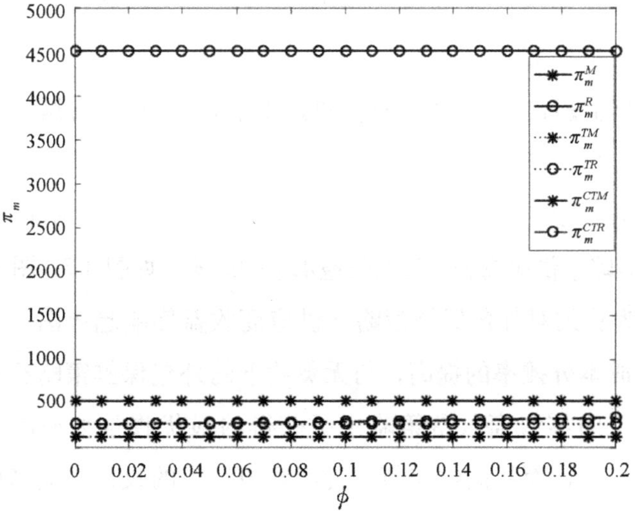

(a)

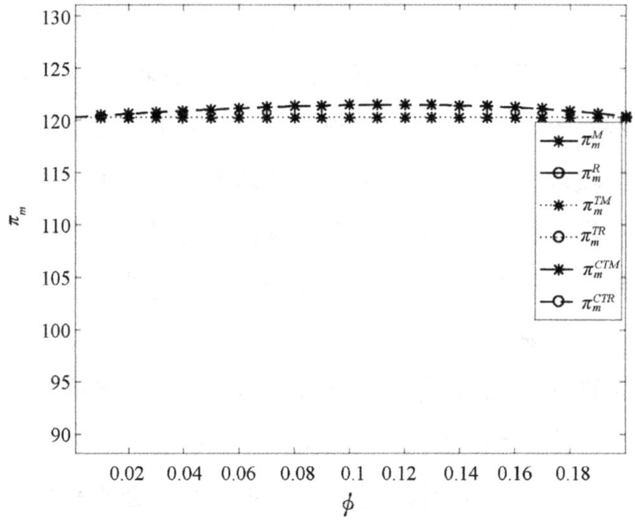

(b)

图 3-7 成本分摊率对不同外包保鲜策略下供应商收益影响图

而实现共赢。此外，通过观察图 3-7（a）可以发现，与供应商一样，成本分摊契约无法使零售商在外包保鲜策略中的收益超过其自行保鲜时的收益，且两者之间的收益差距较大。因此，零售商保鲜策略于零售商而言亦是最优选择。若要保鲜外包时，零售商可通过进行合理的成本分摊契约设计实现外包多赢局面。

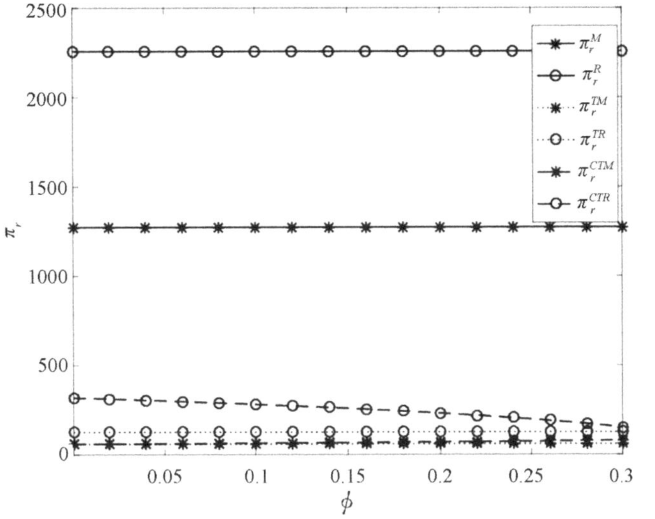

(a)

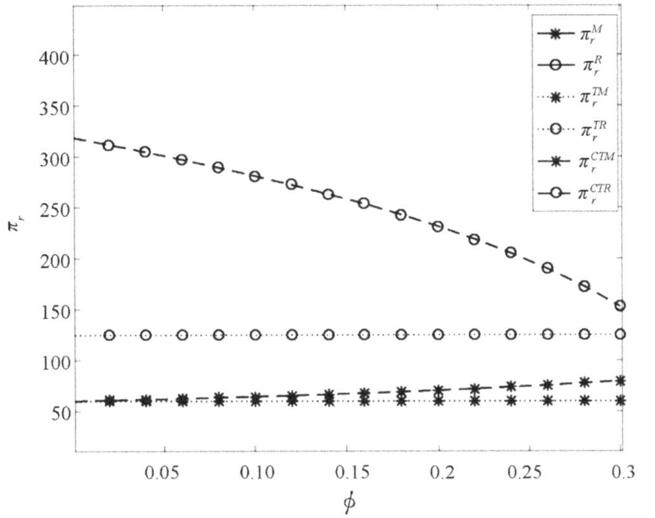

(b)

图 3-8　成本分摊率对不同外包保鲜策略下零售商收益影响图

第五节　本章小结

本章主要探究了生鲜品供应链保鲜投入策略，以及外包保鲜策略下的供应链契约设计协调问题。依据不同的保鲜投入主体，建立了供应商负责保鲜（供应商保鲜策略）、零售商负责保鲜（零售商保鲜策略）、保鲜外包给 TPLSP 向节点企业收费（向供应商收费策略和向零售商收费策略）等 4 种具体的保鲜策略模型，求解分析各策略下最优的保鲜努力水平和各方收益，并根据分析结果设计了成本分摊契约，协调外包给 TPLSP 的三级生鲜品供应链。在此基础上又考虑了“成本分摊＋收益共享”组合契约，以改进外包保鲜策略。最后结合实际赋值参数进行了数值仿真绘图，以便更清晰直观地展示相关结论，为相关企业提供管理建议。

本章得到如下结论：

第一，节点企业选择自行投入保鲜努力时，下游零售商负责保鲜可带来更高的保鲜努力水平，节点企业的收益也更优。此外，零售商和供应商无论谁投入保鲜努力，双方均应考虑合作，积极提升顾客保鲜努力敏感性，以刺激更多需求。

第二，当节点企业选择将保鲜外包给 TPLSP 时，零售商主动承担服务费用可使其与节点企业在外包保鲜策略下的利益最大化，但不一定有利于 TPLSP，从而形成冲突，无法达成一致。此时，节点企业可努力提高顾客保鲜努力敏感性，不仅有利于自身收益提高，更可促进 TPLSP 选择向下游零售商收取服务费，实现各自利益最大化。

第三，当面临自行保鲜和外包保鲜策略选择时，保鲜外包给 TPLSP 提供的最优保鲜努力水平总是低于自行保鲜。这表明，TPLSP 为了追求利益最大化的加入反而会提供较低的保鲜努力水平，加剧供应链的双重边际效应，不利于提高系统效益。此时，节点企业的利益将受损，应在能力范围内选择自行保鲜策略。

第四，成本分摊契约在一定条件下可以协调 TPLSP 加入后的三级生鲜品供应链，有效刺激 TPLSP 提供更高的保鲜努力水平，且使各方收益实现帕累托改进，而“成本分摊＋收益共享”组合契约可使外包保鲜策略下的供应链实现完美协调。因此，承担保鲜服务费用方可采用成本分摊契约与 TPLSP 建立合作关系，并将成本分摊率控制在恰当范围内。而 TPLSP 可通过收益共享契约，推动节点企业与其进行合作，适当分享自身收益，以降低成本压力，促进多赢局面实现。

第五，契约设计有效地改进优化了外包保鲜策略供应链，但仍无法使节点成员的收益超过自行保鲜策略下的最优收益。

第四章　考虑 TPLSP 成本优势的外包保鲜策略研究

关于生鲜品保鲜努力，与第三章生鲜品供应链外包保鲜策略不同，本章根据 TPLSP 的实际情况，考虑在保鲜成本上相较于非专业节点企业存在一定的成本优势性将对生鲜品供应链中保鲜相关决策及成员收益产生影响，从而有可能影响参与方的保鲜投入策略选择。基于此，本章将依据 TPLSP 具备成本优势的情形，研究成本优势对外包保鲜策略供应链决策及成员收益的影响，并将考虑 TPLSP 成本优势的外包保鲜策略与第三章中的自行保鲜策略进行比较，从各策略下最优保鲜努力水平和各方收益水平角度，探讨成本优势将对节点企业外包保鲜策略选择产生何种影响。最后，本章对考虑成本优势的外包保鲜策略进行了数量折扣契约，以改进外包保鲜策略。

第一节　问题描述和假设

本章的研究内容虽是建立在第三章的假设基础之上，但在研究生鲜品供应链外包保鲜策略的相关决策时，本章结合实际情况，将 TPLSP 具备保鲜成本优势考虑在三级生鲜品供应链中。由此，引入 TPLSP 保鲜成本优势因素，考虑成本优势对外包保鲜三级生鲜品供应链的影响，同样形成了两种外包保鲜策略，即外包保鲜且向供应商收费策略（TMA）和外包保鲜且向零售商收费策略（TRA）。

同时，保鲜成本优势关乎生鲜品的保鲜努力水平，保鲜投入主要包括两部分，即前期固定成本投入（建设基础设施、购买运输设备、人工费用等）和中后期的运营成本投入（加工包装、仓储、运输管理等），而与节点企业相比，专业的 TPLSP 有前期投入基础，在提供同样保鲜努力水平时只需投入中后期费用，从而形成保鲜成本优势。此外，根据罗彬对冷链企业的物流成本调查数据，经计算得知，前期固定成本投入可为 TPLSP 带来高达 60%以上的成本优势。因此，假设节点企业的保鲜成本为一般二次函数的形式 $C(\theta)=(\frac{\tau\theta^2}{2})$，基于 TPLSP 具备保鲜成本优势的实际，假设 TPLSP 的保鲜成本函数为 $C(\theta)=\frac{\tau(1-\varepsilon)\theta^2}{2}$，其中 ε 表示 TPLSP 在保鲜上的成本优势，且 $0<\varepsilon<1$，则 ε 越大，TPLSP 的保鲜成本优势越大。

为了与前文的外包保鲜策略相区别，本章模型中求解的决策变量及各方收益的上标后方加入“A”，其他参数则参照前文的假设和说明，这里将不再一一解释说明。

第二节　建模及分析

一、考虑成本优势的外包保鲜策略模型

考虑 TPLSP 成本优势的两种外包保鲜策略仍然遵从 Stackelberg 博弈模型，但不同外包保鲜策略下的供应链博弈主导者不同，在外包保鲜且向供应商收费策略中，TPLSP 占据主导地位，先行决策，而在外包保鲜且向零售商收费策略中，供应商占据主导地位，先行决策。

（一）外包保鲜且向供应商收费策略

在此策略下，三级生鲜品供应链的决策顺序为 TPLSP 先行宣布其可提供的保鲜努力水平 θ 和服务单价 t，供应商提供生产成本为 c 的生鲜品，

以批发价 w 销售给零售商，并向 TPLSP 支付服务费，零售商以零售价 p 将产品销售给顾客。此时，供应链中各方收益函数 π_t、π_m、π_r 分别表示为：

$$\pi_t = t\frac{D}{1-s} - \frac{\tau(1-\varepsilon)\theta^2}{2} \tag{4-1}$$

$$\pi_m = (w-c-t)\frac{D}{1-s} \tag{4-2}$$

$$\pi_r = pD - w\left(\frac{D}{1-s}\right) \tag{4-3}$$

求解后可得定理 4-1。

定理 4-1，外包保鲜且向供应商收费策略下供应链的最优决策和收益为：

$$\theta^{TAM} = \frac{\beta[(1-s)a-c]}{(1-s)[8\tau(1-\varepsilon)-\beta^2]} \tag{4-4}$$

$$t^{TMA} = \frac{4\tau(1-\varepsilon)[(1-s)a-c]}{8\tau(1-\varepsilon)-\beta^2} \tag{4-5}$$

$$w^{TMA} = \frac{2\tau(1-\varepsilon)[3(1-s)a+c]-\beta^2 c}{8\tau(1-\varepsilon)-\beta^2} \tag{4-6}$$

$$p^{TMA} = \frac{\tau(1-\varepsilon)[7(1-s)a+c]-\beta^2 c}{(1-s)[8\tau(1-\varepsilon)-\beta^2]} \tag{4-7}$$

$$\pi_t^{TMA} = \frac{\tau(1-\varepsilon)[(1-s)a-c]^2}{2(1-s)^2[8\tau(1-\varepsilon)-\beta^2]} \tag{4-8}$$

$$\pi_m^{TMA} = \frac{2\tau^2(1-\varepsilon)^2[(1-s)a-c]^2}{(1-s)^2[8\tau(1-\varepsilon)-\beta^2]^2} \tag{4-9}$$

$$\pi_r^{TM} = \frac{\tau^2(1-\varepsilon)^2[(1-s)a-c]^2}{(1-s)^2[8\tau(1-\varepsilon)-\beta^2]^2} \tag{4-10}$$

定理 4-1 给出了 TPLSP 具备保鲜成本优势时，外包保鲜且向供应商收费策略下生鲜品供应链的最优决策和各方最优收益。此时，与向供应商收费策略不同，TPLSP 的加入虽加剧了自行保鲜二级生鲜品供应链中业已存在的双重边际效应，但其相对节点企业存在一定的成本优势，这可为整个供应链系统带来效益，并影响成员最优决策。由此，分析 TPLSP 成本优势对供应链均衡结果的影响可得推论 4-1。

推论 4-1（a），外包保鲜且向供应商收费策略下最优决策 θ^{TMA}、t^{TMA}、w^{TMA}、p^{TMA} 均随成本优势系数的提高而呈上升趋势。

推论 4-1（b），各成员最优收益 π_t^{TMA}、π_m^{TMA}、π_r^{TMA} 也均随成本优势系数的提高而呈上升趋势。

推论 4-1（a）表明于外包保鲜且向供应商收费策略而言，成本优势的提高可降低保鲜成本压力，从而推动 TPLSP 提高保鲜努力水平，并提高服务费，以追求更多收益。此外，TPLSP 占据主导地位，其先行决策服务价和保鲜努力水平将对节点企业的定价产生影响。

推论 4-1（b）表明当成本优势提升时，高保鲜努力水平可以刺激更多需求，恰当地提高服务费可使 TPLSP 从供应链中获得更多利益。同时，成本优势的提升降低了保鲜成本，将为整个供应链带来效益的提升，而各参与方通过决策在其中博弈，最终也得到了更多收益。因此，TPLSP 应致力于提升成本优势，并提供更高保鲜努力水平的服务，从而获得更多利益，节点企业则应跟随主导者及时调整决策。

（二）外包保鲜且向零售商收费策略

在此策略下，三级生鲜品供应链的决策顺序为供应商先行宣布批发价 w，而后 TPLSP 宣布保鲜努力水平 θ 和服务单价 t，零售商承担服务费并制定零售价 p。此时，供应链中各方收益函数 π_t、π_m、π_r 分别表示为：

$$\pi_m = (w-c)\frac{D}{1-s} \tag{4-11}$$

$$\pi_t = t\frac{D}{1-s} - \frac{\tau(1-\varepsilon)\theta^2}{2} \tag{4-12}$$

$$\pi_r = pD - (w+t)\frac{D}{1-s} \tag{4-13}$$

求解后可得定理 4-2。

定理 4-2，外包保鲜且向供应商收费策略下供应链的最优决策和收益为：

$$\theta^{TRA}=\frac{\beta\left[(1-s)a-c\right]}{2(1-s)\left[4\tau(1-\varepsilon)-\beta^2\right]} \tag{4-14}$$

$$t^{TRA}=\frac{\tau(1-\varepsilon)\left[(1-s)a-c\right]}{4\tau(1-\varepsilon)-\beta^2} \tag{4-15}$$

$$w^{TRA}=\frac{\left[(1-s)a+c\right]}{2} \tag{4-16}$$

$$p^{TRA}=\frac{\tau(1-\varepsilon)\left[7(1-s)a+c\right]-\beta^2\left[(1-s)a+c\right]}{2\left[4\tau(1-s)(1-\varepsilon)-\beta^2\right]} \tag{4-17}$$

$$\pi_t^{TRA}=\frac{\tau(1-\varepsilon)\left[(1-s)a-c\right]^2}{8(1-s)^2\left[4\tau(1-\varepsilon)-\beta^2\right]} \tag{4-18}$$

$$\pi_m^{TRA}=\frac{\tau(1-\varepsilon)\left[(1-s)a-c\right]^2}{4(1-s)^2\left[4\tau(1-\varepsilon)-\beta^2\right]} \tag{4-19}$$

$$\pi_r^{TRA}=\frac{\tau^2(1-\varepsilon)^2\left[(1-s)a-c\right]^2}{4(1-s)^2\left[4\tau(1-\varepsilon)-\beta^2\right]^2} \tag{4-20}$$

定理 4-2 给出了 TPLSP 具备保鲜成本优势时，外包保鲜且向零售商收费策略下生鲜品供应链的最优决策和各方最优收益。此时，供应商的主导地位将决定其定价策略仍不会受影响，但零售商在下游承担服务费将受 TPLSP 成本优势及其决策的影响。接下来，通过分析 TPLSP 的成本优势对外包保鲜且向零售商收费策略供应链均衡结果的影响可得推论 4-2。

推论 4-2（a)，外包保鲜且向零售商收费策略下最优决策 θ^{TRA}、t^{TRA}、p^{TRA} 均随成本优势系数的提高而呈上升趋势。

推论 4-2（b)，各成员最优收益 π_t^{TRA}、π_m^{TRA}、π_r^{TRA} 也均随成本优势系数的提高而呈上升趋势。

推论 4-2（a）表明当保鲜外包给 TPLSP 且向零售商收费时，供应商的定价不受成本优势影响，但成本优势仍会影响 TPLSP 和零售商的决策。其中，随着成本优势系数的提高，TPLSP 作为保鲜投入方将在低成本压力下提高保鲜努力水平，并对应地提高服务费，零售商紧随其后提高零售价，以保证边际收益。

推论 4-2（b）表明在供应商主导的外包保鲜策略下，成本优势仍可为各方带来更多收益。其中，随着成本优势系数的提高，TPLSP 在低成本压力下的高保鲜努力水平和提高服务费均可获得更多利润，供应商将从高保鲜努力水平带来的更多需求中受益，零售商跟随 TPLSP 的决策提高零售价也可提高收益。

二、外包保鲜投入策略对比分析

本节首先对比分析了考虑成本优势的外包保鲜策略供应链中保鲜努力水平和各方收益水平，其次将考虑成本优势的外包保鲜策略与自行保鲜策略进行了对比。此外，为了保证不同保鲜策略下最优解成立，需 $4\tau(1-\varepsilon)-\beta^2>0$，且 $2\tau-\beta^2>0$，为了方便分析表达，令 $\varepsilon_1=1-\frac{3\beta^2}{8\tau}$，$\varepsilon_2=\frac{1}{2}-\frac{\beta^2}{8\tau}$，$\varepsilon_3=\frac{1}{2}+\frac{\beta^2}{8\tau}$，$\varepsilon_4=\frac{2\tau}{2\tau+\beta^2}$，$\varepsilon_5=1-\frac{\beta^2\left[4\tau+\sqrt{2\tau(2\tau-\beta^2)}\right]}{2\tau(6\tau+\beta^2)}$，$\varepsilon_6=1-\frac{\beta^2}{4\tau}$。

命题 4-1，外包保鲜策略下，向供应商收费策略与向零售商收费策略的最优保鲜努力水平和各方收益的关系分别为 $\theta^{TRA}>\theta^{TMA}$、$\pi_m^{TRA}>\pi_m^{TMA}$、$\pi_r^{TRA}>\pi_r^{TMA}$。当 $\varepsilon\in(0,\varepsilon_1)$ 时，$\pi_t^{TRA}<\pi_t^{TMA}$；当 $\varepsilon\in(\varepsilon_1,\varepsilon_6)$ 时，$\pi_t^{TRA}>\pi_t^{TMA}$。

证明：经计算可得

$$\theta^{TRA}-\theta^{TMA}=\frac{[(1-s)a-c]\beta^3}{2(1-s)[8\tau(1-\varepsilon)-\beta^2][4\tau(1-\varepsilon)-\beta^2]}>0,$$

$$\pi_m^{TRA}-\pi_m^{TMA}=\frac{\tau(1-\varepsilon)[(1-s)a-c]^2\{16(1-\varepsilon)\tau^2+[4\tau(1-\varepsilon)-\beta^2]^2\}}{4(1-s)^2[4\tau(1-\varepsilon)-\beta^2][8\tau(1-\varepsilon)-\beta^2]^2}>0,$$

$$\pi_r^{TRA}-\pi_r^{TMA}=\frac{\tau^2\beta^2(1-\varepsilon)^2[16\tau(1-\varepsilon)-3\beta^2][(1-s)a-c]^2}{4(1-s)^2[8\tau(1-\varepsilon)-\beta^2]^2[4\tau(1-\varepsilon)-\beta^2]^2}>0,$$

$$\pi_t^{TRA}-\pi_t^{TMA}=\frac{\tau[3\beta^2-8\tau(1-\varepsilon)][(1-s)a-c]^2}{8(1-s)^2[8\tau(1-\varepsilon)-\beta^2][4\tau(1-\varepsilon)-\beta^2]}。$$

令 $\pi_t^{TRA}-\pi_t^{TMA}=0$，得 $\varepsilon_1=1-\frac{3\beta^2}{8\tau}$。因此，$\theta^{TRA}>\theta^{TMA}$，$\pi_m^{TRA}>\pi_m^{TMA}$，$\pi_r^{TRA}>\pi_r^{TMA}$。当 $\varepsilon\in(0,\varepsilon_1)$ 时，$\pi_t^{TRA}<\pi_t^{TMA}$；当 $\varepsilon\in(\varepsilon_1,\varepsilon_6)$ 时，$\pi_t^{TRA}>\pi_t^{TMA}$。命题 4-1 得证。

命题 4-1 表明当 TPLSP 具备保鲜成本优势时，外包保鲜且向零售商收费策略的最优保鲜努力水平和节点企业收益均高于外包保鲜且向供应商收费策略，而 TPLSP 的收费策略偏好取决于成本优势。当成本优势系数较低时，TPLSP 更偏好于向供应商收费；当成本优势系数提高到一定水平时 $[\varepsilon\in(\varepsilon_1,\varepsilon_6)]$，向零售商收费则更有利于 TPLSP。这是因为较低的成本优势系数不足以使 TPLSP 提供更高的保鲜努力水平以实现更多收益，此时成本优势带来的效益在 TPLSP 占据主导地位时于其更有利。当成本优势系数提高时，高成本优势可使外包保鲜且向零售商收费策略下的 TPLSP 有足够余力以更高的保鲜努力水平刺激更多需求，从而获得更多收益。于节点企业而言，两者在 TPLSP 占据绝对主导地位的外包保鲜且向供应商收费策略下受双重边际效应的影响更严重。此外，通过分析 TPLSP 转变策略偏好的成本优势条件 ε_1 的表达式可知，高顾客保鲜努力敏感性有利于促使 TPLSP 在较低成本优势下选择向零售商收费，从而实现多赢。因此，节点企业可相互合作以提高顾客敏感性，以推动 TPLSP 在较低条件的成本优势要求下选择双赢的外包策略，而 TPLSP 则应在努力提高成本优势的同时，支持节点企业弱化自身对策略转变的成本优势条件。

对比自行保鲜和考虑成本优势的外包保鲜策略的最优保鲜努力水平和各方收益水平可得以下结论。

命题 4-2，不同保鲜投入策略下的最优保鲜努力水平关系为当 $\varepsilon\in(0,\varepsilon_2)$ 时，$\theta^R>\theta^M>\theta^{TRA}>\theta^{TMA}$；当 $\varepsilon\in(\varepsilon_2,\frac{1}{2})$ 时，$\theta^R>\theta^{TRA}>\theta^M>\theta^{TMA}$；当 $\varepsilon\in(\frac{1}{2},\varepsilon_3)$ 时，$\theta^{TRA}>\theta^R>\theta^{TMA}>\theta^M$；当 $\varepsilon\in(\varepsilon_3,\varepsilon_6)$ 时，

$\theta^{TRA}>\theta^{TMA}>\theta^{R}>\theta^{M}$。

证明：由上述结论可知，$\theta^{R}>\theta^{M}$ 和 $\theta^{TRA}>\theta^{TMA}$。此外，经计算可得

$$\theta^{R}-\theta^{TRA}=\frac{\beta\tau(1-2\varepsilon)[(1-s)a-c]}{(2\tau-\beta^{2})[4\tau(1-\varepsilon)-\beta^{2}](1-s)},$$

$$\theta^{M}-\theta^{TRA}=\frac{\beta[(1-s)a-c][4\tau(1-2\varepsilon)-\beta^{2}]^{2}}{2(4\tau-\beta^{2})[4\tau(1-\varepsilon)-\beta^{2}](1-s)},$$

$$\theta^{R}-\theta^{TMA}=\frac{\beta[(1-s)a-c][4\tau(1-2\varepsilon)+\beta^{2}]}{2(2\tau-\beta^{2})[8\tau(1-\varepsilon)-\beta^{2}](1-s)}。$$

令 $\theta^{R}-\theta^{TRA}=0$，得 $\varepsilon=\frac{1}{2}$；令 $\theta^{M}-\theta^{TRA}=0$，得 $\varepsilon_{2}=\frac{1}{2}-\frac{\beta^{2}}{8\tau}$；令 $\theta^{R}-\theta^{TMA}=0$，得 $\varepsilon_{3}=\frac{1}{2}+\frac{\beta^{2}}{8\tau}$。因此，当 $\varepsilon\in(0,\varepsilon_{2})$ 时，$\theta^{R}>\theta^{M}>\theta^{TRA}>\theta^{TMA}$；当 $\varepsilon\in(\varepsilon_{2},\frac{1}{2})$ 时，$\theta^{R}>\theta^{TRA}>\theta^{M}>\theta^{TMA}$；当 $\varepsilon\in(\frac{1}{2},\varepsilon_{3})$ 时，$\theta^{TRA}>\theta^{R}>\theta^{TMA}>\theta^{M}$；当 $\varepsilon\in(\varepsilon_{3},\varepsilon_{6})$ 时，$\theta^{TRA}>\theta^{TMA}>\theta^{R}>\theta^{M}$。命题 4-2 得证。

命题 4-2 表明成本优势不影响自行保鲜策略下的最优保鲜努力水平，但有利于促使 TPLSP 提高外包保鲜策略下的保鲜努力水平，且随着成本优势的提升，外包保鲜且向零售商收费策略的最优保鲜努力水平将逐渐超过供应商保鲜策略，最后当成本优势系数达到 0.5 时，其将超过零售商保鲜策略成为最高水平。此外，当成本优势系数提高到一定水平时 [$\varepsilon\in(\varepsilon_{3},\varepsilon_{6})$]，外包保鲜下的保鲜努力水平将高于自行保鲜下的保鲜努力水平，这与命题 3-1 的结论不同。这是因为成本优势降低了保鲜成本压力，有利于 TPLSP 提高保鲜努力水平，从而实现整个系统效益的提升。同时，由 ε_{2} 表达式可知，高顾客保鲜努力敏感性可降低外包保鲜下的保鲜努力水平，超越自行保鲜下保鲜努力水平的成本优势条件。因此，外包保鲜的高保鲜努力水平依赖于高成本优势，但 TPLSP 可与节点企业合作采取措施，提高顾客敏感性，以弱化成本优势条件，从而使外包保鲜下保鲜努力水平得以提升。

命题 4-3（a），不同保鲜投入策略下的供应商最优收益关系为当 $\varepsilon\in(0,\ \varepsilon_4)$ 时，$\pi_m^R>\max\{\pi_m^M,\ \pi_m^{TRA},\ \pi_m^{TMA}\}$；当 $\varepsilon\in(\varepsilon_4,\ \varepsilon_6)$ 时，$\pi_m^{TRA}>\max\{\pi_m^M,\ \pi_m^R,\ \pi_m^{TMA}\}$。

命题 4-3（b），不同保鲜投入策略下的零售商最优收益关系为当 $\varepsilon\in(0,\ \varepsilon_5)$ 时，$\pi_r^R>\max\{\pi_r^M,\ \pi_r^{TRA},\ \pi_r^{TMA}\}$；当 $\varepsilon\in(\varepsilon_5,\ \varepsilon_6)$ 时，$\pi_r^{TRA}>\max\{\pi_r^M,\ \pi_r^R,\ \pi_r^{TMA}\}$。

证明：由推论 3-1 和命题 4-1 可知，$\pi_m^R>\pi_m^M$，$\pi_m^{TRA}>\pi_m^{TMA}$，$\pi_r^R>\pi_r^M$，$\pi_r^{TRA}>\pi_r^{TMA}$。此外，经计算可得

$$\pi_m^R-\pi_m^{TRA}=\frac{\tau[2\tau(1-\varepsilon)-\varepsilon\beta^2][(1-s)a-c]^2}{4(1-s)^2(2\tau-\beta^2)[4\tau(1-\varepsilon)-\beta^2]},$$

$$\pi_r^R-\pi_r^{TRA}=\frac{\tau[(1-s)a-c]^2\{12\tau^2(1-\varepsilon)^2-\beta^2[2\tau(1-\varepsilon)(3+\varepsilon)-\beta^2]\}}{8(1-s)^2(2\tau-\beta^2)[4\tau(1-\varepsilon)-\beta^2]^2}。$$

令 $\pi_m^R-\pi_m^{TRA}=0$，得 $\varepsilon_4=\dfrac{2\tau}{2\tau+\beta^2}$；令 $\pi_r^R-\pi_r^{TRA}=0$，得 $\varepsilon_5=1-\dfrac{\beta^2[4\tau+\sqrt{2\tau(2\tau-\beta^2)}]}{2\tau(6\tau+\beta^2)}$。因此，当 $\varepsilon\in(0,\ \varepsilon_4)$ 时，$\pi_m^R>\max\{\pi_m^M,\ \pi_m^{TRA},\ \pi_m^{TMA}\}$；当 $\varepsilon\in(\varepsilon_4,\ \varepsilon_6)$ 时，$\pi_m^{TRA}>\max\{\pi_m^M,\ \pi_m^R,\ \pi_m^{TMA}\}$；当 $\varepsilon\in(0,\ \varepsilon_5)$ 时，$\pi_r^R>\max\{\pi_r^M,\ \pi_r^{TRA},\ \pi_r^{TMA}\}$；当 $\varepsilon\in(\varepsilon_5,\ \varepsilon_6)$ 时，$\pi_r^{TRA}>\max\{\pi_r^M,\ \pi_r^R,\ \pi_r^{TMA}\}$。命题 4-3 得证。

命题 4-3（a）表明当成本优势提升到一定水平时，供应商选择外包保鲜且向零售商收费策略可获得更多利润。首先，通过观察供应商最优获利策略转变的成本优势条件，即 ε_4 表达式可知，其获取最优收益的成本优势条件与保鲜成本系数和顾客保鲜努力敏感性相关。其次，在成本优势效益下，因 TPLSP 的加入而加剧的双重边际效应在其高保鲜努力水平策略下得到缓和，且当成本优势足够时，其为整个供应链带来的效益提升可弥补供应商受到双重边际效应影响损失的利润。但当成本优势较小时，外包保鲜策略下 TPLSP 的成本优势所带来的效益不足以弥补由于服务费提高而造成的高生鲜品供应成本。此时，自行保鲜策略于供应商而言为最佳选择。

命题 4-3（b）表明当成本优势提升到一定水平时，零售商从外包保鲜且向零售商收费策略中获取的最优收益将高于零售商保鲜策略。在两种保鲜策略下，供应商为主导者先行决策批发价不受保鲜相关因素影响，以相同批发价将生鲜品销售给零售商，而差别在于外包保鲜下 TPLSP 的加入虽加剧了双重边际效应，但其具备的成本优势可抵消双重边际效应带来的影响。当成本优势系数较小时，保鲜成本压力虽减少却仍无法缓和双重边际效应的影响，从而零售商更偏好自己负责保鲜的策略。随着成本优势系数的提高，TPLSP 有更多余力提高保鲜努力水平，这将刺激更多需求，实现收益提高，并惠及零售商，从而零售商更偏好选择外包保鲜且向零售商收费策略。总而言之，当成本优势提高到一定水平时，节点企业都将从外包保鲜且向零售商收费策略中获得各自的最高收益，且实现最高收益的成本优势条件与顾客保鲜努力敏感性密切相关，高顾客敏感性有利于弱化成本优势条件。因此，节点企业若想在外包保鲜策略下获得更高收益，可采取行动提高顾客保鲜努力敏感性，TPLSP 则应支持节点企业，并积极提高成本优势，使其为整个供应链系统带来更高效益。

综上所述，与第三章不同，保鲜外包时 TPLSP 的加入虽加剧了供应链中的双重边际效应，但其具备的成本优势可提高整个供应链系统的效益，抵消双重边际效应的影响，并促使节点企业选择将保鲜外包。然而，实现外包保鲜策略下保鲜努力水平最优，各方均能在此策略中获得更高收益，需对成本优势有较高的条件要求，这将不利于多赢局面的实现。因此，本章还将对考虑成本优势的外包保鲜策略设计数量折扣契约，协调 TPLSP 加入的三级生鲜品供应链，同样以自行保鲜策略为基准进行探讨比较。

第三节　契约协调设计

本节将设计数量折扣契约，缓和外包保鲜策略的双重边际效应，并探讨契约设计将对成本优势条件产生的影响。此外，结合上述分析可知，生鲜品到达顾客手中之前的固定折损率未对不同保鲜策略下保鲜努力水平和各方收益关系产生影响，为方便分析契约与成本优势的相互作用，令 $s=0$。此时，TPLSP 决定向节点企业提供数量折扣 d，且 $0<d<1$。因此，两种外包保鲜策略供应链中各方收益函数如下。

外包保鲜且向供应商收费策略契约：

$$\pi_t=(t-dD)D-\frac{\tau(1-\varepsilon)\theta^2}{2} \tag{4-21}$$

$$\tau_m=(w-c-t+dD)D \tag{4-22}$$

$$\pi_r=(p-w)D \tag{4-23}$$

外包保鲜且向零售商收费策略契约：

$$\pi_m=(w-c)D \tag{4-24}$$

$$\pi_t=(t-dD)D-\frac{\tau(1-\varepsilon)\theta^2}{2} \tag{4-25}$$

$$\tau_r=(p-w-t+dD)D \tag{4-26}$$

运用逆向归纳求解法可得数量折扣契约下外包保鲜策略的最优决策和参与方收益，如表 4-1 所示。

表 4-1 数量折扣契约下各参与方的均衡解结果

符号	外包保鲜且向供应商收费策略契约	外包保鲜且向零售商收费策略契约
θ	$\frac{\beta(a-c)}{2\tau(1-\varepsilon)(4-d)-\beta^2}$	$\frac{\beta(a-c)}{2[2\tau(1-\varepsilon)(2-d)-\beta^2]}$
w	$\frac{2\tau(1-\varepsilon)[(3-d)a+c]-\beta^2 c}{2\tau(1-\varepsilon)(4-d)-\beta^2}$	$\frac{a+c}{2}$
p	$\frac{\tau(1-\varepsilon)[(7-2d)a+c]-\beta^2 c}{2\tau(1-\varepsilon)(4-d)-\beta^2}$	$\frac{\tau(1-\varepsilon)[(7-4d)a+c]-\beta^2(a+c)}{2[2\tau(1-\varepsilon)(2-d)-\beta^2]}$
t	$\frac{4\tau(1-\varepsilon)(a-c)}{2\tau(1-\varepsilon)(4-d)-\beta^2}$	$\frac{\tau(1-\varepsilon)(a-c)}{2\tau(1-\varepsilon)(2-d)-\beta^2}$
π_t	$\frac{\tau(1-\varepsilon)(a-c)^2}{2[2\tau(1-\varepsilon)(4-d)-\beta^2]}$	$\frac{\tau(1-\varepsilon)(a-c)^2}{8[2\tau(1-\varepsilon)(2-d)-\beta^2]}$

续表

符号	外包保鲜且向供应商收费策略契约	外包保鲜且向零售商收费策略契约
π_m	$\frac{(2-d)[\tau(1-\varepsilon)(a-c)^2]}{2[2\tau(1-\varepsilon)(4-d)-\beta^2]^2}$	$\frac{\tau(1-\varepsilon)(a-c)^2}{4[2\tau(1-\varepsilon)(2-d)-\beta^2]}$
π_r	$\frac{[\tau(1-\varepsilon)(a-c)]^2}{[2\tau(1-\varepsilon)(4-d)-\beta^2]^2}$	$\frac{(1-d)[\tau(1-\varepsilon)(a-c)]^2}{4[2\tau(1-\varepsilon)(2-d)-\beta^2]^2}$

通过比较上述数量折扣契约下的外包保鲜策略与无契约下外包保鲜策略的保鲜努力水平和各参与方收益可得如下结论。

命题 4-4（a），外包保鲜且向供应商收费策略下数量折扣契约可使最优保鲜努力水平得到明显提高。当 $0<d<\min\{d_1, 1\}$ 时，各方收益实现帕累托改进。

命题 4-4（b），外包保鲜且向零售商收费策略下数量折扣契约可使最优保鲜努力水平得到明显提高。当 $0<d<\min\{d_2, 1\}$ 时，各方收益实现帕累托改进。

证明：满足条件 $2\tau(1-\varepsilon)(2-d)-\beta^2>0$，经计算可得

$$\theta^{QTMA}-\theta^{TMA}=\frac{2\tau\beta d(1-\varepsilon)(a-c)}{[2\tau(1-\varepsilon)(4-d)-\beta^2][8\tau(1-\varepsilon)-\beta^2]}>0,$$

$$\theta^{QTRA}-\theta^{TRA}=\frac{2\tau\beta d(1-\varepsilon)(a-c)}{[2\tau(1-\varepsilon)(2-d)-\beta^2][4\tau(1-\varepsilon)-\beta^2]}>0,$$

$$\pi_t^{QTMA}-\pi_t^{TMA}=\frac{d[\tau(1-\varepsilon)(a-c)]^2}{[2\tau(1-\varepsilon)(4-d)-\beta^2][8\tau(1-\varepsilon)-\beta^2]}>0,$$

$$\pi_t^{QTRA}-\pi_t^{TRA}=\frac{d[\tau(1-\varepsilon)(a-c)]^2}{4[2\tau(1-\varepsilon)(4-d)-\beta^2][8\tau(1-\varepsilon)-\beta^2]}>0,$$

$$\pi_m^{QTRA}-\pi_m^{TRA}=\frac{d[\tau(1-\varepsilon)(a-c)]^2}{2[2\tau(1-\varepsilon)(2-d)-\beta^2][4\tau(1-\varepsilon)-\beta^2]}>0,$$

$$\pi_r^{QTMA}-\pi_r^{TMA}=\frac{d[\tau(1-\varepsilon)(a-c)]^2[8\tau(1-\varepsilon)(\tau d(1-\varepsilon)-\beta^2)+\beta^4]}{[2\tau(1-\varepsilon)(4-d)-\beta^2]^2[8\tau(1-\varepsilon)-\beta^2]^2}>0,$$

$$\pi_r^{QTRA}-\pi_r^{TRA}=\frac{d[\tau(1-\varepsilon)(a-c)]^2[4\tau(1-\varepsilon)(\tau d(1-\varepsilon)-\beta^2)+\beta^4]}{4[2\tau(1-\varepsilon)(2-d)-\beta^2]^2[4\tau(1-\varepsilon)-\beta^2]^2}>0,$$

$$\pi_m^{QTMA}-\pi_m^{TMA}=\frac{d\left[\tau(1-\varepsilon)(a-c)\right]^2\left[8\tau(1-\varepsilon)(\tau d(1-\varepsilon)-\beta^2)+\beta^4\right]}{\left[2\tau(1-\varepsilon)(4-d)-\beta^2\right]^2\left[8\tau(1-\varepsilon)-\beta^2\right]^2}>0。$$

令 $\pi_r^{QTRA}-\pi_r^{TRA}=0$，得 $d_1=\dfrac{\beta^2\left[8\tau(1-\varepsilon)-\beta^2\right]}{8\tau\left[\tau(1-\varepsilon)\right]^2}$；令 $\pi_m^{QTMA}-\pi_m^{TMA}=0$，得 $d_2=\dfrac{\beta^2\left[4\tau(1-\varepsilon)-\beta^2\right]}{4\tau\left[\tau(1-\varepsilon)\right]^2}$。因此，外包保鲜且向供应商收费策略下，$\theta^{QTMA}>\theta^{TMA}$。当 $0<d<\min\{d_1,1\}$ 时，各方收益实现帕累托改进。外包保鲜且向零售商收费策略下，$\theta^{QTRA}>\theta^{TRA}$。当 $0<d<\min\{d_2,1\}$ 时，各方收益实现帕累托改进。命题 4-4 得证。

命题 4-4 表明进行恰当的数量折扣契约设计可使外包保鲜策略下保鲜努力水平得到提高，且各参与方的收益也可实现帕累托改进。首先，数量折扣契约会限制 TPLSP 提高边际收益，且可提高需求对其收益的影响，这将促使 TPLSP 提高保鲜努力水平，并让利部分边际收益，以刺激需求，从而追求更多利益。其次，当节点企业承担保鲜服务费时会对数量折扣系数有要求条件，较大的折扣反而会对自身造成损害。这是因为恰当的折扣可促使 TPLSP 提高保鲜努力水平，刺激需求的同时可以缓和外包保鲜在成本上造成的双重边际效应，即可控制 TPLSP 提高服务费。然而，当折扣系数较大时，契约虽激励了保鲜努力水平的提高，但未承担保鲜服务费的企业在博弈中为追求利益最大化而做出的决策将挤压享受折扣企业的利润上升空间，甚至使其收益低于无契约设计时的水平。例如，外包保鲜且向零售商收费策略契约中，供应商无须承担保鲜服务费，且以绝对主导者的地位获得了更多利润，降低批发价让利零售商。

同时，为了分析契约对考虑成本优势的外包保鲜策略的影响，对比分析契约协调下的外包保鲜且向供应商收费策略和外包保鲜且向零售商收费策略的保鲜努力水平和成员收益可得如下结论。

命题 4-5，当 $\max\{\varepsilon_7, \varepsilon_8\}<\varepsilon<\varepsilon_9$ 时，在成员收益实现帕累托改进的契约设计下，外包保鲜且向零售商收费策略的最优保鲜努力水平和各方收益仍优于外包保鲜且向供应商收费策略。

证明：由最优解存在可知，$2\tau(1-\varepsilon)(2-d)-\beta^2>0$。此外，经计算可得

$$\theta^{QTRA}-\theta^{QTMA}=\frac{\beta(a-c)[2\tau(1-\varepsilon)d+\beta^2]}{2[2\tau(1-\varepsilon)(4-d)-\beta^2][2\tau(1-\varepsilon)(2-d)-\beta^2]}>0,$$

$$\pi_m^{QTRA}-\pi_m^{QTMA}=\frac{\tau(1-\varepsilon)(a-c)^2\{4\tau(2-d)(2+d)+[4\tau(1-\varepsilon)-\beta^2]^2\}}{4[2\tau(1-\varepsilon)(2-d)-\beta^2][2\tau(1-\varepsilon)(4-d)-\beta^2]^2}>0,$$

$$\pi_r^{QTRA}-\pi_r^{QTMA}=\frac{[\tau(1-\varepsilon)(a-c)]^2\{4\tau(1-\varepsilon)[d\tau(1-\varepsilon)(3+d)-d(1-d)\beta^2]+(3+d)\beta^4\}}{4[2\tau(1-\varepsilon)(2-2s-d)-\beta^2]^2[2\tau(1-\varepsilon)(4-4s-d)-\beta^2]^2},$$

$$\pi_t^{QTRA}-\pi_t^{QTMA}=\frac{\tau(1-\varepsilon)(a-c)^2[2\tau(1-\varepsilon)(4-3d)-3\beta^2]}{8[2\tau(1-\varepsilon)(4-d)-\beta^2][2\tau(1-\varepsilon)(2-d)-\beta^2]}。$$

令 $\pi_r^{QTRA}-\pi_r^{QTMA}=0$，得 $\varepsilon_7=1-\frac{\beta^2(4-d-d^2+\sqrt{1+d})}{2d\tau(8-5d+d^2)}$；令 $\pi_t^{QTRA}-\pi_t^{QTMA}=0$，得 $\varepsilon_8=1-\frac{3\beta^2}{2\tau(4-3d)}$；令 $2\tau(1-\varepsilon)(2-d)-\beta^2=0$，得 $\varepsilon_9=1-\frac{\beta^2}{2\tau(2-d)}$。因此，$\theta^{QTRA}>\theta^{QTMA}$，$\pi_m^{QTRA}>\pi_m^{QTMA}$。当 $\varepsilon\in(0,\varepsilon_7)$ 时，$\pi_r^{QTRA}<\pi_r^{QTMA}$；当 $\varepsilon\in(\varepsilon_7,\varepsilon_9)$ 时，$\pi_r^{QTRA}>\pi_r^{QTMA}$；当 $\varepsilon\in(0,\varepsilon_8)$ 时，$\pi_t^{QTRA}<\pi_t^{QTMA}$；当 $\varepsilon\in(\varepsilon_8,\varepsilon_9)$ 时，$\pi_t^{QTRA}>\pi_t^{QTMA}$。命题 4-5 得证。

命题 4-5 表明当成本优势达到一定水平时（$\max\{\varepsilon_7,\varepsilon_8\}<\varepsilon<\varepsilon_9$），恰当的契约设计下外包保鲜且向零售商收费策略的保鲜努力水平和供应商收益均高于外包保鲜且向供应商收费策略。这是因为当成本优势较低时，在外包保鲜且向供应商收费策略中 TPLSP 为绝对主导者，承担更低的保鲜成本压力的低保鲜努力水平策略可获取更多收益。当成本优势提高时，在外包保鲜且向零售商收费策略中供应商为主导者，虽然 TPLSP 不再具备决策优势，但其可通过高保鲜努力水平策略刺激更多需求，从而获得更高收益。然而，相比于外包保鲜且向供应商收费策略，供应商在外包保鲜且向零售商收费策略中无须承担保鲜服务费，还可从更高保鲜努力水平中获取更多收益。同时，根据成本优势条件表达式 ε_8 可知，与无契约设计的外包保鲜策略 TPLSP 策略转变条件相比，此时受数量折扣系数的影响。当数量折扣系数较大时，可促使 TPLSP 在较低成本优势条件下偏好选择

外包保鲜且向零售商收费策略。而零售商收益在较大折扣下不一定能实现收益的帕累托改进，且通过观察发现，其成本优势条件表达式 ε_7 更为复杂。此外，零售商在外包保鲜且向零售商收费策略中作为数量折扣的直接享受者，需要恰当的数量折扣以改进收益，这将影响成本优势的条件，从而影响策略选择。总之，TPLSP 需给出恰当的数量折扣来协调供应链各成员，使各方收益实现帕累托改进，更需结合成本优势限定条件，选择更优的保鲜策略，从而获得更多收益。

综上所述，恰当的数量折扣契约可有效提高外包保鲜策略下最优保鲜努力水平，并使成员收益实现帕累托改进。同时，在恰当的数量折扣契约设计下，当成本优势达到一定条件后，外包保鲜且向零售商收费策略中 TPLSP 可提供更高的保鲜努力水平，且供应链各成员能够在此策略中获得更高收益，实现多赢局面。

此外，由于数量折扣和成本优势将相互作用对外包保鲜策略的相关决策产生影响，本章接下来将把改进后的最优外包保鲜且向零售商收费策略与自行保鲜下较优零售商保鲜策略进行对比，分析契约设计对保鲜策略选择和成本优势条件的影响，可得如下结论。

命题 4-6，与零售商保鲜策略比较，当 $\max\{\varepsilon_{10}, \varepsilon_{11}, \varepsilon_{12}\}<\varepsilon<\varepsilon_9$ 时，外包保鲜且向零售商收费策略契约下最优保鲜努力水平和节点企业收益均更高。

证明：经计算可得

$$\theta^{QTRA}-\theta^{R}=\frac{\tau\beta(a-c)[(2-d)\varepsilon-(1-d)]}{2[2\tau(1-\varepsilon)(2-d)-\beta^2](2\tau-\beta^2)}$$

$$\pi_r^{QTRA}-\pi_r^{R}=-\frac{\tau[(a-c)]^2\{4\tau(1-d)[6\tau(1-\varepsilon)^2+\varepsilon^2\beta^2]-\beta^2[2\tau(3-d)-\beta^2]+4d^2\tau^2(1-\varepsilon)^2\}}{8(2\tau-\beta^2)[2\tau(1-\varepsilon)(2-d)-\beta^2]^2},$$

$$\pi_m^{QTRA}-\pi_m^{R}=-\frac{\tau[a-c]^2\{\varepsilon[2\tau(1-d)+\beta^2]-2\tau(1-d)\}}{4(2\tau-\beta^2)[2\tau(1-\varepsilon)(2-d)-\beta^2]}。$$

令 $\theta^{QTRA}-\theta^{R}=0$，得 $\varepsilon_{10}=\frac{1-d}{2-d}$；令 $\pi_m^{QTRA}-\pi_m^{R}=0$，得 $\varepsilon_{11}=1-$

$\frac{\beta^2}{2\tau(1-d)+\beta^2}$；令 $\pi_r^{QTRA}-\pi_r^R=0$，得

$$\varepsilon_{12}=1-\frac{\beta^2\left[2\tau(2-d)+\sqrt{2\tau(1-d)(2\tau-\beta^2)}\right]}{2\tau\left[(1-d)(6\tau+\beta^2)+2\tau d^2\right]}。$$

因此，当 $\varepsilon\in(\varepsilon_{10},\varepsilon_9)$ 时，$\theta^{QTRA}>\theta^R$；当 $\varepsilon\in(\varepsilon_{11},\varepsilon_9)$ 时，$\pi_m^{QTRA}>\pi_m^R$；当 $\varepsilon\in(\varepsilon_{12},\varepsilon_9)$ 时，$\pi_r^{QTRA}>\pi_r^R$。命题 4-6 得证。

命题 4-6 表明在恰当的契约设计激励下，当成本优势达到一定水平时，改进的外包保鲜且向零售商收费策略将比自行保鲜下零售商保鲜策略提供更高的保鲜努力水平，并可为供应链各成员带来更多利润。同时，观察约束成本优势的条件表达式可知，实现外包保鲜策略下多赢的条件受顾客保鲜努力敏感性、数量折扣系数和保鲜成本系数的影响，这些因素共同作用影响策略选择转变的成本优势边界值。因此，TPLSP 应进行恰当的数量折扣设计，使成本优势在恰当的范围内发挥更大作用，抵消双重边际效应的影响，从而实现供应链各成员在改进的外包保鲜且向零售商收费策略下均获得更高收益的双赢局面。此外，由上述结论可知，各方在外包保鲜且向零售商收费策略中实现多赢局面取决于 TPLSP 的成本优势和数量折扣系数，但鉴于两者较为复杂的相互作用关系，本章还将以数值算例进行具体展现。

第四节　数值算例分析

本章的研究建立在第三章的假设基础之上，基础参数将参照前文进行赋值假设，假设 $a=50$、$c=2$、$\tau=1.2$、$\beta=0.8$，但考虑了 TPLSP 的成本优势，并侧重分析成本优势系数对供应链的决策影响，以及契约对保鲜策略下保鲜努力水平和各方收益的影响。因此，下文还结合了约束条件进行数值算例绘图分析。

一、成本优势对保鲜努力水平和各方收益影响分析

本节内容需满足条件 $4\tau(1-\varepsilon)-\beta^2>0$ 和 $2\tau-\beta^2>0$，因此结合上述基础参数设置和条件假设，令 $s=0.2$，分析成本优势系数对不同保鲜策略下最优保鲜努力水平和各方收益的影响，如图 4-1 至图 4-3 所示。

观察图 4-1 可发现，随着成本优势系数的提高，外包保鲜策略下最优保鲜努力水平呈上升趋势，而自行保鲜策略却不受成本优势系数的影响。同时还发现，在成本优势较小的情况下，外包保鲜策略下的保鲜努力水平均低于自行保鲜策略下的保鲜努力水平。此时，低成本优势带来的效益不足以促使 TPLSP 提供较高的保鲜努力水平。而当成本优势系数提升到一定水平时，外包保鲜策略下的 TPLSP 会提高保鲜努力水平使其超过自行保鲜策略下的保鲜努力水平。此时，高成本优势带来的较大效益可刺激 TPLSP 进行保鲜努力水平提升。

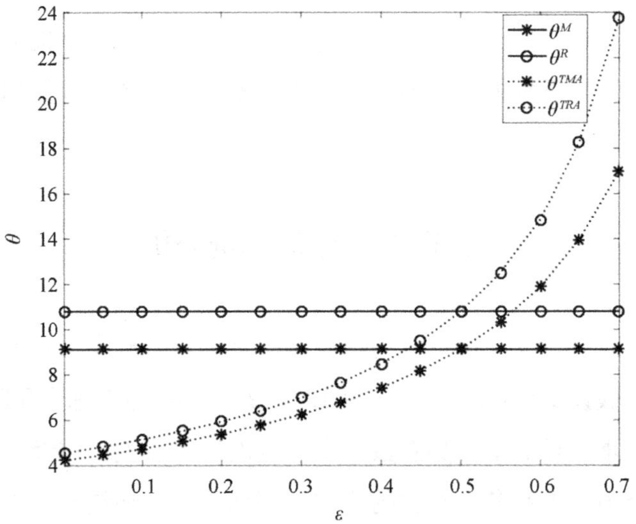

图 4-1 成本优势系数对保鲜努力水平影响图

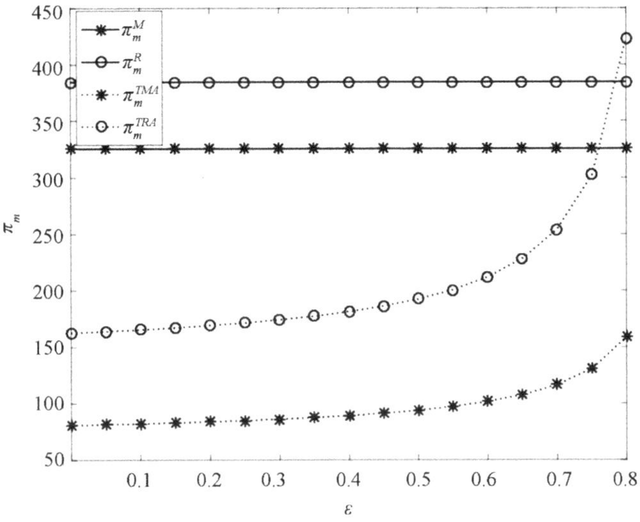

图 4-2　成本优势系数对供应商收益影响图

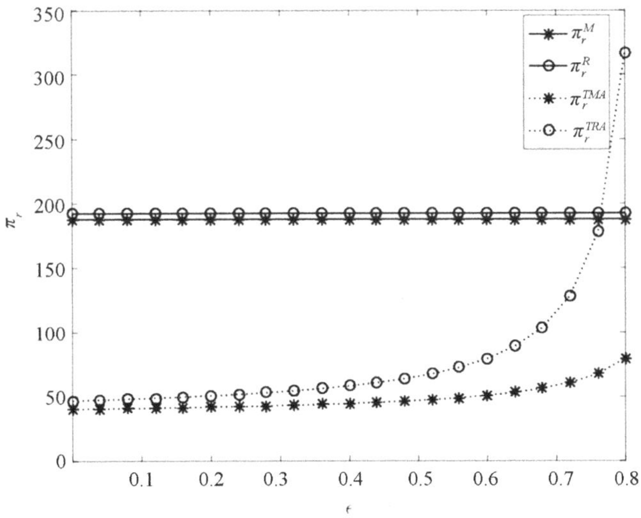

图 4-3　成本优势系数对零售商收益影响图

图 4-2 和图 4-3 展现了成本优势对节点企业收益的影响，自行保鲜策略下两者的收益不受成本优势的影响，而外包保鲜策略下随着成本优势系数的提高呈上升趋势。其中，观察图 4-2 可发现，零售商保鲜策略为自行

保鲜策略下供应商较优的策略选择，因为零售商负责保鲜可弱化由供应商负责保鲜所带来的双重边际效应，这提升了整个供应链系统的效益，有利于供应商。外包保鲜且向零售商收费策略为供应商最优策略选择，且随着成本优势系数的提高，此策略可为供应商带来的收益将逐渐超过两种自行保鲜策略，成为4种策略中的最优策略。这表明，较高的成本优势系数可抵消TPLSP的加入所加剧的双重边际效应的影响，但外包保鲜且向零售商收费策略成为最优策略的成本优势条件过于苛刻，不易实现。观察图4-3可发现，随着成本优势系数的提高，零售商的最优策略也将从零售商保鲜策略转为外包保鲜且向零售商收费策略，此时的高成本优势效益足以缓和双重边际效应，将促使零售商放弃自行保鲜，选择将保鲜外包给TPLSP。总而言之，当TPLSP的成本优势满足一定条件时，外包保鲜且向零售商收费策略下最优保鲜努力水平和各方最优收益要高于其他保鲜策略，即供应链各成员在此策略中实现了共赢，且顾客也可获得具备更高保鲜努力水平的生鲜品。

二、契约激励作用分析

本节内容需考虑满足条件 $2\tau(1-\varepsilon)(2-d)-\beta^2>0$，$0<d<1$，结合上述基础参数设置和条件假设，令 $s=0$，并考虑两组数量折扣 $d=0.4$ 和 $d=0.6$，从而分析成本优势系数和数量折扣系数对不同保鲜策略中最优保鲜努力水平和各方收益的影响，如图4-4至图4-7所示。

图4-4为两组不同数量折扣下，成本优势系数对不同保鲜策略下最优保鲜努力水平的影响。通过观察可发现，在契约激励下，外包保鲜策略下的保鲜努力水平明显提高，且随着成本优势系数的提高，契约的激励作用越来越明显。这表明，TPLSP采用数量折扣契约可激励自身提高保鲜努力水平，其在高成本优势下的激励作用更明显。此外，对比图4-4（a）和图4-4（b）还可发现，当TPLSP提供较大的数量折扣时，外包保鲜且向零售商收费策略在较低成本优势下将提供最高的保鲜努力水平（即超过其

他 3 种策略，见图 4-4（b））。同时这也表明，折扣越大越有利于弱化 TPLSP 在外包保鲜且向零售商收费策略中将最优保鲜努力水平提升为最高水平的成本优势条件。

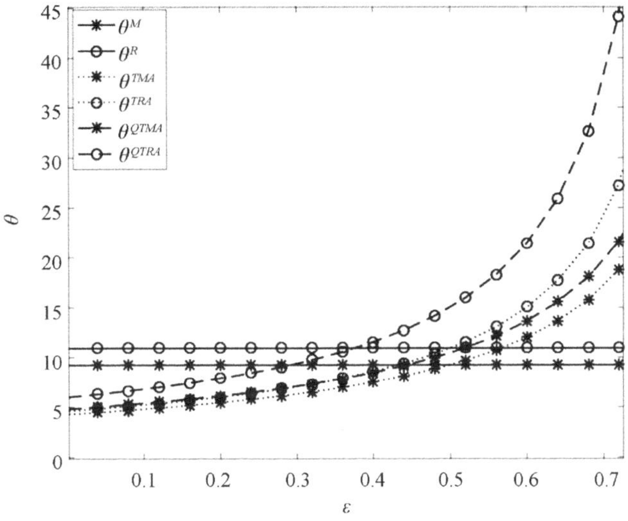

(a) $d=0.4$

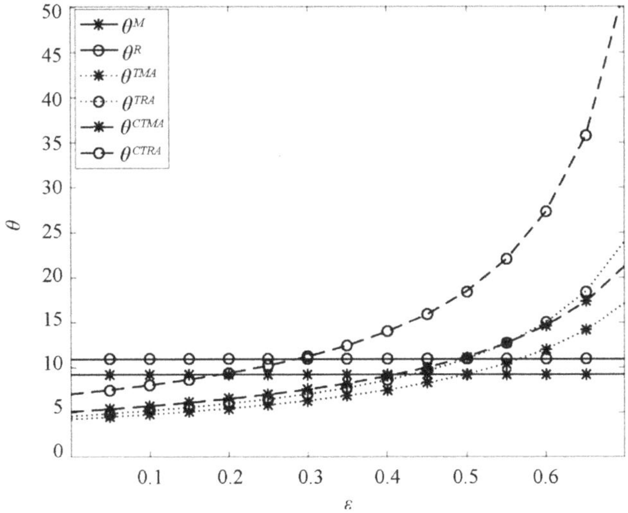

(b) $d=0.6$

图 4-4　成本优势系数对保鲜努力水平影响图

图 4-5 为成本优势系数对外包保鲜策略下 TPLSP 收益影响和数量折扣系数对成本优势发挥作用的影响。通过观察可发现，无论 TPLSP 决定向谁收费，其收益均会随成本优势系数的提升而提高。此外，虽提供较小的数量折扣带来的激励效果不佳，但随着成本优势系数的提高，较小的数量折扣带来的激励作用也将逐渐明显，从而使自身收益得到明显提高。这表明，数量折扣契约有利于 TPLSP 的收益提高，且数量折扣越大收益提高得越多，成本优势可促进契约发挥激励作用，即高成本优势可使契约的激励发挥更大作用。在进一步观察后还可发现，随着成本优势系数的提高，TPLSP 选择向零售商收费可获得更多收益。总之，TPLSP 的成本优势可使数量折扣契约更好地发挥作用，从而获得更多收益，其在采取数量折扣契约时可通过提升成本优势以获得收益提高。

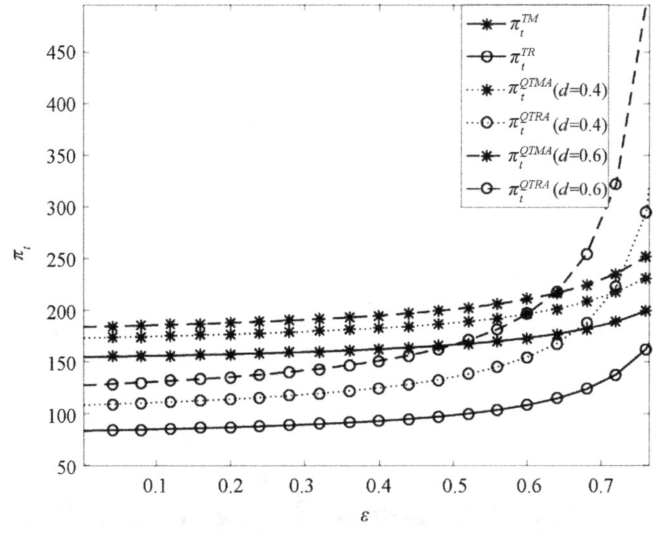

图 4-5　成本优势系数对外包保鲜策略下 TPLSP 收益影响图

图 4-6 为两组不同数量折扣下，供应商收益随成本优势系数的变化趋势，自行保鲜策略下收益不受影响，而外包保鲜策略下随着成本优势系数

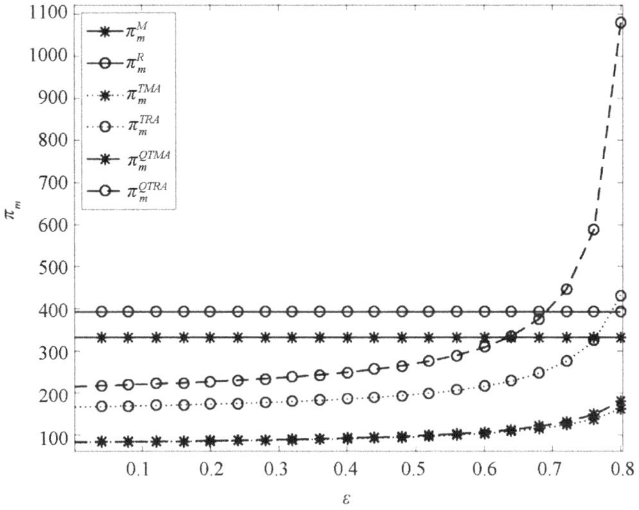

(a) $d=0.4$

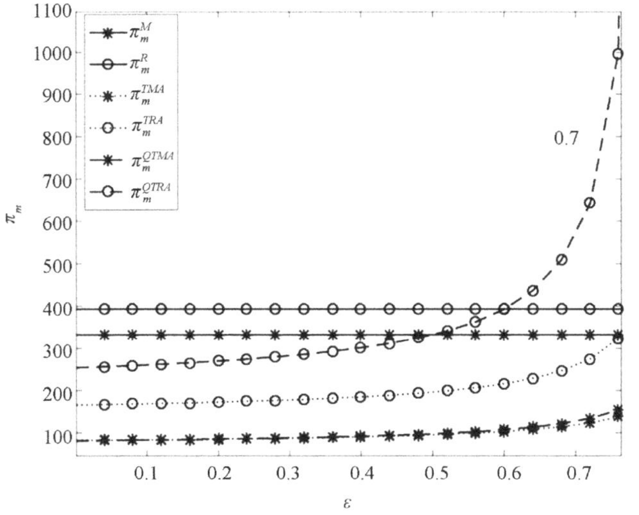

(b) $d=0.6$

图 4-6　成本优势系数对供应商收益影响图

的提高，其收益水平也呈上升趋势。通过观察可发现，TPLSP 采取数量折扣契约后，供应商的收益在外包保鲜且向零售商收费策略中得到明显提高，且随着成本优势系数的提高将超过自行保鲜策略下的收益水平，而在外包保鲜且向供应商收费策略中，契约的激励效果不够明显。这表明，对于供应商而言，数量折扣契约对外包保鲜且向零售商收费策略的改进效果更佳。此外，对比图 4-6（a）和图 4-6（b）可发现，在不同数量折扣下，供应商在外包保鲜且向零售商收费策略中获得最高收益时所需的成本优势条件不同，在较高数量折扣下实现更多收益的条件要低于较小数量折扣。这表明，TPLSP 采取恰当的数量折扣契约可弱化供应商获得最优收益的成本优势条件，使其更容易实现。同时也表明，数量折扣契约可弱化成本优势条件，而成本优势也可促进契约对外包保鲜策略的改进，两者共同作用于提高供应商在外包保鲜且向零售商收费策略中可获得的最高收益，使此策略成为最佳策略。

图 4-7 为数量折扣契约和成本优势系数对零售商收益的影响。其中，图 4-7（a）为较小数量折扣下，成本优势系数对零售商收益的影响。随着成本优势系数的提高，零售商在外包保鲜策略中可获得的收益也逐渐提高。

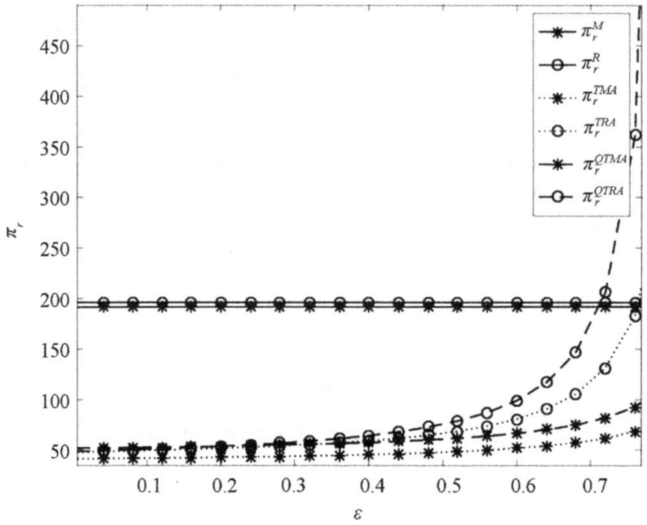

(a) $d=0.4$

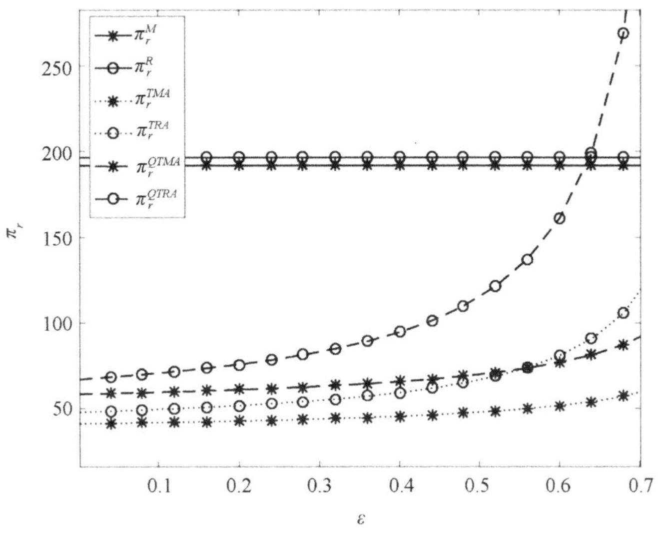

(b) $d=0.6$

图 4-7　成本优势系数对零售商收益影响图

当成本优势系数提高到一定水平时，外包保鲜且向零售商收费策略在契约激励下使零售商的收益水平超过了自行保鲜策略，成为最佳策略。这表明，当成本优势系数提高时，其将有利于契约发挥更大作用，使零售商的收益得到明显提高。观察图 4-7（b）可发现，在较高数量折扣下，零售商在外包保鲜且向零售商收费策略中获得更高收益的成本优势条件变小。这表明，较大的数量折扣可以弱化零售商在外包保鲜且向零售商收费策略中获得最优收益的成本优势条件。此时，其他各方也可获得更多收益，从而实现共赢局面。

第五节　本章小结

本章主要探究了 TPLSP 的成本优势对外包保鲜供应链的决策和各方收益的影响，以及对生鲜品供应链保鲜外包决策的影响，同时设计了数量折扣契约协调外包给 TPLSP 的三级生鲜品供应链，以改进外包保鲜策略。最后，参照本书第三章的基础参数赋值进行了数值仿真绘图，以便更加清晰直观地展示相关结论，为相关企业提供管理学建议。

本章得到如下结论：

第一，当 TPLSP 具备保鲜成本优势时，TPLSP 应综合顾客保鲜努力敏感性和成本优势系数的影响来选择更优的收费策略。于节点企业而言，零售商承担保鲜服务费依旧可使双方获得外包保鲜策略下的最优收益。此时，TPLSP 应努力提高自身保鲜成本优势，而节点企业仍可通过努力提高顾客保鲜努力敏感性以弱化 TPLSP 选择向下游零售商收取服务费的成本优势条件，从而实现外包保鲜策略下各自利益最大化的多赢局面。

第二，在面临自行保鲜和外包保鲜策略选择时，TPLSP 所具备的保鲜成本优势将对节点企业的保鲜外包决策产生影响。当 TPLSP 的保鲜成本优势达到较高水平时，节点企业选择外包保鲜且向零售商收费策略将可获得更高收益，这与不考虑成本优势的结论相反（见本书第三章）。当成本优势达到 50%后，TPLSP 提供的最优保鲜努力水平将高于自行保鲜。这表明，成本优势带来的效益可缓和 TPLSP 的加入所加剧的供应链双重边际效应。此时，节点企业应结合成本优势进行外包保鲜决策。

第三，数量折扣契约在一定条件下可缓和双重边际效应，有效刺激 TPLSP 提高保鲜努力水平，使各方收益实现帕累托改进。因此，TPLSP 可考虑采用恰当的数量折扣契约，给予保鲜服务费承担方相应的折扣，激励节点企业选择外包保鲜策略。此时，TPLSP 同样需积极提高成本优势系数，并控制数量折扣系数在恰当的范围内，使其不损害节点企业的利益。

第四，契约设计有效地改进优化了外包保鲜策略。同时，通过数值算例分析可发现，恰当的数量折扣契约可弱化各方实现最优收益的成本优势条件，促进各方选择外包保鲜且向零售商收费策略，从而实现多赢。

第五章　两期生鲜品供应链采购策略研究

随着顾客对生鲜品需求的持续增长，企业需结合实际情况采取相关策略解决问题，从而抓住生鲜市场发展机遇。本书的第三章和第四章侧重在生鲜品供应链的保鲜努力投入策略方面进行研究，通过建立自行保鲜和外包保鲜两大类策略模型来探讨对于企业和顾客最优的保鲜策略，还考虑了契约设计协调供应链中各参与方的收益，从而实现帕累托改进。

除了关注生鲜保鲜努力，生鲜企业还需面对由于生鲜品本身易损耗特性导致的供应价格波动问题。零售商处在供应链下游，受到的影响尤为严重，可通过恰当的采购策略加以应对，从而更好地满足顾客需求。因此，本章考虑在零售商保鲜策略下，建立两期生鲜品供应链模型来探讨采购策略，并研究不同采购策略下生鲜品供应链的保鲜努力水平、定价决策和各参与方采购策略的选择偏好。

第一节　问题描述与假设

本节的研究建立在前文研究的基础之上，在自行保鲜的最优零售商保鲜策略下，不同于上文的单期销售，本节的生鲜品销售将持续两期。两期生鲜品供应链由生鲜供应商和生鲜零售商组成，供应商每期负责提供新鲜生鲜品，而零售商负责每期保鲜投入，并将生鲜品销售给顾客。其中，供应商为主导者，决策每期生鲜品的批发价 w_i（$i=1$，2），而零售商为跟随者，在第一期购买生鲜品时考虑持有策略性库存 I 作为第二期部分需求，并决定每期保鲜努力投入水平 τ_i 和零售价 p_i。本节根据实际情况考虑了 3 种采购策略，分别为单期采购策略（S）、不考虑策略性库存的两期采购策略（T）、考虑策略性库存的两期采购策略（TS），这 3 种采购策略的结构如图 5-1 所示。

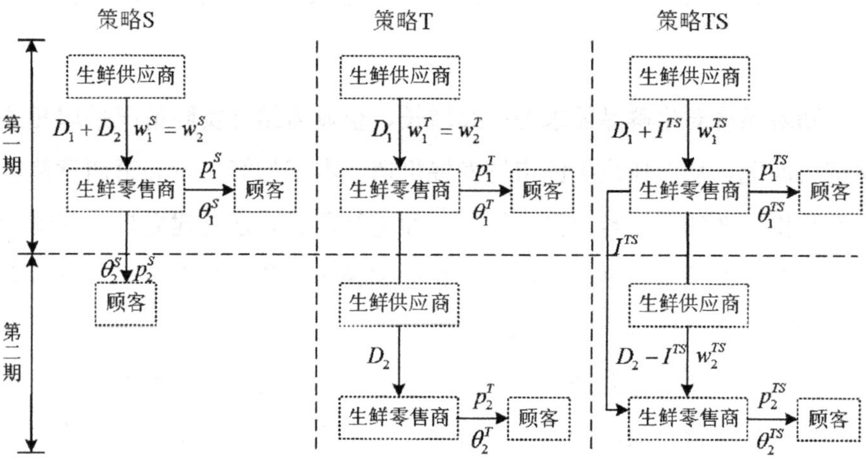

图 5-1　采购策略框架图

为了建立合理模型，结合生鲜品特性进行以下假设。

假设一，本章同样假设需求函数为线性形式，每期需求取决于生鲜价格和保鲜努力水平，因此需求函数为：

$$D_i=a-p_i+\beta\theta_i \tag{5-1}$$

其中，$i=1$，2，表示不同销售期。在两期销售中，每期需求随价格 p_i 的提高而减少，随保鲜努力水平 θ_i 的提高而增多。

假设二，本章同样假设保鲜努力成本为二次函数，因此各参与方进行保鲜的成本函数为：

$$C\ (\theta)\ =\tau\ (\theta_i)^2 \tag{5-2}$$

此外，生鲜零售商在每期均会产生保鲜投入成本，其成本均取决于每期的保鲜努力水平。

假设三，考虑供应链垂直结构上的竞争，零售商在第一期将购买多于当期需求的生鲜品，并将其作为策略性库存在第二期进行销售。因此，策略性库存 I 应满足条件 $0<I<D_2$。同时，考虑跨期产品（策略性库存）与当期产品的差异，策略性库存产品的价格将低于当期新鲜产品的价格，即在第二期零售价的基础上每单位降低 e，以促进销售。

为了便于下文描述，现对本章模型中涉及的符号进行说明，见表 5-1。

表 5-1　变量符号说明

符号	含义	符号	含义
h	策略性库存单位成本	w_i	单位产品第 i 期批发价
π_{r2}	零售商第二期收益	p_i	单位产品第 i 期零售价
π_{m2}	供应商第二期收益	θ_i	第 i 期保鲜努力水平
π_r	零售商两期总收益	I	策略性库存量
π_m	供应商两期总收益		

上标 j 表示在各种采购策略下生鲜品供应链中各参与方最优的决策变量和收益。

第二节　模型建立及分析

本节根据实际情况，考虑 3 种采购策略后分别建立了对应的博弈模型，研究分析不同采购策略下各参与方的最优决策和收益。

一、单期采购策略

在单期采购策略下，零售商将在第一期购买两期的所有需求，并在两期销售中将生鲜品以相同保鲜努力水平（$w_1=w_2$，$\theta_1=\theta_2$）销售给顾客，但会在每期决策零售价。此策略下，所有决策均在第一期做出，以各方自身利益最大化为目标。此时，供应商和零售商的两期总收益函数 π_m、π_r

分别为：

$$\pi_m\ (w_1)\ =\ (w_1-c)\ \left(\frac{D_1+D_2}{1-s}\right) \tag{5-3}$$

$$\pi_r\ (p_1,\ p_2,\ \theta_1)\ =p_1D_1+\ (p_2-e)\ D_2-w_1\left(\frac{D_1+D_2}{1-s}\right)-h\left(\frac{D_2}{1-s}\right)-2\tau\ (\theta_1)^2 \tag{5-4}$$

运用逆向归纳求解法可得定理 5-1，此定理的证明可参照前文，此处不再具体展现。

定理 5-1，在单期采购策略下，两期生鲜品供应链中各参与方的最优决策和收益为：

$$w_1^s=\frac{(1-s)\ (2a-e)\ +c-h}{4} \tag{5-5}$$

$$\theta_1^s=\frac{\beta\ [\ (1-s)\ (2a-e)\ -2c-h]}{4\ (1-s)\ (4\tau-\beta)^2} \tag{5-6}$$

$$p_1^s=\frac{(1-s)\ [\ (6\tau-\beta)^2a-\tau e]\ +\ (2\tau-\beta^2)\ c-\tau h}{2\ (1-s)\ (4\tau-\beta^2)} \tag{5-7}$$

$$p_2^s=\frac{(1-s)\ [\ (6\tau-\beta^2)\ a+\ (3\tau-\beta^2)\ e]\ +\ (2\tau-\beta^2)\ c+\ (3\tau-\beta^2)\ h}{2\ (1-s)\ (4\tau-\beta^2)} \tag{5-8}$$

$$D^S=\frac{2\tau\ [\ (1-s)\ (2a-e)\ -2c-h]}{2\ (1-s)\ (4\tau-\beta^2)} \tag{5-9}$$

$$\pi_m^S=\frac{\tau\ [\ (1-s)\ (2a-e)\ -2c-h]^2}{4\ (1-s)^2\ (4\tau-\beta^2)} \tag{5-10}$$

$$\pi_r^S=\frac{4\tau\ [\ (1-s)\ a-c]\ [\ (1-s)\ (a-e)\ -c-h]\ +\ (5\tau-\beta^2)\ [h+e\ (1-s)\ ]^2}{8\ (1-s)^2\ (4\tau-\beta^2)} \tag{5-11}$$

分析策略性库存单位成本对单期采购策略下均衡结果的影响，可得推论 5-1。

推论 5-1 (a)，批发价随策略性库存单位成本的提高而降低（$\frac{\partial w_1^S}{\partial h}<0$）。

推论 5-1（b），保鲜努力和第一期零售价均随策略性库存单位成本的提高而降低（$\frac{\partial \theta_1^S}{\partial h}<0$，$\frac{\partial p_1^S}{\partial h}<0$）。然而，第二期零售价还受顾客保鲜努力敏感性的影响。当 $0<\beta<\beta_3$ 时，随策略性库存单位成本的提高而提高（$\frac{\partial p_s^S}{\partial h}>0$）；当 $\beta_3<\beta<2\sqrt{\tau}$ 时，随策略性库存单位成本的提高而降低（$\frac{\partial p_2^S}{\partial h}<0$）。

证明：经计算可得

$$\frac{\partial w_1^S}{\partial h}=-\frac{1}{4}<0,$$

$$\frac{\partial \theta_1^S}{\partial h}=-\frac{\beta}{4(1-s)(4\tau-\beta^2)}<0,$$

$$\frac{\partial p_1^S}{\partial h}=-\frac{\tau}{2(1-s)(4\tau-\beta^2)}<0,$$

$$\frac{\partial p_2^S}{\partial h}=\frac{3\tau-\beta^2}{2(1-s)(4\tau-\beta^2)}<0。$$

令 $3\tau-\beta^2=0$，得 $\beta_3=\sqrt{3\tau}$。因此，$\frac{\partial w_1^S}{\partial h}<0$，$\frac{\partial \theta_1^S}{\partial h}<0$，$\frac{\partial p_1^S}{\partial h}<0$。当 $0<\beta<\beta_3$ 时，$\frac{\partial p_2^S}{\partial h}>0$；当 $\beta_3<\beta<2\sqrt{\tau}$ 时，$\frac{\partial p_2^S}{\partial h}<0$。推论 5-1 得证。

推论 5-1（a）表明随着策略性库存单位成本的提高批发价下降，供应商虽无须承担库存持有成本，却放弃了较高的边际利润。这是因为顾客的需求取决于零售商的定价和保鲜努力水平决策，这将影响供应商的利润，从而会抑制供应商提高批发价，控制采购成本。同时这也表明，单位库存持有成本的上升不利于供应商提高批发价，不利于追求更多利益。而推论 5-1（b）则表明随着策略性库存单位成本的提高，第一期零售价和保鲜努力水平均下降。这是因为在单期采购策略下，零售商需承担一笔额外的费用，即提前采购第二期需求产生的库存持有成本，这将导致较大的成本压力，从而降低零售商的保鲜努力意愿。此时，跟随供应商的低批发定价策略，零售商也降低了零售价，从而刺激第一期产生更多需求。然而，策略性库存单位成本对第二期零售价的影响却相当复杂，其取决于顾客保鲜努力敏感性。随着策略性库存单位成本的提高，在顾客保鲜努力敏感性较低时，零售商可在第二期决策较高的零售价，从而获取更高的边际收益。相反，当顾客保鲜努力敏感性较高且达到一定水平后，高零售价反而不利于利润最大化，此时需考虑市场需求，保证其处在恰当水平。因此，当策略性库存单位成本变动时，零售商应密切关注顾客敏感性，以便及时调整定价，从而获取较优收益。

命题 5-1，在单期采购策略下，与第一期零售价相比，零售商将提高第二期零售价（$p_1^S < p_2^S$）。

证明：经计算可得

$$p_1^S - p_2^S = -\frac{(1-s)\ e+h}{2\ (1-s)} > 0,$$

故 $p_1^S < p_2^S$。命题 5-1 得证。

命题 5-1 揭示了零售商在单期采购策略下两期最优零售价之间的关系。在第一期时，由于零售商需持有第二期需求而带来了较大的成本压力，低零售价可刺激更多需求，以获取更多边际利润来负担库存持有成本。在第二期时，不再考虑库存持有成本的压力，提高零售价有利于零售商获得更高的边际利润。此外，两期灵活定价策略可使零售商在相同保鲜努力下影响两期需求，从而获得更多收益。因此，在单期采购策略下，零售商可利用两期灵活定价策略来刺激影响需求，弱化单期采购库存持有成本风险，从而实现利润最大化。

二、不考虑策略性库存的两期采购策略

在不考虑策略性库存的两期采购策略下，零售商在每期购买当期的需求，不考虑策略性库存，每期独立决策。因此，若没有重大且突然的变化来打击生鲜品供应，此策略下二期最优决策保持一致，即 $w_1 = w_2$，$\theta_1 =$

θ_2，$p_1=p_2$。此时，供应商和零售商的利润函数分别为：

$$\pi_{m2}\ (w_2)\ =\ (w_2-c)\ \frac{D_2}{1-s} \tag{5-12}$$

$$\pi_{m2}\ (p_2,\ \theta_2)\ =p_2D_2-w_2\left(\frac{D_2}{1-2}\right)-\tau\ (\theta_2)^2 \tag{5-13}$$

运用逆向归纳求解法可得定理 5-2，此定理的证明可参照前文，此处不再具体展现。

定理 5-2，在不考虑策略性库存的两期采购策略下，各参与方的第二期最优决策和收益为：

$$w_2^T=\frac{(1-s)\ a+c}{2} \tag{5-14}$$

$$\theta_2^T=\frac{\beta\ [\ (1-s)\ a-c]}{2\ (1-s)\ (4\tau-\beta^2)} \tag{5-15}$$

$$p_2^T=\frac{\tau\ [\ (1-s)\ a-c]}{(1-s)\ (4\tau-\beta^2)}+\frac{(1-s)\ a+c}{2} \tag{5-16}$$

$$D^T=\frac{2\tau\ [\ (1-s)\ a-c]}{(1-s)\ (4\tau-\beta^2)} \tag{5-17}$$

$$\pi_m^T=\frac{\tau\ [\ (1-s)\ a-c]^2}{(1-s)^2\ (4\tau-\beta^2)} \tag{5-18}$$

$$\pi_r^T=\frac{\tau\ [\ (1-s)\ a-c]^2}{2\ (1-s)^2\ (4\tau-\beta^2)} \tag{5-19}$$

定理 5-2 给出了不考虑策略性库存的两期采购策略下的均衡解结果，从 θ_2^T 的表达式中可知，保鲜努力水平随单位产品生产成本和保鲜努力成本系数的增加而降低。因此，供应商可以采取措施降低生产成本，这将有利于刺激零售商提供更高的保鲜努力水平。此外，零售价随批发价和保鲜努力水平的提高而上升，并且当 $0<\beta<2\tau$ 时，零售价对保鲜努力水平的变化比对批发价的变化更敏感。此外，根据供应商的报价，零售商可均衡保鲜努力成本系数和顾客保鲜努力敏感性来定价，以获取较高的边际收益。

三、考虑策略性库存的两期采购策略

在考虑策略性库存的两期采购策略下，与单期采购策略和不考虑策略性库存的两期采购策略不同，零售商将进行两期动态保鲜努力水平决策，并考虑在第一期持有策略性库存。因此，零售商不仅需要在第一期决策保鲜努力水平和零售价，还需要决策策略性库存订货量。此时，第二期各参与方的利润函数为：

$$\pi_{m2}(w_2)=(w_2-c_m)\left(\frac{D_2-I}{1-s}\right) \tag{5-20}$$

$$\pi_{r2}(p_2,\theta_2)=p_2D_2-w_2\left(\frac{D_2-I}{1-s}\right)-\tau(\theta_2)^2 \tag{5-21}$$

第一期各参与方的利润函数为：

$$\pi_m(w_1)=(w_1-c_m)\left(\frac{D_1+I}{1-s}\right)+\pi_{m2} \tag{5-22}$$

$$\pi_r(p_1,\theta_1,I)=p_1D_1-w_1\left(\frac{D_1+I}{1-s}\right)-\frac{hI}{1-s}-\tau(\theta_1)^2+\pi_{r2} \tag{5-23}$$

运用逆向归纳求解法推导出最优解，并呈现在定理 5-3 中。

定理 5-3，在考虑策略性库存的两期采购策略下，策略性库存订货量、两期批发价、保鲜努力水平、零售价及各方收益为：

$$I^{TS}=\frac{10\tau[(1-s)(a-4e)-c-4h]}{17(1-s)(4\tau-\beta^2)} \tag{5-24}$$

$$w_1^{TS}=\frac{(1-s)(9a-2e)+2(4c-h)}{17} \tag{5-25}$$

$$\theta_1^{TS}=\frac{2\beta[(1-s)(4a+e)-4c+h]}{17(1-s)(4\tau-\beta^2)} \tag{5-26}$$

$$w_2^{TS}=\frac{(1-s)(6a+10e)+11c+10h}{17} \tag{5-27}$$

$$\theta_2^{TS}=\frac{\beta[(1-s)(11a-10e)-11c-10h]}{17(1-s)(4\tau-\beta^2)} \tag{5-28}$$

$$p_1^{TS}=\frac{(1-s)\,[\,(52\tau-\beta^2)\,a-2e\,(2\tau-\beta^2)\,]+2\,(4c-h)\,(2\tau-\beta^2)}{17\,(1-s)\,(4\tau-\beta^2)} \tag{5-29}$$

$$p_2^{TS}=\frac{(1-s)\,[\,(46\tau-6\beta^2)\,a+10e\,(2\tau-\beta^2)\,]+2\,(11c+10h)\,(2\tau-\beta^2)}{17\,(1-s)\,(4\tau-\beta^2)} \tag{5-30}$$

$$D^{TS}=\frac{2\tau\,[\,(1-s)\,(19a-8e)\,-19c-8h]}{17\,(1-s)\,(4\tau-\beta^2)} \tag{5-31}$$

$$T_m^{TS}=\frac{2\tau\,\{9\,[\,(1-s)\,a-c]^2-4h\,[\,(1-s)\,a-c]\,[\,(1-s)\,e+h]\,+8\,[\,(1-s)\,e+h]^2\}}{17\,(1-s)^2\,(4\tau-\beta^2)} \tag{5-32}$$

$$\pi_r^{TS}=\frac{\tau\,\{155\,[\,(1-s)\,a-c]^2-118h\,[\,(1-s)\,a-c]\,[\,(1-s)\,e+h]\,+304\,[\,(1-s)\,e+h]^2\}}{289\,(1-s)^2\,(4\tau-\beta^2)} \tag{5-33}$$

证明：对（5-20）求 p_2 和 θ_2 的偏导，并由海塞矩阵负定可知，当 $4\tau-\beta^2>0$ 时，π_{r2} 为 p_2 和 θ_2 的联合凹函数，故存在最优解。令 $\frac{\partial\pi_{r2}}{\partial p_2}=0$、$\frac{\partial\pi_{r2}}{\partial\theta_2}=0$，得 $p_2=\frac{(2\tau-\beta^2)\,w_2+2a\beta\,(1-s)}{(1-s)\,(4\tau-\beta^2)}$ 和 $\tau_2=\frac{\beta\,[\,(1-s)\,a-w_2]}{(1-s)\,(4\tau-\beta^2)}$，将结果代入（5-19）化简求 w_2 的一阶导和二阶导，从而得到最优解 $w_2=\frac{2\tau\,[\,(1-s)\,a+c]\,-\,(1-s)\,(4\tau-\beta^2)\,I}{4\tau}$。先将 w_2 代入 p_2 和 τ_2 的反应函数表达式中，然后将所有结果代入（5-19）和（5-20）化简，最后将化简结果代入（5-22）求 p_1、θ_1 和 I 的偏导，通过验证海塞矩阵证明最优解存在。令 $\frac{\partial\pi_r}{\partial p_1}=0$、$\frac{\partial\pi_r}{\partial\theta_1}=0$、$\frac{\partial\pi_r}{\partial I}=0$，联立求解得 p_1、θ_1 和 I 的反应函数表达式，将这些结果代入（5-21）化简后求 w_1 的一阶导，并对二阶导进行验证。令 $\frac{d\pi_s}{dw_1}=0$，得 $w_1^{TS}=\frac{(1-s)\,(9a-2e)\,+2\,(4c-h)}{17}$，将第一期最优批发价 w_1^{TS} 代入相关反应函数表达式中化简得定理 5-3。定理 5-3 得证。

定理 5-3 给出了考虑策略性库存的两期采购策略下的均衡解结果，发现策略性库存随策略性库存单位成本、单位产品生产成本和保鲜成本系数的提高而减少（$\frac{\partial I^{TS}}{\partial h}<0$，$\frac{\partial I^{TS}}{\partial c}<0$，$\frac{\partial I^{TS}}{\partial \tau}<0$）。这表明，当策略性库存单位成本、单位产品生产成本和保鲜成本系数较高时，零售商将持有较低的策略性库存。这是因为，首先策略性库存带来了额外成本，而高策略性库存单位成本直接导致零售商持有较低的策略性库存作为备用；其次生产和保鲜为外部成本，零售商将被迫控制外部成本以获得更高收益。因此，降低成本有利于零售商提高策略性库存持有量。此外，通过分析研究可得推论 5-2。

推论 5-2（a），两期批发价均随策略性库存的提高而下降（$\frac{\partial w_1^{TS}}{\partial I^{TS}}<0$，$\frac{\partial w_2^{TS}}{\partial I^{TS}}<0$）。

推论 5-2（b），第一期保鲜努力水平随策略性库存单位成本的提高而提高，而第二期保鲜努力水平随策略性库存单位成本的提高而降低（$\frac{\partial \theta_1^{TS}}{\partial h}>0$，$\frac{\partial \theta_2^{TS}}{\partial h}<0$）。

推论 5-2（c），第一期零售价随策略性库存单位成本的提高而下降（$\frac{\partial p_1^{TS}}{\partial h}<0$），当 $0<\beta<\sqrt{2\tau}$，且$\sqrt{2\tau}<\beta<2\sqrt{\tau}$时，第一期零售价随策略性库存单位成本的提高而提高（$\frac{\partial p_1^{TS}}{\partial h}>0$）。而第二期零售价随策略性库存单位成本的提高而提高（$\frac{\partial p_2^{TS}}{\partial h}>0$），当 $0<\beta<\sqrt{2\tau}$，且$\sqrt{2\tau}<\beta<2\sqrt{\tau}$时，第二期零售价随策略性库存单位成本的提高而下降（$\frac{\partial p_2^{TS}}{\partial h}>0$）。

根据定理 5-3 的均衡解结果求导即可证明推论 5-2，此处不再具体展现。

推论 5-2（a）表明当策略性库存持有量上升时，供应商将降低批发价。在第一期时，较低的批发价可刺激零售商以较低的采购成本购买更多产品。在第二期时，考虑到零售商在第一期持有了一定量的策略性库存，供应商的较低批发定价是为保证零售商第二期购买进行的让步。换言之，零售商在第一期考虑策略性库存以应对上游供应商的高批发价，可使供应商让步，从而使供应商在第二期降低批发价。因此，当零售商考虑策略性库存时，供应商应在批发价上做出让步，从上升的需求中获取更高的收益。

推论 5-2（b）表明随着策略性库存单位成本的提高，两期保鲜努力水平的变化趋势相反。这是因为两期的主要成本压力不同，在第一期时，于零售商而言，最重要的是通过高保鲜努力水平刺激更多需求，以弥补由高策略性库存单位成本带来的高策略性库存成本。此外，根据 $(p_1-w_1)D_1=\frac{(4\tau-\beta^2)(\theta_1)^2}{\beta^2}$ 也可推断出提高保鲜努力水平有利于获得更多的利润。但进入第二期销售时，由于零售商在第一期承担了较高的库存持有成本，第二期提供高保鲜努力水平不是零售商的期望，这将损害其利润。然而两期灵活的保鲜努力水平决策可赋予零售商更多权力调控顾客需求，从而可在两期销售中追逐更多利润。

推论 5-2（c）表明随着策略性库存单位成本的提高，每期零售价受其影响较为复杂，取决于顾客保鲜努力敏感性。随着策略性库存单位成本的提高，第一期零售价在顾客保鲜努力敏感性多数阈值范围内提高，而第二期零售价则在顾客保鲜努力敏感性多数阈值范围内降低。当 $0<\beta<\sqrt{2\tau}$ 时，第一期的低零售价可刺激第一期产生更多需求，而第二期的高零售价则会带来高边际收益，两者均有利于零售商利益最大化。同时，零售价的变动也与两期批发价的变动保持了一致（$\frac{\partial w_1^{TS}}{\partial h}<0$，$\frac{\partial w_2^{TS}}{\partial h}>0$）。随着顾客保鲜努力敏感性的提高（$\sqrt{2\tau}<\beta<2\sqrt{\tau}$），顾客认为零售价应与保鲜努力

水平保持一致。这表明当策略性库存单位成本的提高时，顾客的高保鲜努力敏感性将激励零售商在第一期降低零售价，以促进产品销售，而在第二期提高零售价。因此，两期定价要求零售商考虑顾客保鲜努力敏感性，并综合策略性库存单位成本的影响。

命题 5-2（a），第一期批发价高于第二期批发价（$w_1^{TS}>w_2^{TS}$）。

命题 5-2（b），当 $0<\beta<\sqrt{2\tau}$ 时，第一期零售价高于第二期零售价（$p_1^{TS}>p_2^{TS}$）；当 $\sqrt{2\tau}<\beta<2\sqrt{\tau}$ 时，第一期零售价低于第二期零售价（$p_1^{TS}<p_2^{TS}$）。

命题 5-2（c），第二期保鲜努力水平高于第一期保鲜努力水平（$\theta_1^{TS}<\theta_2^{TS}$）。

证明：经计算可得

$$w_1^{TS}-w_2^{TS}=\frac{3[(1-s)(a-4e)-c-4h]}{17},$$

$$\theta_1^{TS}-\theta_2^{TS}=-\frac{3\beta[(1-s)(a-4e)-c-4h]}{17(1-s)(4\tau-\beta^2)},$$

$$p_1^{TS}-p_2^{TS}=\frac{3(2\tau-\beta^2)[(1-s)(a-4e)-c-4h]}{17(1-s)(4\tau-\beta^2)}。$$

由 $I>0$ 可知，$(1-s)(a-4e)-c-4h>0$，且最优解存在时满足条件 $4\tau-\beta^2>0$，从而可证 $w_1^{TS}>w_2^{TS}$ 和 $\theta_1^{TS}<\theta_2^{TS}$，但无法直接判断零售价之间的大小关系。因此，当 $\beta\in(0,\sqrt{2\tau})$ 时，$p_1^{TS}>p_2^{TS}$；当 $\beta\in(\sqrt{2\tau},2\sqrt{\tau})$ 时，$p_1^{TS}<p_2^{TS}$。命题 5-2 得证。

命题 5-2（a）表明当零售商考虑策略性库存后，作为让步，供应商将在第二期收取比第一期低的批发价，以获取利益最大化。零售商在考虑策略性库存的两期采购策略下，对策略性库存做出决策，这与不考虑策略性库存的两期采购策略不同，其可帮助作为追随者的零售商抵制主导者的高定价，这在之前关于策略性库存的文献中也有提及。

命题 5-2（b）表明当 $0<\beta<\sqrt{2\tau}$ 时，两期零售价之间的关系与批发价

的关系一致。此时，零售商的定价跟随供应商的定价。同时，这一结果与现实中大多数生鲜品的定价策略一致，如巨峰葡萄 8 月成熟，那么 8 月之前的价格将高于未来 3 个月的价格，苹果和西瓜的定价也符合此规律。当 $\sqrt{2\tau}<\beta<2\sqrt{\tau}$ 时，定价策略需根据顾客保鲜努力敏感性及时调整，以便零售商获取更多收益。这表明，零售商的定价策略不仅受采购策略的影响，还受顾客敏感性的影响。因此，零售商应更加注重顾客保鲜努力敏感性，这将有利于及时调整定价，从而实现收益最大化。

命题 5-2（c）表明第一期保鲜努力水平低于第二期。一方面，在考虑策略性库存的两期采购策略下，零售商通过持有策略性库存以增强自身垂直结构上的竞争力，从而获得第二期较低的批发价，这将促使零售商决定在第二期提供更高的保鲜努力水平。另一方面，此结论也可用大多数生鲜品（如荔枝、杧果）的相关特性解释，如一些水果在开始时具有抵抗变质的特征，其成熟期与早期相比，零售商将采取低价策略，以边际利润微薄策略刺激更多需求，从而获得更多收益。

第三节　采购策略对比分析

为方便下文描述，令 $h_1=\frac{(1-s)(10a-57e)-10c}{57}$，$h_2=\frac{(1-s)(2a-25e)-2c}{25}$，$h_3=\frac{(1-s)(21a-152e)-21c}{152}$，$h_4=\frac{(1-s)(55a-288e)-55c}{288}$，$h_5=\frac{(1-s)(a-4e)-c}{4}$。本节将通过对比不同采购策略下的供应链最优决策（保鲜努力水平和定价策略）、两期生鲜需求量和各方收益水平，得到命题 5-3 至命题 5-8。

一、不同采购策略下最优决策分析

首先，通过对比分析 3 种采购策略下供应商和零售商的最优决策，可得命题 5-3、命题 5-4。

命题 5-3，当 $0<h<h_1$ 时，则 $w_1^{TS}>w_1^T=w_2^T>w_1^S>w_2^{TS}$；当 $h_1<h<h_5$ 时，则 $w_1^{TS}>w_1^T=w_2^T>w_2^{TS}>w_1^S$。

证明：由命题 5-2 可知，$w_1^{TS}<w_2^{TS}$。此外，经计算可得

$$w_1^{TS}-w_1^T=\frac{(1-s)(a-4e)-c-4h}{34}>0,$$

$$w_1^T-w_2^{TS}=\frac{5[(1-s)(a-4e)-c-4h]}{34}>0,$$

$$w_1^T-w_1^S=\frac{(1-s)e+h}{4}>0,$$

$$w_1^S-w_2^{TS}=\frac{10[(1-s)(a-4e)-c-4h]-17[(1-s)e+h]}{68}。$$

令 $10[(1-s)(a-4e)-c-4h]-17[(1-s)e+h]=0$，得 $h_1=\frac{(1-s)(10a-57e)-10c}{57}$。因此，当 $0<h<h_1$ 时，$w_1^{TS}>w_1^T=w_2^T>w_1^S>w_2^{TS}$；当 $h_1<h<h_5$ 时，$w_1^{TS}>w_1^T=w_2^T>w_2^{TS}>w_1^S$。命题 5-3 得证。

命题 5-3 表明 3 种采购策略下批发价的关系取决于策略性库存单位成本。随着策略性库存单位成本的提高，考虑策略性库存的两期采购策略下，第一期批发价最高，接下来是不考虑策略性库存的两期采购策略下的批发价，而单期采购策略下的批发价和考虑策略性库存的两期采购策略下的第二期批发价则较低。这表明，不考虑策略性库存的两期采购策略不利于促使上游供应商降低批发价，而单期采购策略下的零售商可利用大批量一次性购买获得较低批发价。同时，当 $h<h<h_1$ 时，单期采购策略下的批发价高于持有策略性库存两期采购策略下的第二期批发价。这表明，当策略性库存单位成本较低时，零售商持有部分策略性库存可更有效地促使供应商降低批发价，此时通过策略性库存获得的价格优势优于批量采购。然而，当策略性库存单位成本提高时（$h_1<h<h_5$），零售商在第一期购买了两期需求，将在单期采购策略下承担更高的库存持有成本，供应商需考虑降低批发价，减少边际收益，以缓和零售商的采购成本压力，保证市场

需求在有利的水平。

通过上述分析可为供应商和零售商提供一些管理见解。

于供应商而言，虽然在单期采购策略和策略性库存下均需在批发价上做出让步，但两种情况下具体的定价策略却大不相同。具体而言，当策略性库存单位成本较低时（$0<h<h_1$），单期大批量采购可给予的价格优惠力度需低于零售商持有策略性库存下的价格优惠力度，因为在考虑策略性库存的两期采购策略下供应商在第一期已从高批发价中获得了较高收益。然而，当策略性库存单位成本提高时，高策略性库存单位成本导致零售商减少策略性库存持有量，供应商应向在第一期已购买两期需求的零售商提供较低的批发价，而不是向采取两期购买策略并考虑策略性库存的零售商提供较低的批发价。

于零售商而言，策略性库存和单期大批量采购均有利于降低批发采购成本。同时，通过 h_1 的表达式可知，高市场潜在需求和顾客低零售价敏感性可放宽供应商改变定价策略的约束条件。此时，相较于大批量一次性购买策略，策略性库存可更有效地帮助零售商从供应商那里获取更多的价格让步。

命题 5-4，不同采购策略下保鲜努力水平和零售价之间的关系。

命题 5-4（a），当 $0<h<h_2$ 时，则 $\theta_2^{TS}>\theta_1^T=\theta_2^T>\theta_1^S>\theta_1^{TS}$；当 $h_2<h<h_5$ 时，则 $\theta_2^{TS}>\theta_1^T=\theta_2^T>\theta_1^{TS}>\theta_1^S$。

命题 5-4（b），通过对比不考虑策略性库存的两期采购策略和考虑策略性库存的两期采购策略可知，当 $0<\beta<\sqrt{2\tau}$ 时，则 $p_1^{TS}>p_1^T=p_2^T>p_2^{TS}$；当 $\sqrt{2\tau}<\beta<2\sqrt{\tau}$ 时，则 $p_2^{TS}>p_1^T=p_2^T>p_1^{TS}$。通过对比不考虑策略性库存的两期采购策略和单期采购策略可知，当 $0<\beta<\beta_3$ 时，则 $p_2^S>p_1^T=p_2^T>p_1^S$；当 $\beta_3<\beta<2\sqrt{\tau}$ 时，则 $p_1^T=p_2^T>p_2^T>p_1^S$。

证明：由命题 5-1、命题 5-2 可知，$\theta_2^{TS}>\theta_1^{TS}$，$p_2^S>p_1^S$。此外，经计算可得

$$\theta_2^{TS}-\theta_1^T=\frac{5\beta\left[(1-s)(a-4e)-c-4h\right]}{34(1-s)(4\tau-\beta^2)}>0,$$

$$\theta_1^T-\theta_1^S=\frac{\beta\left[(1-s)e+h\right]}{4(1-s)(4\tau-\beta^2)}>0,$$

$$\theta_1^T-\theta_1^{TS}=\frac{\beta\left[(1-s)(a-4e)-c-4h\right]}{34(1-s)(4\tau-\beta^2)}>0,$$

$$\theta_1^S-\theta_1^{TS}=\frac{2\beta\left[(1-s)(a-4e)-c-4h\right]-17\beta\left[(1-s)e+h\right]}{68(1-s)(4\tau-\beta^2)},$$

$$p_1^T-p_1^S=\frac{\beta\left[(1-s)e+h\right]}{2(1-s)(4\tau-\beta^2)}>0,$$

$$p_1^T-p_2^{TS}=5(p_1^{TS}-p_1^T)=\frac{5(2\tau-\beta^2)\left[(1-s)(a-4e)-c-4h\right]}{34(1-s)(4\tau-\beta^2)},$$

$$p_2^S-p_1^T=\frac{\left[(1-s)e+h\right](3\tau-\beta^2)}{2(1-2)(4\tau-\beta^2)}。$$

令 $\theta_1^S-\theta_1^{TS}=0$，得 $h_2=\frac{(1-s)(2a-25e)-2c}{25}$。因此，当 $0<h<h_2$ 时，$\theta_2^{TS}>\theta_1^T=\theta_2^T>\theta_1^S>\theta_1^{TS}$；当 $h_2<h<h_5$ 时，$\theta_2^{TS}>\theta_1^T=\theta_2^T>\theta_1^{TS}>\theta_1^S$；当 $0<\beta<\sqrt{2\tau}$ 时，$p_1^{TS}>p_1^T=p_2^T>p_2^{TS}$；当 $\sqrt{2\tau}<\beta<2\sqrt{\tau}$ 时，$p_2^{TS}>p_1^T>p_2^T>p_1^{TS}$；当 $0<\beta<\beta_3$ 时，$p_2^S>p_1^T=p_2^T>p_1^S$；当 $\beta_3<\beta<2\sqrt{\tau}$ 时，$p_1^T=p_2^T>p_2^S>p_1^S$。命题 5-4 得证。

命题 5-4（a）表明在考虑策略性库存的两期采购策略下，零售商将在第二期提供最高的保鲜努力水平，接下来是不考虑策略性库存的两期采购策略下的保鲜努力水平，最后是单期采购策略下的保鲜努力水平和考虑策略性库存的两期采购策略下第一期的保鲜努力水平。其中，单期采购策略下的保鲜努力水平和考虑策略性库存的两期采购策略下第一期的保鲜努力水平之间的关系随策略性库存单位成本的变化而变化。当 $0<h<h_2$ 时，零售商在单期采购策略下提供的保鲜努力水平高于考虑策略性库存的两期采购策略下第一期的保鲜努力水平。而当 $h_2<h<h_5$ 时，两期保鲜努力水平之间的关系相反。这表明，两期采购策略比单期采购策略更有利于促进

保鲜努力水平的提高。在单期采购策略下，购买两期所有需求会造成此策略下库存持有成本高于考虑策略性库存的两期采购策略下持有部分第二期需求策略性库存的成本，而高库存持有成本会降低零售商提供高保鲜努力水平的意愿。同时，通过分析还可发现，关于不同采购策略下保鲜努力水平的关系结果与命题 5-3 中供应商的批发价关系结果相反，这是因为保鲜成本由零售商承担，其在两级生鲜品供应链中作为跟随者需均衡采购和保鲜成本，从而追求更多收益。

此外，从上述结论中可得出一些见解。首先，当在考虑策略性库存的两期采购策略下供应商对第二期批发价做出让步时，即使策略性库存单位成本提高，零售商也可提高第二期保鲜努力水平。其次，当策略性库存单位成本提高时，尽管单期采购策略下的边际采购成本低于两期采购策略下考虑策略性库存的采购成本，但零售商在单期采购策略下仍不可提供高保鲜努力水平。最后，与供应商调整定价策略边界值 h_1 相比，不同策略下决策的最优保鲜努力水平应在较低库存持有成本的条件要求 h_2 下及时进行调整，这是因为下游零售商为保鲜成本的直接承担者，受其影响更大。

命题 5-4（b）表明零售商的定价策略取决于顾客保鲜努力敏感性。对于考虑策略性库存的两期采购策略和不考虑策略性库存的两期采购策略而言，随着顾客保鲜努力敏感性的提高（$\beta_1<\beta<\beta_3$），考虑策略性库存的两期采购策略下的第一期零售价从最高变为最低，而第二期零售价则呈现相反的变化趋势，此时不考虑策略性库存的两期采购策略下的零售价格始终处在中间位置。这表明，当顾客保鲜努力敏感性较低时，零售商可通过提高零售价获得更多利润，从而弥补策略性库存持有成本。相反，随着顾客保鲜努力敏感性的提高，此时对顾客的偏好将产生较大影响，这可促使零售商提高第二期零售价，从而与保鲜努力水平保持一致，这在推论 5-2（c）中有所提及。对于不考虑策略性库存的两期采购策略和单期采购策略而言，当顾客保鲜努力敏感性相对较低时，单期采购策略下的第一期零售价最高。这表明，采取单期采购策略导致了更高的库存持有成本，而第二

期的较高零售价此时更有利于零售商。随着顾客保鲜努力敏感性的提高，与单期采购策略相比，高保鲜努力水平带来的效益将允许不考虑策略性库存的两期采购策略下的零售商提高生鲜品的零售价。

关于零售价，零售商应更加关注顾客保鲜努力敏感性的变化，这与供应商的定价策略不同。首先，与不考虑策略性库存的两期采购策略相比，在考虑策略性库存的两期采购策略下，零售商可以利用两期灵活定价策略来适应实际情况的变化。当顾客保鲜努力敏感性较低时，此时第二期保鲜努力水平较高，但较低的零售价可刺激更多需求，这对零售商更有利。其次，如果顾客保鲜努力敏感性不高，采取单期采购策略的零售商则应在第二期收取比在每期采购的不考虑策略性库存的两期采购策略下更高的零售价，以负担由于考虑策略性库存而产生的额外成本。此外，通过比较 β_1 和 β_2 的表达式可知，当零售商面对不考虑策略性库存的两期采购策略和单期采购策略时，定价策略可较少地受顾客保鲜努力敏感性的限制。

二、不同采购策略下需求和各方收益分析

下面将通过比较需求及各方收益，分析两期生鲜品供应链中各成员的采购策略偏好，可得命题 5-5 至命题 5-8。

命题 5-5，通过比较 3 种采购策略需求可得 $D^{TS}>D^{T}>D^{S}$。

证明：经计算可得

$$D^{TS}-D^{T}=\frac{4\tau\left[(1-s)(a-4e)-c-4h\right]}{17(1-s)(4\tau-\beta^2)}>0,$$

$$D^{T}-D^{S}=\frac{\tau\left[(1-s)e+h\right]}{(1-s)(4\tau-\beta^2)}>0。$$

因此，$D^{TS}>D^{T}>D^{S}$。命题 5-5 得证。

命题 5-5 表明 3 种采购策略下需求量关系确定，其中，考虑策略性库存的两期采购策略下顾客产生的需求量最大，而不考虑策略性库存的两期采购策略下的需求量最低。这表明，与单期采购策略相比，两期采购策略下顾客将产生更多的需求。在两期采购策略下，考虑策略性库存的两期采

购策略将比不考虑策略性库存的两期采购策略激发更多的需求。这是因为在考虑策略性库存的两期采购策略下，零售商可以利用保鲜努力水平和灵活定价，根据实际情况及时调整，从而刺激更多需求。此外，分析 3 种采购策略可发现，两期采购总是优于单期采购，这一点也可从各参与方的收益角度得到证实。

从不同采购策略需求之间的关系结果可得到一些结论。

对于上游供应商而言，批发价决策虽不会直接影响顾客对生鲜品的需求，但考虑策略性库存的两期采购策略下顾客的需求更多，这对供应商而言是有利可图的。相反，尽管零售商的定价和保鲜努力水平决策可直接影响顾客对生鲜品的需求，但其作为跟随者不一定会从高需求效应中受益。接下来为了更好地验证上述观点，将对各参与方的收益水平进行对比分析，并在以下命题中展现。

命题 5-6，对于 3 种不同的采购策略，供应商更偏好考虑策略性库存的两期采购策略（$\pi_m^{TS}>\pi_m^{T}>\pi_m^{S}$）。

证明：经计算可得

$$\pi_m^{TS}-\pi_m^{T}=\frac{\tau\left[(1-s)(a-4e)-c-4h\right]^2}{17(1-s)^2(4\tau-\beta^2)},$$

$$\pi_m^{T}-\pi_m^{S}=\frac{\tau\left[(1-s)e+h\right]\left[(1-s)(4a-e)-4c-h\right]}{4(1-s)^2(4\tau-\beta^2)}>0。$$

因此，$\pi_m^{TS}>\pi_m^{T}>\pi_m^{S}$。命题 5-6 得证。

命题 5-6 表明供应商更偏好考虑策略性库存的两期采购策略，其次是不考虑策略性库存的两期采购策略，最后是单期采购策略。供应商的偏好取决于边际利润和顾客的需求量，由于 3 种采购策略的需求量关系确定（见命题 5-5），因此将重点放在边际利润的分析上。考虑策略性库存的两期采购策略下第一期较高的批发价可获得更多的边际收益，不考虑策略性库存的两期采购策略次之，而考虑策略性库存的两期采购策略下的第二期批发价和不考虑策略性库存的两期采购策略下的批发价最低（见命题 5-3），考虑策略性库存的两期采购策略下第二期的低边际利润将在较高的需求下得以弥补。因此，供应商将受益于考虑策略性库存的两期采购策略。同时，此结果也表明供应商应调整批发价，降低采购成本，以实现双赢。

下面将分析零售商策略偏好的确定。

命题 5-7，对于 3 种不同的采购策略，当 $0<h<h_3$ 时，零售商更偏好考虑策略性库存的两期采购策略；当 $h_3<h<h_5$ 时，零售商更偏好不考虑策略性库存的两期采购策略。

证明：经计算可得

$$\pi_r^T-\pi_r^S=\frac{[(1-s)e+h][\tau(1-s)(4a-5e)-4e-5h]+\beta^2[(1-s)e+h]}{8(1-s)^2(4\tau-\beta^2)}>0,$$

$$\pi_r^{TS}-\pi_r^S=\frac{\tau[84(1-s)a-c]^2+212[(1-s)e+h][(1-s)a-c]+[(1-s)e+h]^2(987\tau+289\beta^2)}{2312(1-s)^2(4\tau-\beta^2)}>0,$$

$$\pi_r^{TS}-\pi_r^T=\frac{\tau[(1-s)(a-4e)-c-4h][(1-s)(21a-152e)-21c-152h]}{578(1-s)^2(4\tau-\beta^2)}。$$

令 $\pi_r^{TS}-\pi_r^T=0$，得 $h_3=\dfrac{(1-s)(21a-152e)-21c}{152}$。因此，当 $0<h<h_3$ 时，$\pi_r^{TS}>\pi_r^T>\pi_r^S$；当 $h_3<h<h_5$ 时，$\pi_r^T>\pi_r^{TS}>\pi_r^S$。命题 5-7 得证。

命题 5-7 表明当策略性库存单位成本较低时（$0<h<h_3$），两期采购策略优于单期采购策略，且零售商在考虑策略性库存的两期采购策略和不考虑策略性库存的两期采购策略之间的选择偏好取决于策略性库存单位成本。当策略性库存单位成本在恰当范围时（$0<h<h_3$），零售商与供应商的策略偏好一致，均偏好考虑策略性库存的两期采购策略，此时两级生鲜品供应链中的成员可实现双赢。这表明，考虑策略性库存的两期采购策略不仅可刺激更多需求（见命题 5-5），而且还有利于各参与方获得更高收益。当 $h_3<h<h_5$ 时，零售商更偏好不考虑策略性库存的两期采购策略，这是因为当策略性库存单位成本过高时，策略性库存将增加库存持有成本，从而损害零售商利益。此外，通过 h_3 的表达式可知，当生鲜品的折损率较低时，在考虑策略性库存的两期采购策略下，限制零售商获得更高收益的边界值可以放宽。因此，零售商可通过降低生鲜品折损率来提高获取更多收益的可能性。

相比之下，无论策略性库存单位成本如何变化，供应商总是在考虑策略性库存的两期采购策略下获取最高收益。

命题 5-8 将分析整个供应链的偏好是否与供应商或零售商的偏好保持一致。

命题 5-8，当 $0<h<h_3$ 时，考虑策略性库存的两期采购策略下整个供应链的效益将更高，而当 $h_4<h<h_5$ 时，不考虑策略性库存的两期采购策略下整个供应链的效益将更高。

证明：结合命题 5-6、命题 5-7 可知，$\pi_{sc}^{T}>\pi_{sc}^{S}$，$\pi_{sc}^{TS}>\pi_{sc}^{S}$。经计算可得

$$\pi_{sc}^{TS}-\pi_{sc}^{T}=\frac{\tau[(1-s)(a-4e)-c-4h][(1-s)(55a-288e)-55c-288h]}{578(1-s)^2(4\tau-\beta^2)}。$$

令 $\pi_{sc}^{TS}-\pi_{sc}^{T}=0$，得 $h_4=\dfrac{(1-s)(55a-288e)-55c}{288}$。因此，当 $0<h<h_4$ 时，$\pi_{sc}^{TS}>\pi_{sc}^{T}>\pi_{sc}^{S}$；当 $h_4<h<h_5$ 时，$\pi_{sc}^{T}>\pi_{sc}^{TS}>\pi_{sc}^{S}$。命题 5-8 得证。

命题 5-8 表明整个供应链的最优效益取决于策略性库存单位成本。值得注意的是，两期采购策略总是优于单期采购策略。虽然供应商的策略偏好确定，但库存持有成本会影响零售商的偏好，并将造成整个供应链的不确定性。与 h_3 相比，考虑策略性库存的两期采购策略优于不考虑策略性库存的两期采购策略的边界值放宽到 h_4。这表明，供应商和零售商可以采取一些措施来促进双方在考虑策略性库存的两期采购策略下实现双赢。

第四节　数值算例分析

为了以更直观的方式呈现上文的结论，本节将进行数值算例分析，基本参数设置参照前文，假设 $a=40$、$c=2$、$\tau=1.2$、$e=0.5$。考虑到参数 β 和 h 应该满足一些条件，因此根据基础参数设置 $\beta\in(0,2)$ 和 $h\in(0,8)$。

一、策略性库存单位成本对相关决策的影响

本节将探讨策略性库存单位成本对不同采购策略下最优批发价和保鲜

努力水平的影响。结合基础参数设置，假设 $\beta=0.8$，$h\in(0,\ 9.6)$ 满足 $4\tau-\beta^2>0$ 和 $(1-s)(a-4e)-c-4h>0$。

观察图 5-2 可发现，考虑策略性库存的两期采购策略下的第一期批发价为 3 种采购策略下的最高批发价，其次是不考虑策略性库存的两期采购策略下的批发价，最后为考虑策略性库存的两期采购策略下的第二期批发价和单期采购策略下的批发价，这是因为大批量一次性采购策略和策略性库存将导致考虑策略性库存的两期采购策略下的第二期批发价和单期采购策略下的批发价低于不考虑策略性库存的两期采购策略下的批发价。此外，由于零售商库存持有成本压力降低，考虑策略性库存的两期采购策略下的第一期批发价随策略性库存单位成本的提高而呈递减趋势，但考虑策略性库存的两期采购策略下的第二期批发价呈相反趋势，即随策略性库存单位成本的提高而提高，这是因为策略性库存持有成本已在第一期中支付。在单期采购策略下，考虑策略性库存的两期采购策略下的第二期批发价随策略性库存单位成本的提高也呈递减趋势，但不考虑策略性库存的两期采购策略下的批发价不变，因此不受策略性库存单位成本的影响。同时，

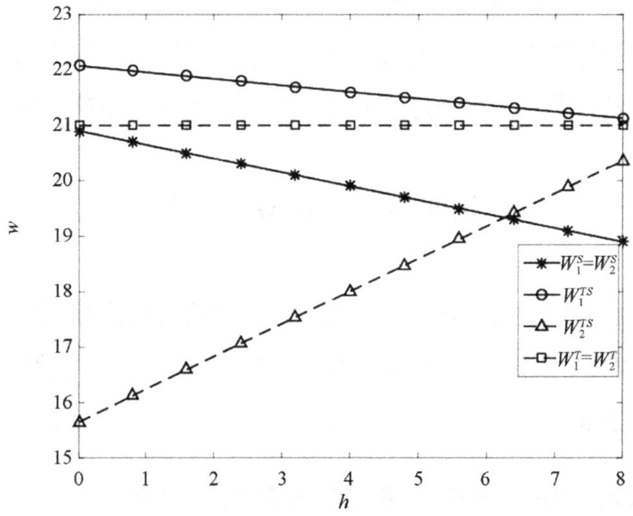

图 5-2　策略性库存单位成本对不同采购策略下批发价决策影响图

当策略性库存单位成本提高到一定水平后，考虑策略性库存的两期采购策略下的第二期批发价将与单期采购策略下的批发价相交。这表明，当零售商决定在第一期购买两期总需求时，高策略性库存单位成本不利于供应商获取较高的边际利润。当策略性库存单位成本较低时，供应商将更有动力为考虑策略性库存的两期采购策略下的零售商降低批发价，而非为采取大批量一次性购买的零售商做出更多让步。

观察图 5-3 可发现，在零售商采取不同采购策略时，考虑策略性库存的两期采购策略和不考虑策略性库存的两期采购策略的最优保鲜努力水平高于单期采购策略的最优保鲜努力水平。随着策略性库存单位成本的提高，3 种策略下保鲜努力水平将呈现不同的变化趋势。单期采购策略下保鲜努力水平和考虑策略性库存的两期采购策略下保鲜努力水平均呈递减趋势，这表明高库存持有成本不利于提高保鲜努力水平。相反，考虑策略性库存的两期采购策略下的保鲜努力水平随策略性库存单位成本的提高而提高，这表明高库存持有成本可促使零售商在第一期提供更高的保鲜努力水平。

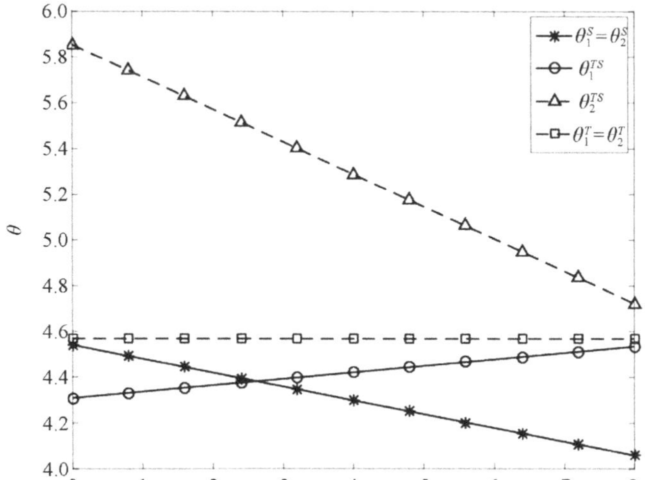

图 5-3　策略性库存单位成本对不同采购策略下保鲜努力水平影响图

二、顾客保鲜努力敏感性对零售价决策的影响

由上文分析可知，3 种采购策略下零售价之间的关系取决于顾客保鲜努力敏感性。因此，结合上述基础参数设置，假设 $h=2$，$\beta\in$ (0，2)，进行算例绘图，如图 5-4 所示。

观察图 5-4 可发现，最优零售价均随顾客保鲜努力敏感性的提高而呈上升趋势，且当顾客保鲜努力敏感性达到一定水平时，其将刺激价格快速提高。这表明，高顾客保鲜努力敏感性有利于零售商提高零售价，从而获得更高的边际收益。因此，零售商可通过一些措施来提高顾客保鲜努力敏感性，并适当地提高生鲜品零售价。此外，观察图 5-4（a）可发现，当顾客保鲜努力敏感性较低时，考虑策略性库存的两期采购策略下的第二期最优零售价高于不考虑策略性库存的两期采购策略下的最优零售价，不过单期采购策略下的第一期零售价最低。但当顾客保鲜努力敏感性提高到一定水平后，不考虑策略性库存的两期采购策略下的零售价高于考虑策略性库

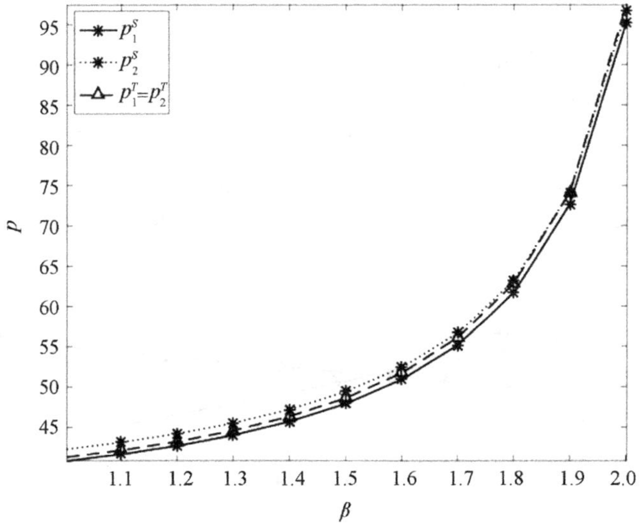

(a)

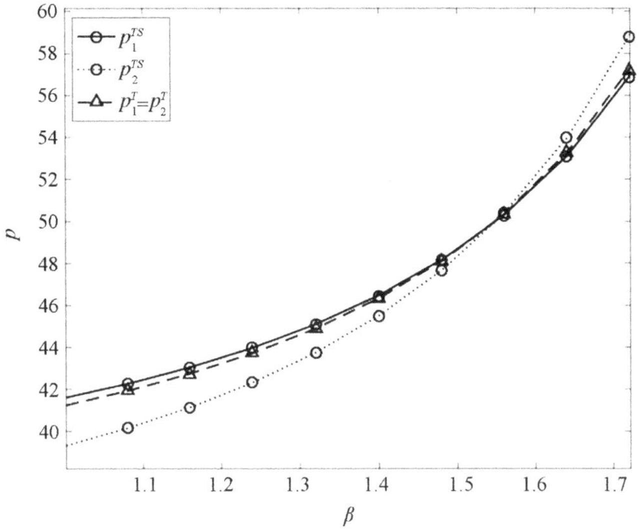

(b)

图 5-4　顾客保鲜努力敏感性对不同采购策略下零售价影响图

存的两期采购策略下的两期零售价。观察图 5-4（b）可发现，不考虑策略性库存的两期采购策略下的零售价总是处于考虑策略性库存的两期采购策略下的两期零售价之间，顾客保鲜努力敏感性的提高更有利于刺激零售商在考虑策略性库存的两期采购策略下的第二期获得较高的边际收益。同时这也表明零售商可在不同情况下结合顾客保鲜努力敏感性调整定价策略，从而实现利益最大化。

三、策略性库存单位成本和顾客保鲜努力敏感性对需求和各方收益的影响

为了探讨顾客保鲜努力敏感性和策略性库存单位成本对不同采购策略下需求及各方收益的影响，结合上述参数假设及约束条件，进行算例绘图分析，如图 5-5 至图 5-8 所示。

观察图 5-5 可发现，不同采购策略下需求之间的关系是确定的，在考

虑策略性库存的两期采购策略下，顾客需求高于不考虑策略性库存的两期采购策略和单期采购策略。在不考虑策略性库存的两期采购策略下，每期购买生鲜品时不会考虑策略性库存，此时产生的需求处于中间位置。在单期采购策略下，顾客的需求最少。观察图 5-5 还可发现，考虑策略性库存的两期采购策略和单期采购策略下的需求随顾客保鲜努力敏感性的提高呈上升趋势，但随策略性库存单位成本的提高呈下降趋势。这表明，较高的顾客保鲜努力敏感性有利于为供应链带来更多需求，且与其他策略相比，考虑策略性库存的两期采购策略可刺激顾客产生更多的需求。

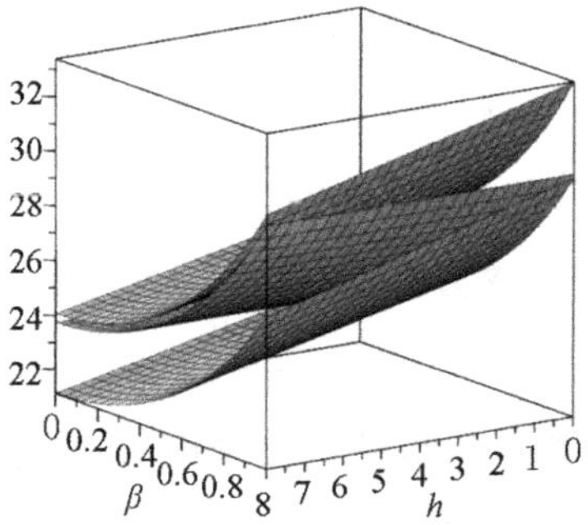

图 5-5 策略性库存单位成本和顾客保鲜努力敏感性对不同采购策略下需求影响图

观察图 5-6 可发现，在考虑策略性库存的两期采购策略下，供应商的收益最高，其次是在不考虑策略性库存的两期采购策略下，在单期采购策略下可获得的收益最低。尽管如此，从不断扩大的差距可以看出，当策略性库存单位成本提高时，单期采购策略下供应商收益水平的下降趋势比其他策略更为显著。此外，较低的库存持有成本扩大了供应商在考虑策略性库存的两期采购策略和不考虑策略性库存的两期采购策略之间的利润差距。

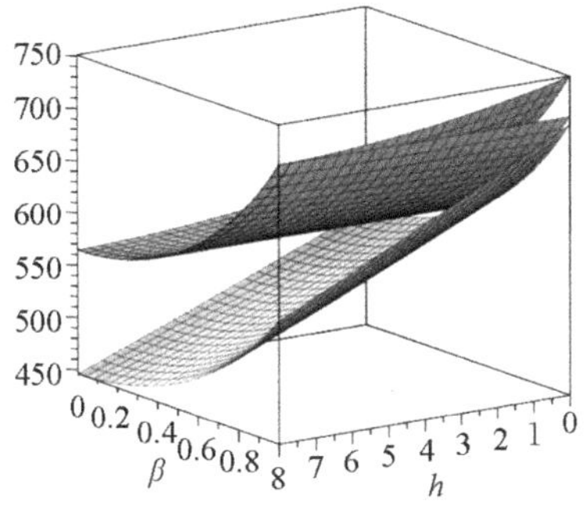

图 5-6　策略性库存单位成本和顾客保鲜努力敏感性对不同采购策略下供应商收益影响图

观察图 5-7 可发现，零售商的收益水平起初缓慢增长，但当顾客保鲜努力敏感性达到较高水平时，其在 3 种策略下的收益水平均明显提高。同时，零售商在不考虑策略性库存的两期采购策略下的利润将逐渐追赶上在考虑策略性库存的两期采购策略下的利润，并在策略性库存单位成本达到较高水平时超过考虑策略性库存的两期采购策略。这就意味着如果零售商希望在考虑策略性库存的两期采购策略下获得最高收益，则有必要将库存持有成本保持在较低水平。简而言之，进行策略性库存并不总是有利于零售商，有时甚至会伤害零售商的利益。

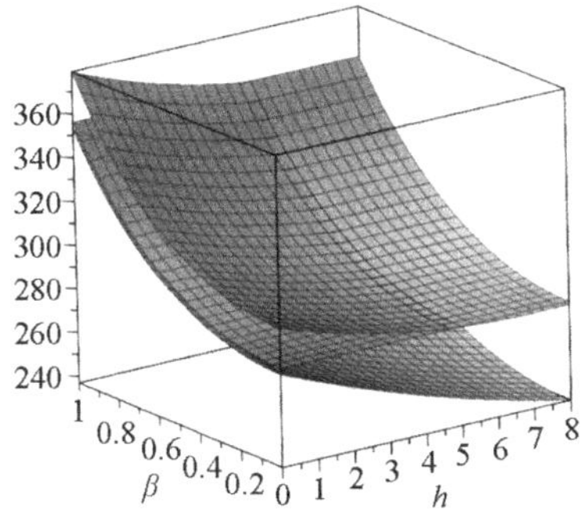

图 5-7　策略性库存单位成本和顾客保鲜努力敏感性对不同采购策略下零售商收益影响图

图 5-8 展现了 3 种采购策略下整个供应链系统的收益水平之间的关系。与零售商收益关系转变的边界策略性库存单位成本值相比，整个供应链在考虑策略性库存的两期采购策略下获得最高收益的库存成本限制的范围放宽了。这表明在一定条件下，考虑策略性库存的两期采购策略更有利于整个供应链利益的最大化，可实现双赢。

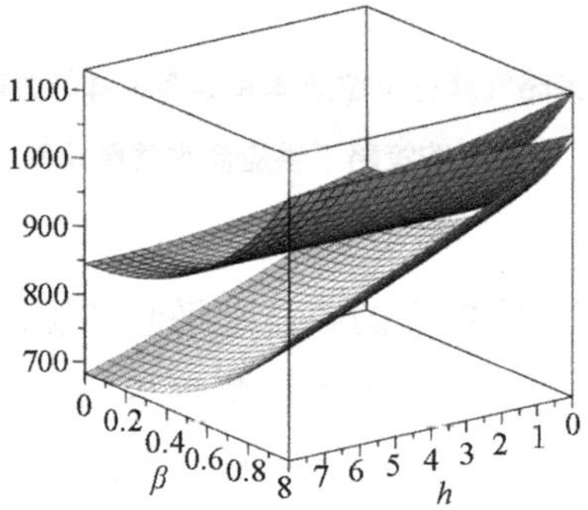

图 5-8 策略性库存单位成本和顾客保鲜努力敏感性对不同采购策略下整个供应链效益影响图

第五节 本章小结

本章主要探究了两期生鲜品供应链定价、保鲜决策和采购策略选择，以及策略性库存对生鲜品供应链各成员收益的影响。依据两期策略性采购，建立了单期采购策略、不考虑策略性库存的两期采购策略和考虑策略性库存的两期采购策略等 3 种采购模型，分别求解对比各模型下保鲜努力水平、定价决策及各方收益，然后参照前文的参数赋值进行了数值仿真绘图，清晰直观地展示了相关结论。

本章得到如下结论：

第一，两期采购策略下零售商提供的保鲜努力水平将高于单期采购策略下的保鲜努力水平。此外，在考虑策略性库存的两期采购策略下，与第一期相比，零售商将在第二期提供更高的保鲜努力水平。

第二，单期采购和策略性库存都有利于零售商获得更低批发价。零售商在决策零售价时受顾客保鲜努力敏感性和策略性库存单位成本的影响，从而定价策略相对于供应商更为复杂。

第三，零售商每期均进行采购，并在第一期考虑持有策略性库存可刺激更多需求，而单期采购策略最不利于刺激更多需求。

第四，当策略性库存单位成本满足一定条件时，零售商在考虑策略性库存的两期采购策略下为生鲜品供应链中的各方带来了双赢。于供应商而言，考虑策略性库存的两期采购策略始终是最优选择。而与供应商的策略选择偏好不同，策略性库存单位成本过高时，考虑策略性库存的两期采购策略将损害零售商的利益。

根据本章的研究及结论可为生鲜企业提供一些管理建议。于下游零售商而言，应优先考虑两期采购策略，且在策略性库存单位成本合适的情况下可考虑持有策略性库存，以抵抗上游主导者的批发定价。虽然单期采购策略可以降低采购成本，但不建议采用此采购策略。于上游供应商而言，其在零售商决定采用单期采购策略或持有策略性库存时，可进行边际收益让利（即适当地降低批发价）。此外，供应商应与零售商合作，降低策略性库存单位成本，促使零售商选择考虑策略性库存的两期采购策略，从而实现双赢。

第六章　考虑政府补贴及策略性库存的两期生鲜品供应链决策

第一节　背景介绍

后疫情时代以来，生鲜品越来越受到广大消费者的喜爱。生鲜品作为消费者追求健康生活的重要首选，其需求量是巨大的，且生鲜市场交易额每年都在大幅稳定增长。根据东北证券有限责任公司报告中 Euromonitor 的统计，中国生鲜市场总规模已达 5 万亿元，同比增长了 5%。在美国，PrimeNow 和 Amazon Fresh 有效结合后，使用亚马逊的家庭数量从 2018 年的 17%增加到 2020 年的 24%，这充分显示了生鲜品需求量的广泛性。

在生鲜品需求量稳定增长的背景下，生鲜行业的发展依旧面临着诸多挑战。由于生鲜品具有易损耗、低保质等特点，给运输和存储带来了极大的挑战。现有研究表明，生鲜品在运输、储存和销售过程中由于缺乏保鲜努力而导致新鲜度折损的问题仍然存在。如 Ferguson 和 Ketzenberg 指出，在美国零售杂货业中由于变质而造成的损失高达 15%。在中国，据相关调查显示，生鲜品变质率高达 25%—35%。因此，相关企业需加强生鲜品供应链管理，加大保鲜努力投入，维持生鲜品新鲜度，以满足消费的需求和获取更多的收益。此外，生鲜品的易损耗特质还会导致供应不稳定，从而造成生鲜市场的价格波动，生鲜零售商作为供应链下游成员需同时面对价格波动和供应链垂直结构上竞争的挑战。此时零售商应考虑采取恰当的采购策略，提高竞争力，从而满足消费者需求，并为自身争取更多的收益。如为了整合资源、提升竞争力，克罗格公司和沃尔格林公司合作建立了一个联合采购组织，以此作为一种采购战略，旨在提高采购效率、降低成本和促进创新，同时也有其他相关研究在生鲜品供应链中展开。在面对市场供应波动的挑战时，策略性库存作为一种有效策略被广泛用于应对企业运营过程中的供应不确定性和加强企业自身竞争力。

为了促进生鲜行业发展，更好地应对挑战以惠及广大消费者，相关政府部门也颁布了相应的补贴政策。如为了响应党中央的号召，农业农村部发布了强农惠农政策。其中，生产支持政策中提到考虑用补贴总数的35%支持农机购置，并直接向生产者提供生产补贴，以鼓励其提供更多高质量的产品，以及支持奶业进行标准化生产，且提供相应补贴。此外，浙江省人民政府为支持冷链物流高质量发展，提出推进企业清费减负，落实冷链物流的装备和技术等研发费用税前加计扣除政策，鼓励按照25%予以扣除并奖励。

在上述背景下，本章考虑了政府补贴和策略性库存的生鲜品供应链决策问题，并根据生鲜品的上市时间和特性建立了两期生鲜品供应链，以研究政府不同补贴策略下各成员的最优决策和收益，相关研究主要涉及以下两个方面。

一方面，生鲜品的供应关系民生，因此相关政府部门相继出台政策干预生鲜品供应链管理。许多学者就此展开了研究，如闻卉等在零售商具有合作偏好情形下，考虑政府作为领导者提供补贴，并建立了供应链模型研究最优政府补贴率、定价和生产量决策。余星等在政府向农户提供补贴下，构建了产品质量浮动收购价模式的三阶段 Stackelberg 博弈模型，以研究最优决策。Alizamir 等考虑了价格补贴和收入补贴等两种补贴形式，分析了补贴形式的影响，最终发现收入补贴不利于农民种植更多的土地，而价格补贴下农民和消费者可获取更多的收益。周永务等建立了公司参与扶贫的无补贴和政府补贴等两种模式的二级订单供应链模型，对比分析了农户生产决策、企业扶贫行为和社会福利。郭方方和钟耀广首先在无政府补贴情形下建立了集中和分散等两种决策模型，并分析最优决策和成员利润，后引入5种政府补贴策略，以分析不同补贴策略对决策的影响及补贴效果。张旭梅等考虑了主体差异，并建立了不同主体的生鲜品供应链模型，以研究政府最优补贴策略。此外，张旭梅等还考虑了公益性和政府补贴，以研究生鲜保鲜投入的激励问题。朱江华等考虑了财政资金的约束，建立了无补贴、采购补贴和销售补贴等3种模型，以研究政府最优补贴策略，最终发现最优策略选择与财政预算相关，当预算充足时两种补贴策略均可有效发挥作用。雷婷等则考虑了突发事件下的生鲜批发市场应急代储问题，建立了政府补贴刺激生鲜市场成员的博弈模型，探讨了应急代储策略及政府的刺激补贴政策。

另一方面，策略性库存作为一种有效的采购策略，常在零售层面被用于应对供应不稳定、价格波动和增强竞争力。一些学者展开了相关研究，如Arya等从下游企业战略性利用库存影响供应商定价的角度出发，研究了集中和分散等两种决策模式下的采购决策。Roy等考虑了制造商定价前无法获得下游零售商策略性库存信息的情况，研究了信息可视性对供应链中使用策略性库存的影响。Chen等研究了竞争对策略性库存的影响，发现恰当的策略性库存对制造商、零售商和消费者均有正面影响。然而，策略性库存并不总是对成员有积极影响。Mantin和Veldman在供应商流程改进投资背景下，发现库存持有成本较高时可刺激投资，且发现策略性库存可能损害供应商和零售商的利益。此外，还有研究表明，策略性库存可被考虑在动态模型中。如Li等建立了两期供应链博弈模型，以研究策略性库存和消费者退货政策，发现持有策略性库存会增加成本，但有利于零售商应对制造商的定价。Li等在研究中指出，策略性库存可被零售商用于争取批发价的优惠和应对供应商的入侵。Moon等研究了策略性库存的投资策略，发现零售商持有策略性库存不利于供应链的协调，却于分散决策模式下的供应链有利。

关于政府干预生鲜品供应链和策略性库存的相关研究多在单期供应链的背景下展开，同样背景下还有许多学者从不同方面探究了生鲜品供应链的决策问题。有些学者侧重保鲜努力决策的研究，如 Ma 等考虑碳管制相关政策，通过建立两级和三级供应链博弈模型，以研究保鲜努力水平决策等问题。刘墨林等考虑了生鲜品需求量受保鲜努力与增值服务的影响，建立了集中决策和分散决策的供应链模型，以研究不同决策模式下生鲜品供应链的保鲜努力及其他决策。Yang 和 Tang 考虑了受保鲜努力水平影响的生鲜品需求量，建立了 3 种不同销售模式的供应链模型，以研究最优保鲜努力水平和定价决策。还有学者考虑到竞争和权力结构对生鲜品供应链相关决策的影响，如范体军等在供应商层面存在竞争的情形下，依据权力结构的变化构建了生鲜农产品供应链的两阶段博弈模型，以研究定价和生鲜品新鲜度决策。Yu 等考虑了零售商竞争和保鲜外包的情况，构建了相关博弈模型，以研究生鲜品供应链定价和保鲜努力的决策问题。冯颖和张炎治考虑了权力结构对 TPL 服务增值的影响，以研究供应链的决策。此外，还有学者从契约协调出发研究了单期生鲜品供应链的协调问题。不同于上述单期生鲜品供应链背景下较为丰富的研究成果，两期生鲜品供应链的现有文献较少。其中，Yan 等建立了两期生鲜品供应链模型，首先基于两期定价和期权合约的供应链，研究了最优订货决策和协调问题，其次在两期定价和协调背景下，研究了生鲜农产品供应链最优的期权契约决策。基于前人学者将两期模型考虑在生鲜品供应链的研究和现实背景中，本章建立了更有针对性的两期供应链模型来探讨生鲜品供应链的决策问题，且将策略性库存与政府补贴策略相结合，以此来研究供应链的决策既具有现实意义又具有理论价值。

综合上述文献，有学者考虑了政府对生鲜品供应链的干预，主要探讨了政府的不同补贴策略对供应链决策的影响，以及补贴策略的有效性。但这些研究均在单期生鲜品供应链中展开，忽略了生鲜市场的价格波动。同时，亦有学者通过建立两期供应链模型来研究生鲜品供应链的决策，但鲜有在两期生鲜品供应链中考虑零售商持有策略性库存来研究生鲜品定价和保鲜努力水平决策。鉴于此，本章基于生鲜供应市场价格波动和政府对生鲜市场干预的实情，考虑了零售商持有策略性库存应对供应价格波动和政府采取不同补贴策略施加影响，建立了两期生鲜品供应链模型来研究生鲜供应商的批发定价、生鲜零售商的策略性库存订货量、零售定价和保鲜努力水平决策。因此，本章内容既结合了实际情况，又考虑了策略性库存和政府补贴，从而建立了更合理的模型来研究生鲜品供应链的决策。不仅丰富了生鲜品供应链管理的研究理论，而且为政府干预下的两期生鲜品供应链策略性库存、定价和保鲜努力水平决策提供了参考。

第二节 问题描述与假设

两期生鲜品供应链由生鲜供应商和生鲜零售商组成，供应商负责每期提供新鲜生鲜品，而零售商负责每期保鲜投入，并将生鲜品销售给顾客。其中，供应商为主导者，决策每期生鲜品的批发价 w_i（$i=1$，2），而零售商为跟随者，在第一期购买生鲜品时考虑持有策略性库存 I 作为第二期的部分需求，并决定每期的保鲜努力投入水平 τ_i 和零售价 p_i。

为了方便建立模型，本章将结合生鲜品特性进行以下假设。

假设一，顾客对生鲜品新鲜度的关注越来越高，其消费效用受保鲜努力水平和零售价的影响，保鲜努力水平越高，顾客则可获得更多效用。参考 Yu 和 Xiao 的研究，假设市场上顾客是连续的，并将其规范化为 1，保留价值 v 服从 $[0, a]$ 的均匀分布，此时市场固定需求为 a。因此，顾客的消费效用为 $u=v-bp_i+\alpha\tau_2$（$i=1$，2），b 为顾客对价格的敏感系数，$\alpha\tau_i$ 表示第 i 期顾客购买生鲜品可获得的保鲜效用。当 $u\geqslant 0$ 时，顾客才会购买产品，从而需求函数为：

$$D_i=a-bp_i+\alpha\tau_i \tag{6-1}$$

其中，a 为生鲜品每期的需求市场规模，顾客的每期需求受零售价和保鲜努力水平的影响。同时，假设 $a>bp_i$，表明当无保鲜时，顾客依旧会购买产品以满足对生鲜品的需求。

假设二，参考 Cai 等的研究，假设零售商保鲜努力成本为二次函数，即 $C(\tau_i)=k(\tau_i)^2$。此外，在两期生鲜品销售活动中，零售商依据每期情况调整保鲜努力水平，零售商每期产生的保鲜投入成本也将随之变化。

假设三，考虑供应链垂直结构上的竞争，零售商在第一期将购买多于当期需求的生鲜品，并将其作为策略性库存在第二期进行销售。因此，策略性库存应满足条件 $0<I<D_2$。同时，考虑跨期产品（策略性库存）与当期产品的差异，零售商会降低策略性库存产品的价格，即在第二期零售价的基础上每单位降低 e，以促进销售。

此外，为推动生鲜行业高质量发展，政府考虑了 3 种补贴策略，分别为政府不提供补贴策略（NS）、政府向供应商提供补贴策略（SS）、政府向零售商提供补贴策略（SR）。在 3 种补贴策略下，供应商和零售商之间进行 Stackelberg 博弈。政府首先宣布补贴策略，每期直接向供应商或零售商提供一定的补贴率。供应商和零售商之间的博弈分为两期：第一期，供应商根据政府的补贴策略和生产成本决定第一期批发价，零售商跟随供应商决定策略性库存、第一期零售价和保鲜努力水平；第二期，供应商决定第二期批发价，零售商则决定第二期零售价和保鲜努力水平。基于 3 种政府补贴策略，本章建立了两期生鲜品供应链博弈模型，模型结构如图 6-1 所示。

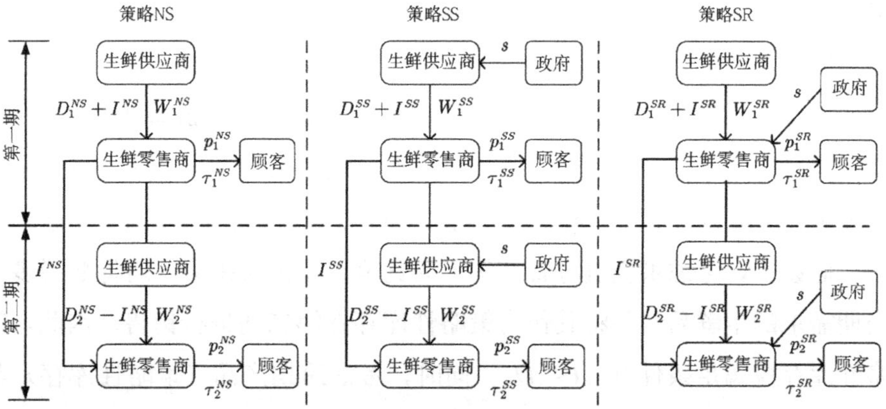

图 6-1 考虑策略性库存和政府补贴的两期生鲜品供应链模型结构图

为了便于下文描述，现对本章模型中涉及的符号进行说明，见表 6-1。

表 6-1 变量符号说明

符号	含义	符号	含义
a	生鲜品潜在市场规模	α	顾客保鲜努力敏感性
s	政府补贴率	k	保鲜努力成本系数
c	单位产品生产成本	b	顾客对价格的敏感系数
I	策略性库存量	w_i	单位产品第 i 期批发价
h	策略性库存单位成本	p_i	单位产品第 i 期零售价
τ_i	第 i 期保鲜努力水平	π_r	零售商两期总收益
π_{r2}	零售商第二期收益	π_s	供应商两期总收益
π_{s2}	供应商第二期收益	D^j	两期总需求

其中，上标 $j\in\{NS, SS, SR\}$，表示政府的不同补贴策略。

第三节 模型建立与求解

一、政府不提供补贴策略

在政府不提供补贴策略下，供应商作为Stackelberg博弈的主导者，每期先行决定生鲜品的批发价，而零售商跟随决定策略性库存、保鲜努力投入及零售价。其中，供应商和零售商均为理性人在博弈决策时以追求自身利益最大化为目标。此时，在两期生鲜品销售活动中，第二期各方收益函数为：

$$\pi_{s2}(w_2)=(w_2-c)(D_2-I) \tag{6-2}$$

$$\pi_{r2}(p_2, \tau_2)=p_2D_2-w_2(D_2-I)-eI-k(\tau_2)^2 \tag{6-3}$$

第一期各方收益函数为：

$$\pi_s(w_1)=(w_1-c)(D_1+I)+\pi_{s2} \tag{6-4}$$

$$\pi_r(p_1, \tau_1, I)=p_1D_1-w_1(D_1+I)-hI-k(\tau_1)^2+\pi_{r2} \tag{6-5}$$

运用逆序求解法，可得命题6-1。

命题6-1，在政府不提供补贴策略下，两期生鲜品的批发价、最优策略性库存订货量、两期生鲜品保鲜努力水平和零售价及各方收益为

$$w_1^{NS}=\frac{9a+2b(4c-h-e)}{17b},$$

$$w_2^{NS}=\frac{6a+11bc+10b(h+e)}{17b},$$

$$I^{NS}=\frac{10bk[a-bc-4b(h+e)]}{17(4bk-\alpha^2)},$$

$$p_1^{NS}=\frac{(52bk-9\alpha^2)a+2b(2bk-\alpha^2)(4c-h-e)}{17(4bk-\alpha^2)},$$

$$p_2^{NS}=\frac{(46bk-6\alpha^2)a+b(2bk-\alpha^2)[11c-10(h+e)]}{17(4bk-\alpha^2)},$$

$$\tau_1^{NS}=\frac{2\alpha\left[4(a-bc)+b(h+e)\right]}{17(4bk-\alpha^2)},$$

$$\tau_2^{NS}=\frac{\alpha\left[11(a-bc)-10b(h+e)\right]}{17(4bk-\alpha^2)},$$

$$D^{NS}=\frac{2bk\left[19(a-bc)-8b(h+e)\right]}{17(4bk-\alpha^2)},$$

$$\pi_s^{NS}=\frac{2k\left[9(a-bc)^2-4b(a-bc)(h+e)+8b^2(h+e)^2\right]}{17(4bk-\alpha^2)},$$

$$\pi_r^{NS}=\frac{k\left[155(a-bc)^2-118b(a-bc)(h+e)+304b^2(h+e)^2\right]}{289(4bk-\alpha^2)}。$$

证明：运用逆序求解法，对（6-3）求 p_2 和 τ_2 的偏导，由海塞矩阵负定可知，当 $4bk-\alpha^2>0$ 时，π_{r2} 为 p_2 和 τ_2 的联合凹函数，故存在最优解。令 $\frac{\partial\pi_{r2}}{\partial p_2}=0$、$\frac{\partial\pi_{r2}}{\partial\tau_2}=0$，得 $p_2=\frac{(2bk-\alpha^2)w_2+2ak}{4bk-\alpha^2}$ 和 $\tau_2=\frac{\alpha(a-bw_2)}{4bk-\alpha^2}$，将结果代入（6-2）化简 w_2 的一阶导和二阶导，得到最优解 $w_2=\frac{2bk(a+bc)-(4bk-\alpha^2)I}{4b^2k}$。先将 w_2 代入 p_2 和 τ_2 的反应函数表达式中，然后将所有结果代入（6-2）和（6-3）化简，最后将化简结果代入（6-5）求 p_1、τ_1 和 I 的偏导，通过验证海塞矩阵证明最优解存在。令 $\frac{\partial\pi_r}{\partial p_1}=0$、$\frac{\partial\pi_r}{\partial\tau_1}=0$、$\frac{\partial\pi_{r2}}{\partial I}=0$，联立求解得 p_1 和 τ_1 的反应函数表达式，将这些结果代入（6-4）化简求 w_1 的一阶导，并对二阶导进行验证。令 $\frac{d\pi_s}{dw_1}=0$，得 $w_1^{NS}=\frac{9a+2b(4c-h-e)}{17b}$，将第一期最优批发价代入相关反应函数表达式中化简得命题 6-1。命题 6-1 得证。

推论 6-1（a），在政府不提供补贴策略下，供应商最优定价策略的第一期批发价高于第二期批发价（$w_1^{NS}>w_2^{NS}$）。

推论 6-1（b），在政府不提供补贴策略下，零售商最优保鲜努力策略的第一期保鲜努力水平低于第二期保鲜努力水平（$\tau_1^{NS}>\tau_2^{NS}$）。零售商最优定价策略下，当 $\alpha\in$（0，$\sqrt{2bk}$）时，第一期零售价高于第二期零售价（$p_1^{NS}>p_2^{NS}$）；当 $\alpha\in$（$\sqrt{2bk}$，$2\sqrt{bk}$）时，第一期零售价低于第二期零售价（$p_1^{NS}<p_2^{NS}$）。

证明：经计算可得

$$w_1^{NS}-w_2^{NS}=\frac{3\left[a-bc-4b\left(h+e\right)\right]}{17b},$$

$$\tau_1^{NS}-\tau_2^{NS}=-\frac{3\alpha\left[a-bc-4b\left(h+3\right)\right]}{17\left(4bk-\alpha^2\right)},$$

$$p_1^{NS}-p_2^{NS}=\frac{3\left(2bk-\alpha^2\right)\left[a-bc-4b\left(h+e\right)\right]}{17\left(4bk-\alpha^2\right)}。$$

由 $I>0$ 可知，$a-bc-4b(h+e)>0$，且最优解存在时满足条件 $4bk-\alpha^2>0$，从而可证 $w_1^{NS}>w_2^{NS}$ 和 $\tau_1^{NS}<\tau_2^{NS}$，但无法直接判断零售价之间的大小关系。因此，当 $\alpha\in$（0，$\sqrt{2bk}$）时，$p_1^{NS}>p_2^{NS}$；当 $\alpha\in$（$\sqrt{2bk}$，$2\sqrt{bk}$）时，$p_1^{NS}<p_2^{NS}$。推论 6-1 得证。

推论 6-1 为政府不提供补贴策略下两期生鲜品供应链各成员的最优决策分析，包括供应商的批发定价和零售商的两期零售定价和保鲜努力水平决策。首先，推论 6-1（a）表明供应商将在第二期降低生鲜品批发价，这是因为零售商在第一期考虑了策略性库存，从而促使供应商在第二期做出让步，调低批发价。因此，下游零售商在面对市场价格波动时可考虑持有策略性库存，以增强垂直层面的竞争力，促使上游供应商降价让利，从而控制采购成本。其次，推论 6-1（b）表明零售商的第二期最优保鲜努力水平应高于第一期，两期定价受顾客保鲜努力敏感性的影响。当顾客保鲜努力敏感性较低时（$0<\alpha<\sqrt{2bk}$），零售商应在第二期降低生鲜品的零售价；当顾客保鲜努力敏感性提高时（$\sqrt{2bk}<\alpha<2\sqrt{bk}$），零售商应在第二期提高生鲜品的零售价。由于零售商在第一期考虑了策略性库存，与第二期相比，这将给其带来较大的成本压力，从而促使零售商提供较低的保鲜

努力水平以确保维持第一期的收益。当顾客保鲜努力敏感性较高时，零售定价策略与两期保鲜努力水平保持一致，第二期提高零售价与顾客能感知的保鲜努力水平保持一致。但当顾客保鲜努力敏感性较低时，零售定价策略与上游供应商的批发定价策略保持一致，同时降低第二期零售价可以刺激更多的需求。因此，零售商考虑策略性库存时，在综合成本压力下应采用两期灵活的定价和保鲜策略以获得更多的收益。

二、政府向供应商提供补贴策略

在政府向供应商提供补贴策略下，政府以 s 比率每期向供应商提供生产成本补贴，且直接在初始阶段宣布补贴政策，供应商和零售商之间的博弈皆以自身利益最大化为目标。其中，供应商决定生鲜品批发价，零售商决定策略性库存、保鲜努力投入及零售价。此时，在两期生鲜品销售活动中，第二期各方收益函数为：

$$\pi_{s2}(w_2)=(w_2-c+sc)(D_2-I) \tag{6-6}$$

$$\pi_{r2}(p_2,\tau_2)=p_2D_2-w_2(D_2-I)-eI-k(\tau_2)^2 \tag{6-7}$$

第一期各方收益函数为：

$$\pi_s(w_1)=(w_1-c+sc)(D_1+I)+\pi_{s2} \tag{6-8}$$

$$\pi_r(p_1,\tau_1,I)=p_1D_1-w_1(D_1+I)-hI-k(\tau_1)^2+\pi_{r2} \tag{6-9}$$

运用逆序求解法，可得命题 6-2。

命题 6-2，在政府向供应商提供补贴策略下，两期生鲜品的批发价、最优策略性库存订货量、两期生鲜品保鲜努力水平和零售价及各方收益为

$$w_1^{SS}=\frac{9a+8(1-s)bc-2b(h+e)}{17b},$$

$$w_2^{SS}=\frac{6a+11(1-s)bc+10b(h+e)}{17b},$$

$$I^{SS}=\frac{10bk[a-(1-s)bc-4b(h+e)]}{17(4bk-\alpha^2)},$$

$$p_1^{SS}=\frac{(52bk-9\alpha^2)a+2b(2bk-\alpha^2)[4c(1-s)-(h+e)]}{17(4bk-\alpha^2)},$$

$$p_2^{SS}=\frac{(46bk-6\alpha^2)\ a+b\ (2bk-\alpha^2)\ [11\ (1-s)\ c-10\ (h+e)\ ]}{17\ (4bk-\alpha^2)},$$

$$\tau_1^{SS}=\frac{2\alpha\ [4a-4\ (1-s)\ bc+b\ (h+e)\ ]}{17\ (4bk-\alpha^2)},$$

$$\tau_2^{SS}=\frac{\alpha\ [11a-11\ (1-s)\ bc-10b\ (h+e)\ ]}{17\ (4bk-\alpha^2)},$$

$$D^{SS}=\frac{2bk\ [19a-19\ (1-s)\ bc-8b\ (h+e)\ ]}{17\ (4bk-\alpha^2)},$$

$$\pi_s^{SS}=\frac{2k\ [9\ (a-bc)^2-4b\ (a-bc)\ (h+e)\ +8b^2\ (h+e)^2+18bcs\ (a-bc)\ -4b^2cs\ (h+e)\ +9b^2c^2s^2]}{17\ (4bk-\alpha^2)},$$

$$\pi_r^{SS}=\frac{k\ [155\ (a-bc)^2-118b\ (a-bc)\ (h+e)\ +304b^2\ (h+e)^2+310bcs\ (a-bc)\ -118b^2cs\ (h+e)\ +155b^2c^2s^2]}{289\ (4bk-\alpha^2)}。$$

命题 6-2 的证明与命题 6-1 类似，具体证明过程可参照命题 6-1。

推论 6-2（a），在政府向供应商提供补贴策略下，供应商最优定价策略的第一期批发价高于第二期批发价（$w_1^{SS}>w_2^{SS}$）。

推论 6-2（b），在政府向供应商提供补贴策略下，零售商最优保鲜努力策略的第一期保鲜努力水平低于第二期保鲜努力水平（$\tau_1^{SS}<\tau_2^{SS}$）。零售商最优定价策略下，当 $\alpha\in(0,\sqrt{2bk})$ 时，第一期零售价高于第二期零售价（$p_1^{SS}>p_2^{SS}$）；当 $\alpha\in(\sqrt{2bk},2\sqrt{bk})$ 时，第一期零售价低于第二期零售价（$p_1^{SS}<p_2^{SS}$）。

参照推论 6-1 的证明，通过作差和 $I>0$ 假设，可证得推论 6-2。

推论 6-2 为政府向供应商提供补贴策略下两期生鲜品供应链各成员的最优决策分析，包括供应商批发价、零售商零售价和保鲜努力水平决策。相关结论均与推论 6-1 的结论保持一致，这是因为政府每期均向供应商提供了一定比率的生产补贴，与无补贴策略相比，这降低了供应商的生产成本，将对供应链各成员的具体决策产生一定影响（见命题 6-6），但不影响各成员两期之间的决策战略。因此，在政府向供应商提供补贴策略下，供应商在零售商考虑策略性库存时应进行恰当的降价让利，而零售商应积极关注顾客保鲜努力敏感性，及时调整定价策略，从而利用好两期灵活定价，以获取更多收益。

三、政府向零售商提供补贴策略

在政府向零售商提供补贴策略下，政府将为零售提供 s 比率的保鲜成本补贴，政府同样先行宣布补贴政策，供应商和零售商仍以自身利益最大化为目标。其中，供应商决定生鲜品批发价，零售商在政府补贴下决定策略性库存、保鲜努力投入及零售价。此时，在两期生鲜品销售活动中，第二期各方收益函数为：

$$\pi_{s2}\ (w_2)\ =\ (w_2-c)\ (D_2-I) \tag{6-10}$$

$$\pi_{r2}\ (p_2,\ \tau_2)\ =p_2D_2-w_2\ (D-I)\ -eI-k\ (1-s)\ (\tau_2)^2 \tag{6-11}$$

第一期各方收益函数为：

$$\pi_s\ (w_1)\ =\ (w_1-c)\ (D_1+I)\ +\pi_{s2} \tag{6-12}$$

$$\pi_r\ (p_1,\ \tau_1,\ I)\ =p_1D_1-w_1\ (D_1+I)\ -hI-k\ (1-s)\ (\tau_1)^2+\pi_{r2} \tag{6-13}$$

运用逆序求解法，可得命题 6-3。

命题 6-3，在政府向零售商提供补贴策略下，两期生鲜品的批发价、最优策略性库存订货量、两期生鲜品保鲜努力水平和零售价及各方收益为

$$w_1^{SR}=\frac{9a+2b\ (4c-h-e)}{17b},$$

$$w_2^{SR}=\frac{6a+11bc+10b\ (h+e)}{17b},$$

$$I^{SR}=\frac{10bk\ (1-s)\ [a-bc-4b\ (h+e)\ ]}{17\ [4bk\ (1-s)\ -\alpha^2]},$$

$$p_1^{TS}=\frac{[52bk\ (1-s)\ -9\alpha^2]\ a+2b\ (4c-h-e)\ [2bk\ (1-s)\ -\alpha^2]}{17\ [4bk\ (1-s)\ -\alpha^2]},$$

$$p_2^{TS}=\frac{[46bk\ (1-s)\ -6\alpha^2]\ a+b\ [2bk\ (1-s)\ -\alpha^2]\ [11c-10\ (h+e)\ ]}{17\ [4bk\ (1-s)\ -\alpha^2]},$$

$$\tau_1^{SR}=\frac{2\alpha\ [4\ (a-bc)\ +b\ (h+e)\ ]}{17\ [4bk\ (1-s)\ -\alpha^2]},$$

$$\tau_2^{SR}=\frac{\alpha\left[11(a-bc)-10b(h+e)\right]}{17\left[4bk(1-s)-\alpha^2\right]},$$

$$D^{SR}=\frac{2bk(1-s)\left[19(a-bc)-8b(h+e)\right]}{17\left[4bk(1-s)-\alpha^2\right]},$$

$$\pi_s^{SR}=\frac{2k(1-s)\left[9(a-bc)^2-4b(a-bc)(h+e)+8b^2(h+e)^2\right]}{17\left[4bk(1-s)-\alpha^2\right]},$$

$$\pi_r^{SR}=\frac{k(1-s)\left[155(a-bc)^2-118b(a-bc)(h+e)+304b^2(h+e)^2\right]}{289\left[4bk(1-s)-\alpha^2\right]}。$$

命题 6-3 的证明与命题 6-1 类似，具体证明过程可参照命题 6-1。

推论 6-3（a），在政府向零售商提供补贴策略下，供应商最优定价策略的第一期批发价高于第二期批发价（$w_1^{SR}>w_2^{SR}$）。

推论 6-3（b），在政府向零售商提供补贴策略下，零售商最优保鲜努力策略的第一期保鲜努力水平低于第二期保鲜努力水平（$\tau_1^{SR}>\tau_2^{SR}$）。零售商最优定价策略下，当 $\alpha\in(0,\sqrt{2bk(1-s)})$ 时，第一期零售价高于第二期零售价（$p_1^{SS}>p_2^{SS}$）；当 $\alpha\in(\sqrt{2bk(1-s)},2\sqrt{bk(1-s)})$ 时，第一期零售价低于第二期零售价（$p_1^{SS}<p_2^{SS}$）。

证明：经计算可得

$$w_1^{SR}-w_2^{SR}=\frac{3\left[a-bc-4b(h+3)\right]}{17b},$$

$$\tau_1^{SR}-\tau_2^{SR}=\frac{3\alpha\left[a-bc-4b(h+e)\right]}{17\left[4bk(1-s)-\alpha^2\right]},$$

$$p_1^{SR}-p_2^{SR}=\frac{3\left[2bk(1-s)-\alpha^2\right]\left[a-bc-4b(h+e)\right]}{17\left[4bk(1-s)-\alpha^2\right]}。$$

由 $I>0$ 可知，$a-bc-4b(h+e)>0$，且最优解存在时满足条件 $4bk(1-s)-\alpha^2>0$，从而可证 $w_1^{SR}>w_2^{SR}$ 和 $\tau_1^{SR}<\tau_2^{SR}$，但无法直接判断零售价之间的大小关系。因此，当 $\alpha\in(0,\sqrt{2bk(1-s)})$ 时，$p_1^{SR}>p_2^{SR}$；当 $\alpha\in(\sqrt{2bk(1-s)},2\sqrt{bk(1-s)})$ 时，$p_1^{SR}<p_2^{SR}$。推论 6-3 得证。

推论 6-3 为政府向零售商提供补贴策略下两期生鲜品供应链中各成员的最优决策分析，包括供应商批发价、零售商零售价和保鲜努力水平决策。供应商批发价决策的相关结论与推论 6-1、推论 6-2 的结论保持一致，这是因为政府向零售商提供补贴时，零售商为直接接受方且为跟随者，而供应商作为主导者不受补贴影响，将不会改变批发价决策（见命题 6-6）。此外，零售商两期保鲜努力水平决策虽与推论 6-1、推论 6-2 的结论保持一致，但与无补贴策略相比，政府补贴实际影响了保鲜努力水平的具体决策（见命题 6-8）。同时，零售价决策仍取决于顾客保鲜努力敏感性，但其策略转变的边界值却受补贴率影响。零售商将第二期降价策略改变为提价策略的 α 阈值变小，政府补贴率越大，其改变定价策略的阈值越小，这表明政府向零售商提供一定比率的保鲜成本补贴将会影响零售商定价策略转变的边界值。因此，在政府向零售商提供补贴策略下，供应商在面对零售商考虑策略性库存时仍应考虑降价让利，而零售商则应在考虑政府补贴率的同时关注顾客保鲜努力敏感性，及时调整定价策略，以获取更多的收益。

第四节 政府不同补贴策略下的决策分析

一、政府补贴率灵敏度分析

命题 6-4，在政府向供应商提供补贴策略下，最优批发价与补贴率呈负相关，而最优策略性库存和保鲜努力水平与补贴率呈正相关，最优零售价与补贴率的相关性取决于顾客保鲜努力敏感性。当 $\alpha \in (0, \sqrt{2bk})$ 时，两期最优零售价与补贴率呈负相关；当 $\alpha \in (\sqrt{2bk}, 2\sqrt{bk})$ 时，两期最优零售价与补贴率呈正相关。

证明：经计算可得 $\frac{\partial w_1^{SS}}{\partial s} = -\frac{8c}{17} < 0$，$\frac{\partial w_2^{SS}}{\partial s} = -\frac{11c}{17} < 0$。此外，$\frac{\partial I^{SS}}{\partial s} = \frac{10b^2ck}{17(4bk-\alpha^2)} > 0$，$\frac{\partial \tau_1^{SS}}{\partial s} = \frac{8abc}{17(4bk-\alpha^2)} > 0$，$\frac{\partial \tau_2^{SS}}{\partial s} = \frac{11abc}{17(4bk-\alpha^2)} > 0$，$\frac{\partial p_1^{SS}}{\partial s} = \frac{8bc(\alpha^2-2bk)}{17b(4bk-\alpha^2)}$，$\frac{\partial p_1^{SS}}{\partial s} = \frac{11bc(\alpha^2-2bk)}{17b(4bk-\alpha^2)}$，有假设可知 $4bk-\alpha^2>0$，但无

法判断α^2-2bk的大小。当$\alpha\in(0,\sqrt{2bk})$时，$\frac{\partial p_1^{SS}}{\partial s}<0$和$\frac{\partial p_2^{SS}}{\partial s}<0$；当$\alpha\in(\sqrt{2bk},2\sqrt{bk})$时，$\frac{\partial p_1^{SS}}{\partial s}>0$和$\frac{\partial p_2^{SS}}{\partial s}>0$。命题 6-4 得证。

命题 6-4 表明在政府向供应商提供补贴策略下，随着补贴率的提高，供应商决定的最优生鲜品批发价将随补贴率的提高而降低。这是因为政府给予供应商的补贴降低了生产成本，当生产成本降低时，供应商降低批发价的能力提升。此时，零售商的采购成本降低，从而影响了零售商的策略性库存和保鲜努力水平决策。因此，在供应链的一系列连锁反应下，零售商决策的最优策略性库存和两期生鲜品保鲜努力水平均随补贴率的提高而提高，而最优零售价随补贴率产生变化的同时还受顾客保鲜努力敏感性的影响。当$\alpha\in(0,\sqrt{2bk})$时，最优零售价与采购成本的变化保持一致，将随补贴率的提高而降低；当$\alpha\in(\sqrt{2bk},2\sqrt{bk})$时，最优零售价与顾客认知和保鲜努力敏感性的变化保持一致，将随补贴率的提高而提高。

命题 6-5，在政府向零售商提供补贴策略下，供应商的最优生鲜品批发价与补贴率无关，而零售商决策的最优策略性库存、两期生鲜品保鲜努力水平和最优零售价与补贴率呈正相关。

证明：经计算可得$\frac{\partial w_1^{SS}}{\partial s}=0$，$\frac{\partial w_2^{SS}}{\partial s}=0$。此外，

$$\frac{\partial I^{SS}}{\partial s}=\frac{10\alpha^2bk[a-bc-4b(h+e)]}{17[4bk(1-s)-\alpha^2]^2}>0,$$

$$\frac{\partial \tau_1^{SS}}{\partial s}=\frac{8\alpha bk[4(a-bc)+b(h+e)]}{17[4bk(1-s)-\alpha^2]^2}>0,$$

$$\frac{\partial \tau_2^{SS}}{\partial s}=\frac{8\alpha bk[4(a-bc)+b(h+e)]}{17[4bk(1-s)-\alpha^2]^2}>0,$$

$$\frac{\partial p_1^{SS}}{\partial s}=\frac{4\alpha^2k[4(a-bc)+b(h+e)]}{17[4bk(1-s)-\alpha^2]^2}>0,$$

$$\frac{\partial p_1^{SS}}{\partial s}=\frac{2\alpha^2k[11(a-bc)-10b(h+e)]}{17[4bk(1-s)-\alpha^2]^2}>0。$$命题 6-5 得证。

命题 6-5 表明在政府向零售商提供补贴策略下，随着补贴率的提高，供应

商决策的最优生鲜品批发价不受补贴率影响。这是因为政府向零售商提供保鲜成本补贴时，零售商为补贴的直接接受方，而供应商在供应链上游作为主导者先行定价将不受政府补贴的影响。此外，零售商决策的最优策略性库存、两期生鲜品保鲜努力水平和最优零售价则随补贴率的提高而提高。这是因为补贴率的提高直接降低了零售商的保鲜成本，这就直接提升了其提高保鲜努力水平和持有策略性库存的能力，零售价决策则与保鲜努力水平保持一致，从而与补贴率呈正相关。

二、不同补贴策略下决策和收益对比分析

命题 6-6，不同补贴策略下，供应商决策的最优批发价之间的关系为 $w_1^{SS}<w_1^{NS}=w_1^{SR}$，$w_2^{SS}<w_2^{NS}<w_2^{SR}$。

证明：经计算可得 $w_1^{SS}-w_1^{NS}=-\frac{8cs}{17}<0$，$w_2^{SS}-w_2^{NS}=-\frac{11cs}{17}<0$，$w_1^{SR}-w_1^{NS}=0$，$w_2^{SR}-w_2^{NS}=0$，可知 $w_1^{SS}<w_1^{NS}$，$w_1^{NS}<w_1^{SR}$，$w_2^{SS}<w_2^{NS}$，$w_2^{NS}=w_2^{SR}$。命题 6-6 得证。

命题 6-6 表明在政府不提供补贴策略和政府向零售商提供补贴策略下，供应商的每期最优批发价相同，两个补贴策略下的最优批发价均高于政府向供应商提供补贴策略下的最优批发价。这是因为政府向供应商提供补贴时减少了供应商的生产成本，从而降低了成本压力，促使其降低批发价。政府向零售商提供补贴策略是政府直接向下游零售商提供补贴，而供应商作为供应链主导者先行决策批发价将不受补贴影响。因此，在供应商占据主导地位的生鲜品供应链中，政府若希望市场上生鲜品的批发价降低，应向上游供应商提供生产成本补贴，直接刺激其进行降价，而供应商应依据政府提供的补贴策略和零售商的采购策略及时调整生鲜品的批发定价策略，以获取更高的收益。

命题 6-7，不同补贴策略下，零售商最优策略性库存之间的关系为当 $s\in\left(0,\ \max\left\{0,\ 1-\frac{\alpha^2\left[a-4b\left(h+3\right)\right]}{4b^2ck}\right\}\right)$ 时，$I^{NS}<I^{SR}<I^{SS}$；当 $s\in\left(\max\left\{0,\ 1-\frac{\alpha^2\left[a-4b\left(h+3\right)\right]}{4b^2ck}\right\},\ 1\right)$ 时，$I^{NS}<I^{SS}<I^{SR}$。

证明：经计算可得

$$I^{SS}-I^{NS}=\frac{10b^2kcs}{17（4bk-\alpha^2）}>0，I^{SR}-I^{NS}=\frac{\alpha^2 sI^{NS}}{4bk（1-s）-\alpha^2}>0，$$

得 $I^{SS}>I^{NS}$，$I^{SR}>I^{NS}$。此外，

$$I^{SR}-I^{SS}=\frac{10bks\left[\alpha^2（a-be-bh）-4b^2ck（1-s）\right]}{17（4bk-\alpha^2）\left[4bk（1-s）-\alpha^2\right]}。$$

令 $I^{SR}-I^{SS}=0$，$s=1-\frac{\alpha^2\left[a-4b（h+3）\right]}{4b^2ck}$。当 $s\in\left(0，\max\left\{0，1-\frac{\alpha^2\left[a-4b（h+3）\right]}{4b^2ck}\right\}\right)$ 时，$I^{NS}<I^{SR}<I^{SS}$；当 $s\in\left(\max\left\{0，1-\frac{\alpha^2\left[a-4b（h+3）\right]}{4b^2ck}\right\}，1\right)$ 时，$I^{NS}<I^{SS}<I^{SR}$。命题 6-7 得证。

命题 6-7 表明在政府向供应商提供补贴策略和政府向零售商提供补贴策略下，零售商决策的最优策略性库存均高于无补贴策略下的最优策略性库存。这是因为政府提供补贴后可减少供应商和零售商的成本，当政府以一定比率向供应商提供补贴时，供应商的生产成本减少，并降低了生鲜品批发价（见命题 6-6），从而降低了零售商的外部采购成本，这将刺激零售商持有更多策略性库存。当政府以一定比率向零售商提供补贴时，零售商的保鲜成本压力降低，从而促使其持有更多策略性库存。此外，在政府向供应商提供补贴策略和政府向零售商提供补贴策略下的最优策略性库存受政府补贴率影响。当补贴率达到一定水平时，政府向供应商提供补贴策略下最优策略性库存持有量最大。因此，在政府向供应商提供补贴策略和政府向零售商提供补贴策略下，零售商均可考虑持有更多的策略性库存，但对于不同的政府补贴策略，零售商应综合考虑政府补贴率以决策最优策略性库存。

命题 6-8（a），不同补贴策略下，零售商最优保鲜努力水平之间的关系为 $\tau_1^{NS}<\min\{\tau_1^{SS}，\tau_1^{SR}\}$，$\tau_2^{NS}<\min\{\tau_2^{SS}，\tau_2^{SR}\}$。

命题 6-8（b），不同补贴策略下，零售商最优零售价之间的关系为当 $\alpha\in(0，\sqrt{2bk})$ 时，$p_1^{SS}<p_1^{NS}<p_1^{SR}$，$p_2^{SS}<p_2^{NS}<p_2^{SR}$；当 $\alpha\in(\sqrt{2bk}，2\sqrt{bk})$ 时，$p_1^{NS}<\min\{p_1^{SS}，p_1^{SR}\}$，$p_2^{NS}<\min\{p_2^{SS}，p_2^{SR}\}$。

证明：经计算可得

$$\tau_1^{SS}-\tau_1^{NS}=\frac{8\alpha bcs}{17(4bk-\alpha^2)}>0,$$

$$\tau_2^{SR}-\tau_2^{NS}=\frac{11\alpha bcs}{17(4bk-\alpha^2)}>0,$$

$$\tau_1^{SR}-\tau_1^{NS}=\frac{4bks\tau_1^{NS}}{4bk(1-s)-\alpha^2}>0,$$

$$\tau_2^{SR}-\tau_2^{NS}=\frac{4bks\tau_2^{NS}}{4bk(1-s)-\alpha^2}>0,$$

$$\tau_1^{SR}-\tau_1^{SS}=\frac{8b\alpha s\{\alpha(4a-4bc+be+bh)-c[4bk(1-s)-\alpha^2]\}}{17(4bk-\alpha^2)[4bk(1-s)-\alpha^2]},$$

$$\tau_2^{SR}-\tau_2^{SS}=\frac{b\alpha s\{\alpha(44a-44bc-40be-40bh)-11c[4bk(1-s)-\alpha^2]\}}{17(4bk-\alpha^2)[4bk(1-s)-\alpha^2]},$$

从而 $\tau_1^{NS}<\min(\tau_1^{SS},\tau_1^{SR})$，$\tau_2^{NS}<\min\{\tau_2^{SS},\tau_2^{SR}\}$，$p_1^{SS}-P_1^{NS}=\frac{8cs(\alpha^2-2bk)}{17b(4bk-\alpha^2)}$，$p_2^{SS}-P_2^{NS}=\frac{11cs(\alpha^2-2bk)}{17b(4bk-\alpha^2)}$。由假设可知 $4bk-\alpha^2>0$，但无法判断 α^2-2bk 的大小。当 $\alpha\in(0,\sqrt{2bk})$ 时，$p_1^{SS}<p_1^{NS}$，$p_2^{SS}<p_2^{NS}$；当 $\alpha\in(\sqrt{2bk},2\sqrt{bk})$ 时，$p_1^{SS}>p_1^{NS}$，$p_2^{SS}>p_2^{NS}$。$p_1^{SR}-p_1^{NS}=\frac{2\alpha ks\tau_1^{NS}}{4bk(1-s)-\alpha^2}>0$，$p_2^{SR}-p_2^{NS}=\frac{2\alpha ks\tau_1^{NS}}{4bk(1-s)-\alpha^2}>0$，得 $p_1^{SR}>p_1^{NS}$，$p_2^{SR}>p_2^{NS}$。

$$p_1^{SR}-p_1^{SS}=\frac{4s\{k\alpha^2(4a-4bc+be+bh)-2c(\alpha^2-2bk)[4bk(1-s)-\alpha^2]\}}{17(4bk-\alpha^2)[4bk(1-s)-\alpha^2]},$$

$$p_2^{SR}-p_2^{SS}=\frac{s\{k\alpha^2(22a-22bc+20be+20bh)-11c(\alpha^2-2bk)[4bk(1-s)-\alpha^2]\}}{17(4bk-\alpha^2)[4bk(1-s)-\alpha^2]}。$$

当 $\alpha\in(0,\sqrt{2bk})$ 时，$p_1^{SS}<p_1^{NS}<p_1^{SR}$，$p_2^{SS}<p_2^{NS}<p_2^{SR}$；当 $\alpha\in(\sqrt{2bk},2\sqrt{bk})$ 时，$p_1^{NS}<\min\{p_1^{SS},p_1^{SR}\}$，$p_2^{NS}<\min\{p_2^{SS},p_2^{SR}\}$。命题 6-8 得证。

命题 6-8（a）表明在政府向供应商提供补贴策略和政府向零售商提供补贴策略下，零售商最优保鲜努力水平均高于无补贴策略下的最优保鲜努力水平。这是因为政府提供补贴后，政府向供应商提供补贴策略可降低零售商的外部采购成本，而政府向零售商提供补贴策略可降低零售商的保鲜成本压力（见命题 6-7），使零售商有余力考虑投入更多保鲜成本以刺激更多需求，从而获取更多的收益。此外，在政府向供应商提供补贴策略和政府向零售商提供补贴策略下，最优保鲜努力水平之间的关系受多重参数的影响。因此，在政府向供应商提供补贴策略和政府向零售商提供补贴策略下，零售商均可考虑投入更多保鲜成本以提升收益水平。在不同补贴策略下，零售商应综合考虑政府补贴率、顾客保鲜努力敏感性和保鲜成本系数等多重因素，以决策最优保鲜努力水平。

命题 6-8（b）表明在政府向零售商提供补贴策略下，零售商的每期最优零售价均应高于无补贴策略下的最优零售价，而政府向供应商提供补贴策略下的最优零售价的降低或提高取决于顾客保鲜努力敏感性。这是因为在政府向供应商提供补贴策略下，内部保鲜成本的降低可促使零售商提高保鲜努力水平，此时零售价应与保鲜努力水平的变动保持一致，以获取更高的边际销售收益。在政府向供应商提供补贴策略下，外部采购成本降低，在较低的顾客保鲜努力敏感性时零售价应与供应商的批发价变动保持一致，从而刺激更多需求。但当顾客保鲜努力敏感性提高时，零售价则应与保鲜努力水平的变动保持一致，以获得较高的边际收益。因此，在政府向供应商提供补贴策略和政府向零售商提供补贴策略下，零售商应综合考虑政府补贴率、顾客保鲜努力敏感性和保鲜成本等因素，通过灵活定价获取更高的收益。

命题 6-9，不同补贴策略下，两期总需求之间的关系为当 $s\in\left(0,\max\left\{0,1-\dfrac{\alpha^2[19a-8b(h+e)]}{76b^2ck}\right\}\right)$ 时，$D^{NS}>D^{SR}>D^{SS}$；当 $s\in\left(\max\left\{0,1-\dfrac{\alpha^2[19a-8b(h+e)]}{76b^2ck}\right\},1\right)$ 时，$D^{NS}<D^{SS}<D^{SR}$。

证明：经计算可得

$$D^{SS}-D^{NS}=\frac{2\alpha^2bks\left[19\left(a-bc\right)-8b\left(e+h\right)\right]}{17\left(4bk-\alpha^2\right)\left[4bk\left(1-s\right)-\alpha^2\right]}>0,$$

$$D^{SR}-D^{NS}=\frac{38kb^2cs}{17\left(4bk-\alpha^2\right)}>0,$$

$$D^{SR}-D^{SS}=\frac{2bks\left[\alpha^2\left(19a-8be-8bh\right)-76b^2kc\left(1-s\right)\right]}{17\left(4bk-\alpha^2\right)\left[4bk\left(1-s\right)-\alpha^2\right]}。$$

令 $D^{SR}-D^{SS}=0$，$s=1-\frac{\alpha^2\left[a-4b\left(h+e\right)\right]}{4b^2ck}$。当 $s\in\left(0,\max\left\{0,1-\frac{\alpha^2\left[19a-8b\left(h+e\right)\right]}{76b^2ck}\right\}\right)$ 时，$D^{NS}<D^{SR}<D^{SS}$；当 $s\in\left(\max\left\{0,1-\frac{\alpha^2\left[19a-8b\left(h+e\right)\right]}{76b^2ck}\right\},1\right)$ 时，$D^{NS}<D^{SS}<D^{SR}$。命题 6-9 得证。

命题 6-9 表明在政府向供应商提供补贴策略和政府向零售商提供补贴策略下，两期总需求均高于无补贴策略下的总需求。这是因为政府提供补贴后减少了供应商和零售商的成本，零售商在较低的成本压力下选择了提高保鲜努力水平（见命题 6-8），较高的保鲜努力水平刺激了更多需求。同时，通过综合考虑政府补贴率和顾客保鲜努力敏感性等因素，零售商在政府向供应商提供补贴策略和政府向零售商提供补贴策略下进行了灵活定价，当顾客保鲜努力敏感性较低时均选择了降价以刺激需求（见命题 6-8）。此外，在政府向供应商提供补贴策略和政府向零售商提供补贴策略下，总需求之间的关系受补贴率影响。当政府补贴率达到一定水平时，政府向零售商提供补贴策略下的总需求最大。因此，政府通过补贴可刺激零售商提高保鲜努力水平，并及时调整定价策略，从而刺激顾客产生更多需求。

命题 6-10，不同补贴策略对供应商和零售商收益的影响为 $\pi_s^{NS}<\min\left\{\pi_s^{SS},\pi_s^{SR}\right\}$，$\pi_r^{NS}<\min\left\{\pi_r^{SS},\pi_r^{SR}\right\}$。

证明：经计算可得

$$\pi_s^{SS}-\pi_s^{NS}=\frac{2bcsk\left[18\left(a-bc\right)-4b\left(h+e\right)+96cs\right]}{17\left(4bk-\alpha^2\right)}>0,$$

$$\pi_r^{SS}-\pi_r^{NS}=\frac{bcsk\ [310\ (a-bc)\ -118bcs\ (h+e)\ +155bcs]}{289\ (4bk-\alpha^2)}>0,$$

$$\pi_s^{SR}-\pi_s^{NS}=\frac{s\alpha^2\pi_m^{NS}}{[4bk\ (1-s)\ -\alpha^2]}>0,$$

$$\pi_r^{SR}-\pi_r^{NS}=\frac{s\alpha^2\pi_r^{NS}}{[4bk\ (1-s)\ -\alpha^2]}>0。$$

因此，$\pi_s^{NS}<\min\ \{\pi_s^{SS},\ \pi_s^{SR}\}$，$\pi_r^{NS}<\min\ \{\pi_r^{SS},\ \pi_r^{SR}\}$。命题 6-10 得证。

命题 6-10 表明在政府向供应商提供补贴策略和政府向零售商提供补贴策略下，供应商和零售商的两期总收益均高于无补贴策略下的总收益。这是因为政府提供补贴后减少了供应商和零售商的成本，在政府向供应商提供补贴策略下，供应商虽降低了批发价，但其边际收益在补贴下得到弥补，且总需求也更高（见命题 6-9），从而收益也会提高。在政府向零售商提供补贴策略下，供应商的边际收益虽保持不变，却从较高的需求中获得了更高利润。零售商在政府向供应商提供补贴策略下的采购成本压力下降，并通过灵活定价和保鲜努力水平策略刺激了更多需求，从而实现两期总收益的提高。在政府向零售商提供补贴策略下，政府补贴直接降低了保鲜成本，使零售商在最优决策下获得了更多的收益。因此，政府可通过补贴促使供应链中保鲜努力水平提高及定价策略及时调整，以刺激顾客产生更多需求，从而使供应商和零售商的收益提高。

第五节 数值算例分析

为了更清晰直观地观察分析政府补贴率和顾客保鲜努力敏感性在不同补贴策略下对两期生鲜品供应链的决策影响，本节考虑进行数值仿真。参照相关研究关于参数的设置，并综合了生鲜市场的实际情况，假设 $a=50$、$b=3$、$c=2$、$h=0.8$、$e=0.5$、$k=6$。此外，为了满足 $4bk-\alpha^2>0$，$a-bc-4b\ (e+h)\ 4>0$，$4bk\ (1-s)\ -\alpha^2>0$，设置相关参数范围为 $s\in(0,\ 0.5)$，$\alpha\in\ (0,\ 6)$。

一、基于政府补贴率的分析

依据基本参数设置，考虑限定条件假设 $a=3$，从而对不同补贴策略下的供应链决策进行数值仿真分析，如图 6-2 至图 6-5 所示。

观察图 6-2 可发现，在政府向供应商提供补贴策略下，供应商的最优批发价随政府补贴率的提高呈下降趋势。而在政府向零售商提供补贴策略下，供应商的最优批发价与政府不提供补贴策略时相同，不受政府补贴率的影响。这表明，政府提供不同的补贴策略将会直接影响供应商的定价决策。因此，政府若想调整生鲜市场的批发价，可通过制定恰当的补贴策略干预，而供应商作为批发价的决策者应根据政府不同的补贴策略恰当地调整批发价。

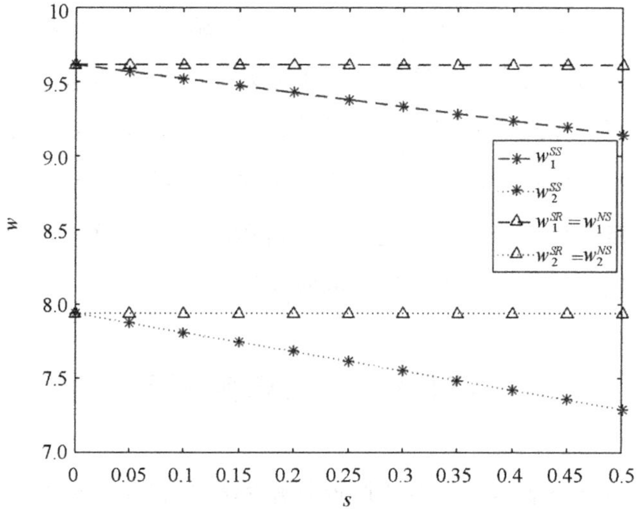

图 6-2 不同补贴策略下补贴率对批发价影响图

观察图 6-3 可发现，在政府向供应商提供补贴策略和政府向零售商提供补贴策略下，零售商决策的最优策略性库存随补贴率的提高呈上升趋势。这表明，不论政府向何方提供补贴，零售商均会考虑持有更多的最优策略性库存。而在政府向供应商提供补贴策略和政府向零售商提供补贴策略下，零售商是否提高策略性库存量取决于政府的补贴率。当政府的补贴率较低时，零售商在政府向零售商提供补贴策略下将考虑持有更多的策略性库存。而当政府的补贴率提高到一定水平时，零售商在政府向供应商提供补贴策略下将会考虑持有更多的策略性库存。因此，在确定的顾客保鲜努力敏感性下，零售商应结合政府补贴策略及其补贴率的高低来进行最优策略性库存决策。

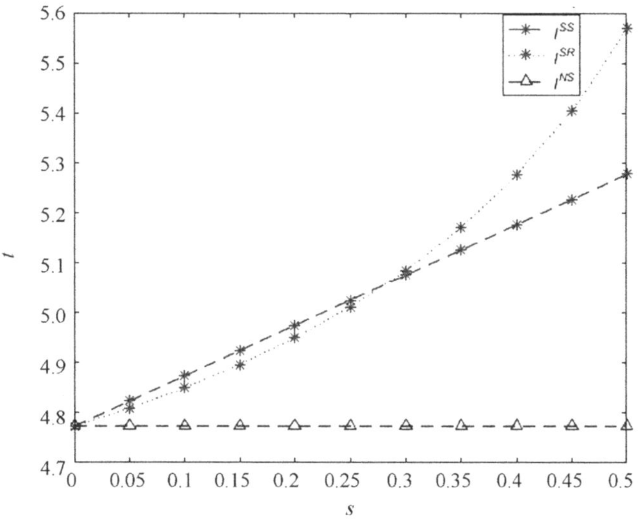

图 6-3　不同补贴策略下补贴率对策略性库存影响图

观察图 6-4 可发现，在政府向供应商提供补贴策略和政府向零售商提供补贴策略下，零售商决策的最优零售价受政府补贴率的影响。在政府向供应商提供补贴策略下，当顾客保鲜努力敏感性较低时，零售商会考虑降低零售价，因此最优零售价会随政府补贴率的提高而降低。当顾客保鲜努力敏感性较高时，零售商则会考虑提高零售价，因此最优零售价会随政府补贴率的提高而提高。在政府向零售商提供补贴策略下，零售商的定价策略将保持一致，即随政府补贴率的提高而提高。这表明，补贴策略将与顾客保鲜努力敏感性共同影响零售商的两期最优定价策略。因此，零售商应结合政府补贴策略、顾客保鲜努力敏感性和补贴率等因素进行灵活定价，以获得更多的收益。

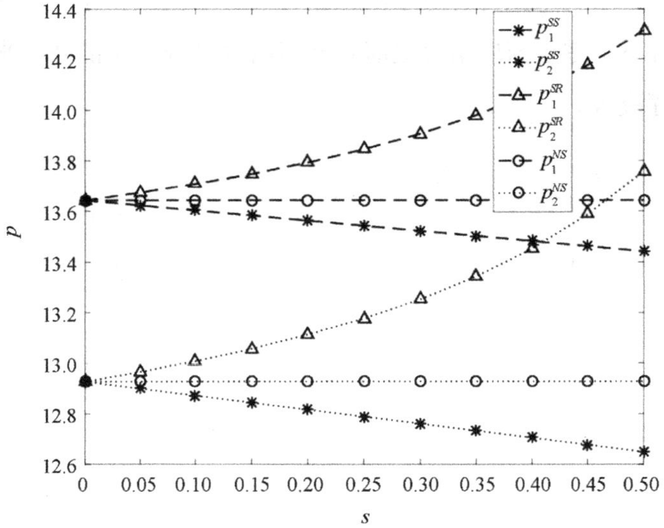

图 6-4 不同补贴策略下补贴率对零售价影响图

观察图 6-5 可发现，在政府向供应商提供补贴策略和政府向零售商提供补贴策略下，零售商决策的最优保鲜努力水平随政府补贴率的提高呈上升趋势。在政府向零售商提供补贴策略下，保鲜努力水平随补贴率的提高而上升的趋势比在政府向供应商提供补贴策略下更为显著。这表明，不论政府向何方提供补贴，零售商的成本压力均会有所降低，从而考虑提高保鲜努力水平。而在不同的补贴策略下，零售商对保鲜努力水平的提高程度则取决于较多因素，如补贴率、顾客保鲜努力敏感性、保鲜成本与生产成本之间差异的影响。因此，在政府提供补贴的情况下，不论零售商是否为直接接受方，均可提高保鲜努力水平，以刺激更多需求，从而提高供应链效益。

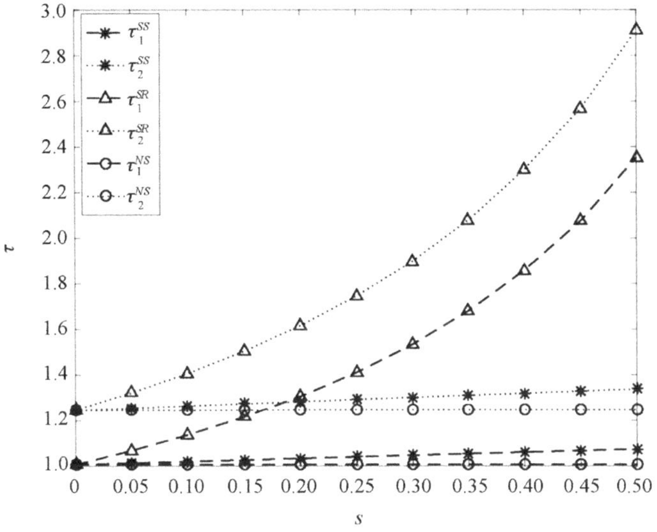

图 6-5　不同补贴策略下补贴率对保鲜努力水平影响图

二、基于政府补贴率和顾客保鲜努力敏感性的分析

依据基本参数设置，分析不同补贴策略下，补贴率和顾客保鲜努力敏感性对供应链总需求和各参与方收益的影响，如图 6-6 至图 6-9 所示。

观察图 6-6 可发现，在政府向供应商提供补贴策略和政府向零售商提供补贴策略下，两期生鲜品供应链的总需求均高于无补贴策略下的总需求。此外，当顾客保鲜努力敏感性和政府补贴率提高到一定水平时，政府向零售商提供补贴策略下的供应链总需求将超过政府向供应商提供补贴策略下的供应链总需求。观察图 6-6 还可发现，不同补贴策略下的供应链总需求均随顾客保鲜努力敏感性的提高而提高，政府提供补贴策略下的供应链总需求也将随补贴率的提高而提高。当顾客保鲜努力敏感性和补贴率提高到一定水平时，对政府向零售商提供补贴策略下的需求刺激要强于政府向供应商提供补贴策略，从而促使政府向零售商提供补贴策略下的供应链总需求超过政府向供应商提供补贴策略下的供应链总需求。因此，在顾客保鲜努力敏感性和补贴率较高的情况下，政府向零售商提供补贴策略可带来更多需求。

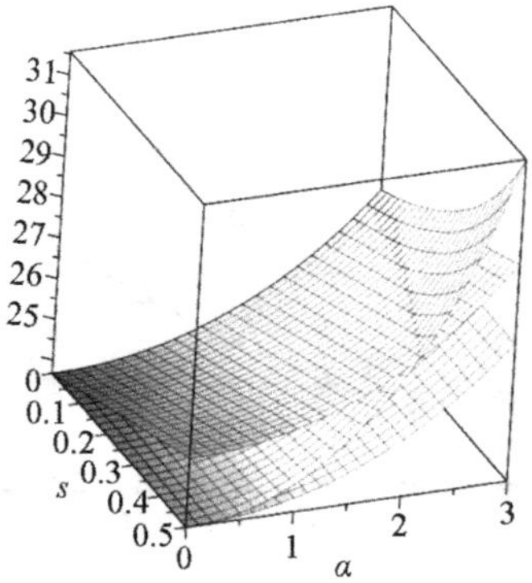

图 6-6　顾客保鲜努力敏感性和补贴率对不同补贴策略下供应链总需求影响图

观察图 6-7 可发现，在政府向供应商提供补贴策略和政府向零售商提供补贴策略下，供应商的收益水平提高。观察图 6-7 还可发现，在不同补贴策略下，供应商的收益均随顾客保鲜努力敏感性的提高而提高，也随补贴率的提高而呈上升趋势。当顾客保鲜努力敏感性和补贴率较小时，供应商直接接受政府补贴可为其带来更高的收益。当顾客保鲜努力敏感性和补贴率提高到一定水平时，供应商则在政府向零售商提供补贴策略下可获取较高的收益。这表明，政府向供应商直接提供补贴可使其在多数情形下获得更高的收益，但随着顾客保鲜努力敏感性的提高，不作为补贴的直接接受方反而更有利于供应商。

观察图 6-8 可发现，在政府向供应商提供补贴策略和政府向零售商提供补贴策略下，零售商的收益水平提高。观察图 6-8 还可发现，在不同补贴策略下，零售商的收益均随顾客保鲜努力敏感性的提高而提高，也随补贴率的提高而呈上升趋势。与供应商相比，零售商不作为补贴的直接接受方可获取更多的收益。此外，当顾客保鲜努力敏感性和补贴率均提高到一

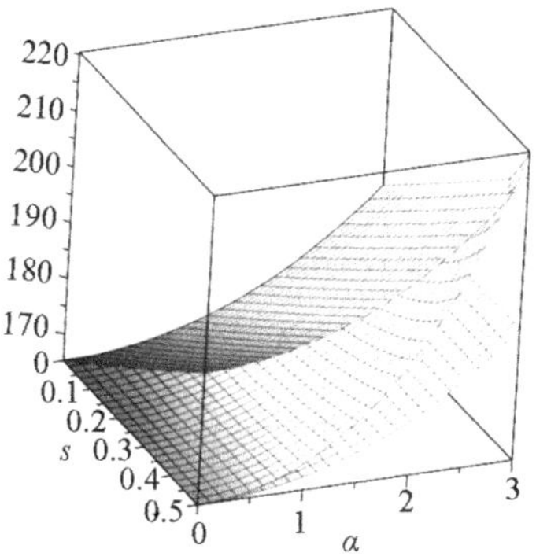

图 6-7　顾客保鲜努力敏感性和补贴率对不同补贴策略下供应商收益影响图

定水平时，零售商直接接受补贴时可获取较高的收益。这是因为零售商为保鲜成本的直接承担方，随着顾客保鲜努力敏感性越来越高，政府采取直接补贴保鲜成本的策略可以更好地刺激零售商提高保鲜努力水平，从而为供应链带来较好的效益。这表明，政府向供应商直接提供补贴，不仅可使供应商在大多数情形下获得更高的收益，也可使零售商获得更高的收益。但随着顾客保鲜努力敏感性和补贴率的提高，零售商则需要争取补贴以获取更多的收益。

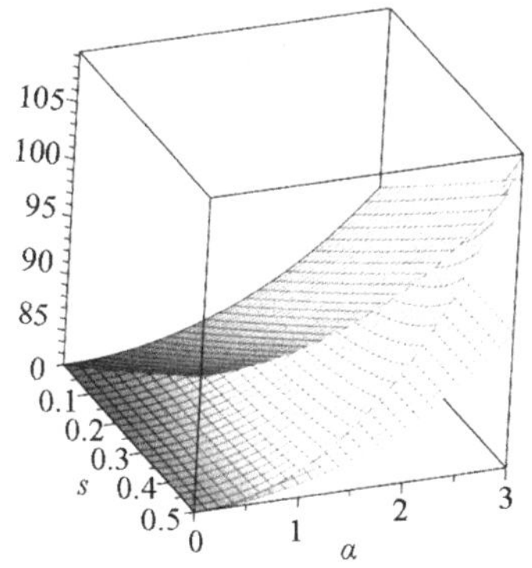

图 6-8　顾客保鲜努力敏感性和补贴率对不同补贴策略下零售商收益影响图

第六节 本章小结

在考虑策略性库存和政府补贴的情况下，研究政府不提供补贴策略、政府向供应商提供补贴策略、政府向零售商提供补贴策略等3种补贴策略对生鲜品供应链的策略性库存、两期定价和保鲜努力水平决策的影响。通过数值仿真，进一步展示政府补贴率和顾客保鲜努力敏感性对供应链的需求、决策及各成员收益的影响，为供应商和零售商的决策提供参考。通过建立两期生鲜品供应链模型求解分析，得到如下研究结论。

第一，两期生鲜品供应链中供应商的最优决策受策略性库存和补贴策略的影响。首先，策略性库存将影响供应商两期的定价策略，与第一期批发价相比，无论政府提供何种补贴策略，供应商均将降低第二期批发价。其次，政府的不同补贴策略也将对其具体的批发定价产生影响。在政府不提供补贴策略和政府向零售商提供补贴策略下，供应商的批发价相同，不受补贴率影响。但当供应商作为补贴的直接接受方时，供应商的批发价决策受补贴率影响，与政府不提供补贴策略和政府向零售商提供补贴策略相比，降低了最优生鲜批发价。

第二，两期生鲜品供应链中零售商决策受补贴策略和顾客保鲜努力敏感性的影响。其中，最优策略性库存决策受补贴策略影响。与政府不提供补贴策略相比，政府提供补贴时的策略均可刺激零售商持有更多的策略性库存，且当补贴率提高到一定水平时，与政府向供应商提供补贴策略相比，政府向零售商提供补贴策略下零售商将持有更多的策略性库存。此外，在3种不同的补贴策略下，与第一期保鲜努力水平相比，零售商均会在第二期提供更高的保鲜努力水平。但补贴策略会影响具体决策，与政府不提供补贴策略相比，政府向供应商提供补贴策略和政府向零售商提供补贴策略均可促使零售商提高最优保鲜努力水平。零售商两期零售价决策受顾客保鲜努力敏感性影响，当顾客保鲜努力敏感性提高到一定水平时，零售商将提高第二期零售价。同时，不同的补贴策略也将影响最优零售价决策。与政府不提供补贴策略相比，在政府向供应商提供补贴策略下，当顾客保鲜努力敏感性较低时，零售商将会降低两期零售价。在政府向供应商提供补贴策略下，零售商将提高两期零售价。

从管理启示角度出发，首先，于供应商而言，其需要综合考虑零售商策略性库存和补贴策略，及时调整两期批发价，当补贴率和顾客保鲜努力敏感性较低时，应积极向政府争取生产补贴，恰当地调低批发价，从而使供应链各方均获得更多的收益。其次，于零售商而言，考虑持有策略性库存可帮助其增强垂直层面的竞争力。当政府提供补贴时，无论零售商是否为补贴的直接接受方，均应考虑提高保鲜努力水平，并依据补贴策略和顾客保鲜努力敏感性灵活定价，以获取更多的收益。当补贴率和顾客保鲜努力敏感性达到一定水平时，零售商应积极向政府争取保鲜补贴，为顾客提供更高保鲜努力水平的产品，从而获得更多的收益。再次，于政府而言，向供应商提供补贴可促使其降低批发价，刺激顾客需求，有效提升供应链各成员的收益水平。向零售商提供补贴可促使其提高保鲜努力水平，刺激更多需求，从而提高供应链各成员的收益。此外，政府可通过控制补贴率，并结合生鲜市场中顾客保鲜努力敏感性来决定如何干预，以更好地推动生鲜行业发展。

第七章　基于生鲜电商的销售模式和保鲜策略选择的研究

第一节　背景介绍

近年来，电子商务在全球范围内迅速发展，网购已经成为消费者日常生活的一部分，生鲜品作为人们生活中的重要必需品，也逐渐进入网络渠道进行销售，生鲜电商应运而生。2005 年，易果生鲜在上海成立，标志着我国第一家生鲜电商诞生。此后，盒马鲜生、叮咚买菜、美团优选、京东到家等生鲜电商逐渐发展壮大。2019 年以来，越来越多的消费者通过网络渠道购买生鲜品。相信在不久的将来，生鲜电商必将迎来更大的发展空间。据统计数据显示，2017 年我国生鲜电商市场交易规模达 1402 亿元，首次突破千亿，至 2020 年，交易规模已达 3641 亿元，比上年增长 42.54%，预计 2023 年将突破万亿。

随着生鲜市场交易规模的不断扩大，生鲜电商的运营模式和生鲜品的保鲜策略也随之发展。许多电商平台起初只以转售模式（Reselling mode）运作，先从供应商处以固定批发价购买产品，再开通自营店，自主定价销售给终端客户。为应对日益激烈的竞争，越来越多的电商企业引入了代售模式（Agency Selling mode），即只提供线上市场，允许供应商在平台开通官方旗舰店自主经营，并向电商平台支付佣金，这为供应商入驻电商平台提供了新的销售模式选择。生鲜品易变质、易腐烂、鲜活程度要求高等特点导致其市场风险较高，我国蔬菜和水果采摘后的平均损耗率高达25%—30%，经济损失每年超过1000亿元，这就要求生鲜品的卖家在销售过程中必须付出保鲜努力以降低损耗。随着保鲜行业的发展，出现了专门为生鲜品提供保鲜服务的第三方保鲜服务提供商，这也为生鲜品提供了新的保鲜策略选择。因此，如何选择销售模式和保鲜策略才能获得最大利益逐渐成为线上生鲜市场的焦点。

国内外的学者已经对生鲜品供应链和电商平台进行了广泛的研究，其中与本章内容密切相关的研究成果主要聚焦在以下3个方面。

第一，生鲜品的保鲜服务。如Cai等考虑了经销商的保鲜服务对订单数量和市场需求的影响，研究了分散决策和集中决策等两种模型中的最优保鲜努力水平和定价策略。董振宁等考虑了保鲜投入水平对产品新鲜度的影响，构建“农超对接”模式下的生鲜农产品供应链博弈模型，探讨不同决策模型下的最优保鲜水平和定价策略。Yu和Xiao研究了由供应商、零售商和第三方物流提供商组成的生鲜农产品供应链中的冷链水平和定价策略，并讨论了外包冷链物流对供应链均衡决策的影响。郑琪等考虑了信息不对称的情况，讨论了农产品新鲜度和需求价格弹性系数对供应链最优决策的影响，并设计收益共享契约，探讨了生鲜农产品供应链的协调情况。刘墨林等针对保鲜努力和服务水平对市场需求的影响，讨论了集中式和分散式生鲜电商供应链中的最优保鲜努力水平和最优增值服务水平。Ma等考虑到市场中的需求不对称，讨论了在外包物流服务时，由供应商、零售商和第三方物流提供商组成的多级生鲜品供应链的最优保鲜努力水平和定价策略。Wang和Chen考虑了农产品的流通损失，讨论了供应商和零售商以看涨期权合同建立合作时的最优定价策略和订购策略。Tang和Yang在零售商通过线上、线下双渠道向消费者销售产品的情况下，研究了由供应商和资金受限的零售商组成的生鲜品供应链的融资策略、定价策略和保鲜决策。

第二，供应链渠道设计。如冯颖等建立了三级生鲜农产品供应链的序贯非合作博弈模型，分析了物流外包对供应链最优决策和利润的影响，并证明第三方物流企业的引入对提高生鲜农产品供应链流通效率有显著优势。Lou 等针对一条零售商主导的生鲜品供应链，讨论了零售商应该自己承担物流业务还是引入第三方物流商来提供物流服务。范体军等构建了竞争供应商和单零售商组成的生鲜农产品供应链博弈模型，并讨论了 3 种权力结构下供应链成员的最优决策。Yu 等讨论了存在竞争零售商的情况下纵向集中和横向集中结构对供应链最优决策的影响。Pu 等考虑到线上、线下之间的渠道竞争，讨论了不同权力结构的线下渠道对线上渠道定价策略和销售模式选择的影响。洪江涛和全禹亭构建了提供以旧换新服务的闭环供应链博弈模型，分析了 4 种差异化结构对供应链最优决策和收益的影响。卢志平等针对换电模式差异，讨论了 3 种不同权力结构下供应链博弈双方的最优利润和换电技术研发水平。付磊和廖成林构建了包含零售商和竞争第三方物流服务提供商的供应链博弈模型，分析了第三方的竞争对供应链权力结构的影响。

第三，电商平台的销售模式。如 Liu 等考虑到区块链可追溯性和产品新鲜度的影响，分析了电商平台在与线下零售商竞争时如何选择线上渠道销售模式的问题。方德斌和盛嘉良考虑了线上销售服务和成本差异，运用博弈理论分别讨论了制造商 3 种销售模式下电商平台的最优利润和供应链协调的条件。Yan 等考虑了两种线上溢出效应，讨论了将市场模式引入现有模型对供应链成员最优决策和利润的影响。Zhang 和 Ma 结合集中物流服务策略，讨论了供应商和电商平台在转售模式的基础上是否进一步引入市场模式的选择。Huang 等考虑到消费者可能的战略性等待，讨论了制造商线上销售模式的选择和电子零售商是否引入自有品牌的决策。范小军等在制造商与网络零售商以平台模式合作的基础上，讨论了网络零售商是否加入自主销售模式的选择。梁喜和蒋琼讨论了自营模式、平台模式和混合模式下的供应链最优决策，分析了价格竞争系数和佣金比例系数对制造商渠道选择的影响。汪敢甫等讨论了双转销模式、双平台销售模式和混合模式等 3 种结构下制造商的销售模式选择，分析了结构对供应链决策的影响。赵菊等考虑了一个混合式电商平台，分别以 4 种可能的策略组合建立动态博弈模型，分析了市场因素对供应商策略组合和电商平台模式选择的影响。Hagiu 和 Wright 考虑了产品信息、网络效应和溢出效应，讨论了中间商的销售模式选择及其影响。Jia 和 Li 考虑了一个同时提供市场渠道和转售渠道的电子零售商，讨论了制造商应如何为新产品和再制造产品选择销售模式的问题。Tian 等将电子零售商视为连接供应商和消费者的线上市场，分析了供应商在该市场中的销售策略选择。

上述文献主要研究的是生鲜品的保鲜、供应链的渠道设计和电商平台的销售模式等问题，但尚未有学者将三者结合起来。鉴于此，本章尝试将电商平台的销售模式选择融入生鲜品供应链的研究中，并考虑是否引入第三方外包保鲜服务，从供应链成员收益的角度讨论线上生鲜市场中的销售模式和保鲜策略选择。为此，本章主要探讨 3 个问题：供应商应选择哪种销售模式与生鲜电商合作；生鲜品所有者应选择哪种保鲜策略才能获取最大利益；不同的销售模式和保鲜策略如何影响市场中供应商、生鲜电商和第三方保鲜服务提供商的定价和决策。为了回答这 3 个问题，本章建立了由供应商主导的生鲜品供应链 Stackelberg 博弈模型，分析保鲜成本系数、平台佣金率和第三方外包费用系数对供应链各成员最优决策的影响，比较 4 种市场结构下的各成员收益，进而得到最优销售模式和保鲜策略选择。

第二节　模型描述与假设

考虑由供应商和生鲜电商组成的生鲜品供应链，其中供应商提供生鲜品，并与生鲜电商合作销售。假设该供应商具有较强的市场影响力，为供应链主导者，并且可选择以转售模式或代售模式入驻生鲜电商平台。转售模式下，供应商以固定批发价 w 向生鲜电商转让产品，然后生鲜电商开通自营店，独立设置零售价 p 向终端客户销售，此时生鲜电商拥有产品的所有权。代售模式下，供应商拥有产品的所有权和定价权，生鲜电商只提供线上市场，对产品进行展示，然后向供应商收取其销售额的一小部分作为佣金。假设该佣金比例为 τ，参考 Jia 和 Li及 Tian 等的研究，设置 τ 为外生变量。根据现实市场数据，确定其取值范围为 [0，0.3]。

销售过程中，供应链各成员通常会付出保鲜努力，以减少生鲜品的质量损失和数量损失，从而提高生鲜品的新鲜度。假设 θ 为该生鲜品的新鲜度，并有 $\theta=\gamma l$，其中 l 表示保鲜努力水平，γ（$0<\gamma<1$）表示在该保鲜努力水平下保持产品新鲜的能力。这种新鲜度形式表示 θ 是 l 的递增函数，在现有文献中也有应用。产品所有者可考虑自行保鲜或引入第三方外包保鲜，以保证生鲜品的新鲜度。自行保鲜策略下，产品所有者自行付出保鲜努力并承担相应成本。参考 Yu 等的研究，假设保鲜成本为保鲜努力水平 l 的二次函数，表达式为 kl^2，其中 k（$k>0$）为保鲜成本系数。这种二次函数的形式能够反映保鲜成本变化的普遍状况，即新鲜度越高，想要继续提高新鲜度的难度就越大，所增加的成本也就越多。外包保鲜策略下，第三方付出保鲜努力并承担保鲜成本，再由产品所有者向第三方支付外包费用。假设第三方的单位外包费用为 vl，其中 v 为外包费用系数。这种单位外包费用形式表示第三方付出的保鲜努力水平越高，收取的保鲜费用就越高。为保证第三方收益及简化分析，现假设 $v>1$。

综合以上生鲜品的不同销售模式和保鲜策略组合，形成如图 7-1 所示的 4 种市场结构。

转售模式下生鲜电商自行保鲜结构（RE）：供应商选择以转售模式与生鲜电商合作，并且生鲜电商选择自行保鲜策略。

代售模式下供应商自行保鲜结构（AS）：供应商选择以代售模式与生鲜电商合作，并且供应商选择自行保鲜策略。

转售模式下第三方保鲜结构（RT）：供应商选择以转售模式与生鲜电商合作，并且生鲜电商选择外包保鲜策略。

代售模式下第三方保鲜结构（AT）：供应商选择以代售模式与生鲜电

商合作，并且供应商选择外包保鲜策略。

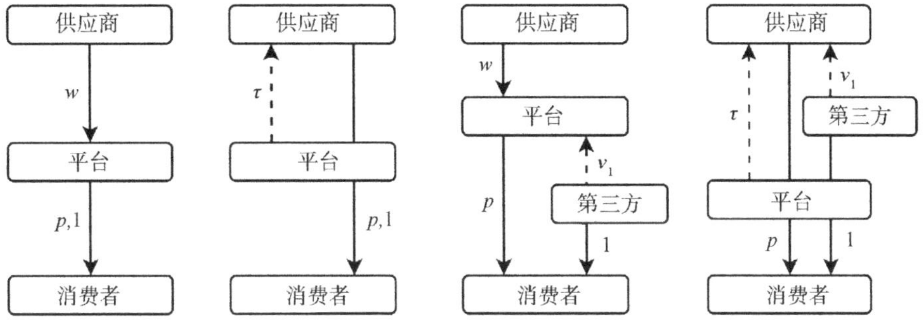

图 7-1　4 种市场结构图

参考曹裕等和王道平等的市场需求函数，生鲜品的市场需求取决于其零售价和新鲜度水平。基于以上描述和假设，可得生鲜品的需求函数为：

$$D^j = a - p^j + \eta\theta^j \tag{7-1}$$

其中，a（$a>0$）表示生鲜品的潜在市场规模，p^j 表示生鲜品在 j 结构下的零售价（j = RE，AS，RT，AT），θ^j 表示生鲜品在 j 结构下的新鲜度，η（$0<\eta<1$）反映了生鲜品的市场需求对其新鲜度的敏感度，意味着新鲜度对市场需求有正向影响，并且市场需求对新鲜度的敏感度低于市场需求对价格的敏感度。

结合新鲜度函数 $\theta=\gamma l$，令 $\beta=\eta\gamma$，表示市场需求对保鲜努力水平的敏感度，其取值范围为（0，1）。β 越接近 1，意味着付出保鲜努力可以增加市场需求，并且其对市场需求的影响力越接近价格对市场需求的影响力。β 越接近 0，意味着保鲜努力水平对市场需求几乎没有影响。因此，需求函数可改写为：

$$D^j = a - p^j + \beta l^j \tag{7-2}$$

第三节 4种市场结构及其均衡分析

本节将构建4种市场结构下的Stackelberg博弈模型，并进行均衡分析。通过数学计算和数值算例讨论保鲜成本系数、佣金率和外包费用系数对所得供应链最优决策、市场需求和成员利润的影响。不失一般性，假设供应链中的所有生产成本和销售成本为0。此外，为保证模型可求解，并且所有均衡解都在合理范围内，令 $k>v\beta$。

一、转售模式下生鲜电商自行保鲜结构

在转售模式下生鲜电商自行保鲜结构下，供应商选择以转售模式入驻生鲜电商平台，同时生鲜电商自行保鲜。决策顺序为供应商首先确定批发价 w^{RE}，然后生鲜电商同时确定零售价 p^{RE} 和保鲜努力水平 l^{RE}，可得供应商和生鲜电商的利润函数为：

$$\pi_s = wD \tag{7-3}$$

$$\pi_e = (p-w)\ D-kl^2 \tag{7-4}$$

运用逆向归纳法求解模型，可得转售模式下生鲜电商自行保鲜结构下供应链的最优决策、市场需求和成员利润如引理7-1所示。

引理7-1，转售模式下生鲜电商自行保鲜结构下供应链最优决策为 $w^{\mathrm{RE}^*}=\frac{a}{2}$，$p^{\mathrm{RE}^*}=\frac{a\ (6k-\beta)^2}{2\ (4k-\beta)^2}$，$l^{\mathrm{RE}^*}=\frac{a\beta}{2\ (4k-\beta^2)}$，市场需求为 $D^{\mathrm{RE}^*}=\frac{ak}{4k-\beta^2}$，成员利润为 $\pi_s^{\mathrm{RE}^*}=\frac{a^2k}{2\ (4k-\beta)^2}$，$\pi_e^{\mathrm{RE}^*}=\frac{a^2k}{4\ (4k-\beta^2)}$。

证明：运用逆向归纳法求解模型。首先，对于给定的批发价 w，通过(7-4)确定生鲜电商的最优决策，其海塞矩阵为 $\begin{bmatrix}-2 & \beta \\ \beta & -2k\end{bmatrix}$。当 $k>\frac{\beta^2}{4}$ 时，可以判断海塞矩阵负定，证明(7-4)对 p 和 l 是联合凹函数，故存在唯一

最优解。令（7-4）对 p 和 l 分别求一阶偏导，可得 $\frac{\partial \pi e}{\partial p}=\beta l+a-2p+w$，$\frac{\partial \pi e}{\partial l}=(p-w)\beta-2kl$。令该一阶偏导为 0，可得 p 和 l 关于 w 的反应函数为 $p(w)=\frac{(2a+2w)k-\beta^2 w}{4k-\beta^2}$，$l(w)=\frac{\beta(a-w)}{4k-\beta^2}$。然后，通过（7-3）确定供应商的最优决策。将 $p(w)$ 和 $l(w)$ 代入（7-3）可得供应商利润关于批发价 w 的函数 $\pi_s(w)=\frac{2wk(a-w)}{4k-\beta^2}$。对 w 求二阶导 $\frac{d^2\pi_s}{dw^2}=\frac{-4k}{4k-\beta^2}<0$，判断该二阶导为负，证明 $\pi_s(w)$ 对 w 是凹函数，故存在唯一最优解。求解 $\pi_s(w)$，对 w 求一阶导，并令其为 0，$\frac{d\pi_s}{dw}=\frac{2k(a-2w)}{4k-\beta^2}=0$，可得转售模式下生鲜电商自行保鲜结构下最优批发价 w^{RE^*}。最后，将 w^{RE^*} 代入反应函数 $p(w)$、$l(w)$ 中，可得转售模式下生鲜电商自行保鲜结构下的最优决策 $w^{RE^*}=\frac{a}{2}$，$p^{RE^*}=\frac{a(6k-\beta^2)}{2(4k-\beta^2)}$，$l^{RE^*}=\frac{a\beta}{2(4k-\beta^2)}$。转售模式下生鲜电商自行保鲜结构下的产品需求和供应链成员最优利润 $D^{RE^*}=\frac{ak}{4k-\beta^2}$，$\pi_s^{RE^*}=\frac{a^2k}{2(4k-\beta^2)}$，$\pi_e^{RE^*}=\frac{a^2k}{4(4k-\beta^2)}$。引理 7-1 得证。

转售模式下生鲜电商自行保鲜结构下的保鲜成本系数对最优决策、市场需求和供应链成员最优利润的影响如命题 7-1 所示。

命题 7-1，随着保鲜成本系数的增加，转售模式下生鲜电商自行保鲜结构下的产品批发价不受影响（$\frac{\partial w^{RE^*}}{\partial k}=0$），产品零售价和保鲜努力水平都降低（$\frac{\partial p^{RE^*}}{\partial k}<0$，$\frac{\partial l^{RE^*}}{\partial k}<0$），从而导致产品市场需求、供应商利润和

生鲜电商利润都减少（$\frac{\partial D^{RE^*}}{\partial k}<0$，$\frac{\partial \pi_s^{RE^*}}{\partial k}<0$，$\frac{\partial \pi_e^{RE^*}}{\partial k}<0$）。

转售模式下，供应商独立确定批发价，且无须考虑生鲜品的保鲜问题，因此批发价的确定与保鲜成本系数无关。此时，保鲜成本系数的增加意味着生鲜电商的保鲜成本增加，直接损害了生鲜电商的利益，导致生鲜电商不得不通过大幅降低保鲜努力水平来缩减成本。而保鲜努力水平的降低直接影响了产品的新鲜度，导致生鲜品定价低，并且市场需求下降，需求的降低进一步导致供应商利润减少。因此若供应商以转售模式入驻生鲜电商平台，并且生鲜电商选择自行保鲜策略，则高保鲜成本系数对博弈双方都不利，供应商和生鲜电商都更希望降低保鲜成本系数，通过积极改进保鲜技术降低成本，从而提高利润。

二、代售模式下供应商自行保鲜结构

在代售模式下供应商自行保鲜结构下，供应商选择以代售模式入驻生鲜电商平台，并且供应商自行保鲜。决策顺序为供应商首先确定零售价 p^{AS} 和保鲜努力水平 l^{AS}，然后向生鲜电商支付佣金，可得供应商和生鲜电商的利润函数为：

$$\pi_s=(1-\tau)pD-kl^2 \tag{7-5}$$

$$\pi_e=\tau pD \tag{7-6}$$

运用逆向归纳法求解模型，可得代售模式下供应商自行保鲜结构下的供应链最优决策、市场需求和成员利润如引理 7-2 所示，求解思路与转售模式下生鲜电商自行保鲜结构一致。

引理 7-2，代售模式下供应商自行保鲜结构下供应链最优决策为 $p^{AS^*}=\frac{2ak}{4k+\beta^2\tau-\beta^2}$，$l^{AS^*}=\frac{a\beta(1-\tau)}{4k+\beta^2\tau-\beta^2}$，市场需求为 $D^{AS^*}=\frac{2ak}{4k+\beta^2\tau-\beta^2}$，成员利润为 $\pi_s^{AS^*}=\frac{a^2k(1-\tau)}{4k+\beta^2\tau-\beta^2}$，$\pi_e^{AS^*}=\frac{4\tau a^2k^2}{(4k+\beta^2\tau-\beta^2)^2}$。

代售模式下供应商自行保鲜结构下的保鲜成本系数对最优决策、市场需求和供应链成员最优利润的影响如命题 7-2 所示。

命题 7-2，随着保鲜成本系数的增加，代售模式下供应商自行保鲜结构下的产品零售价和保鲜努力水平都降低（$\frac{\partial p^{\mathrm{AS}^*}}{\partial k}<0$，$\frac{\partial l^{\mathrm{AS}^*}}{\partial k}<0$），从而导致产品市场需求、供应商利润和生鲜电商利润都减少（$\frac{\partial D^{\mathrm{AS}^*}}{\partial k}<0$，$\frac{\partial \pi_s^{\mathrm{AS}^*}}{\partial k}<0$，$\frac{\partial \pi_e^{\mathrm{AS}^*}}{\partial k}<0$）。

命题 7-2 的结果与命题 7-1 基本一致。代售模式下，保鲜成本系数的增加意味着供应商的保鲜成本增加，直接损害了供应商的利益，导致供应商不得不降低保鲜努力水平以缩减成本。保鲜努力水平降低直接影响了产品的新鲜度，导致生鲜品定价低，并且市场需求下降。而依靠佣金获利的生鲜电商也因为供应商交易额的降低而收益减少。因此若供应商以代售模式入驻生鲜电商平台且自行保鲜，则高保鲜成本系数对博弈双方都不利，供应商和生鲜电商都希望降低保鲜成本系数，通过积极改进保鲜技术降低成本，从而提高利润。

代售模式下供应商自行保鲜结构下的佣金率对最优决策、市场需求和供应链成员最优利润的影响如命题 7-3 所示。

命题 7-3，随着佣金率的提高，代售模式下供应商自行保鲜结构下的产品零售价和保鲜努力水平都降低（$\frac{\partial p^{\mathrm{AS}^*}}{\partial \tau}<0$，$\frac{\partial l^{\mathrm{AS}^*}}{\partial \tau}<0$），从而导致产品市场需求、供应商利润和生鲜电商利润都减少（$\frac{\partial D^{\mathrm{AS}^*}}{\partial \tau}<0$，$\frac{\partial \pi_s^{\mathrm{AS}^*}}{\partial \tau}<0$，$\frac{\partial \pi_e^{\mathrm{AS}^*}}{\partial k}<0$）。

佣金率的提高意味着供应商必须向生鲜电商支付更多的佣金，这直接增加了供应商的成本，促使其通过大幅度降低产品保鲜努力水平以缩减保鲜成本。保鲜努力水平的降低直接影响了产品的新鲜度，导致生鲜品定价低，并且市场需求下降。值得注意的是，尽管佣金率有所提高，但供应商交易额的大幅下降最终会导致生鲜电商收取的佣金减少，这同样损害了生鲜电商的利益。这说明若供应商以代售模式入驻生鲜电商平台且自行保鲜，则高佣金率对博弈双方都不利，此时供应商和生鲜电商更愿意以较低的佣金率合作。

三、转售模式下第三方保鲜结构

在转售模式下第三方保鲜结构下，供应商选择以转售模式与生鲜电商合作，生鲜电商引入第三方外包保鲜。决策顺序为供应商首先确定批发价 w^{RT}，然后生鲜电商确定零售价 p^{RT}，最后第三方确定产品保鲜努力水平 l^{RT}，同时生鲜电商向第三方支付外包费用，可得供应商、生鲜电商和第三方的利润函数为：

$$\pi_s = wD \tag{7-7}$$

$$\pi_e = (p-w)D - vlD \tag{7-8}$$

$$\pi_t = vlD - kl^2 \tag{7-9}$$

运用逆向归纳法求解模型，可得转售模式下第三方保鲜结构下供应链最优决策、市场需求和成员利润如引理 7-3 所示，求解思路与转售模式下生鲜电商自行保鲜结构一致。

引理 7-3，转售模式下第三方保鲜结构下供应链最优决策为 $w^{RT^*}=\frac{a}{2}$，$p^{RT^*}=\frac{2(3k+3\beta v+2v^2)}{2(2k-2\beta v+v^2)}$，$l^{RT^*}=\frac{av}{4(2k-2\beta v+v^2)}$，市场需求为 $D^{RT^*}=\frac{a(2k-\beta v)}{4(2k-2\beta v+v^2)}$，成员利润为 $\pi_s^{RT^*}=\frac{a^2(2k-\beta v)}{8(2k-2\beta v+v^2)}$，$\pi_e^{RT^*}=\frac{a^2(2k-\beta v)}{16(2k-2\beta v+v^2)}$，$\pi_t^{RT^*}=\frac{a^2v^2(k-\beta v)}{16(2k-2\beta v+v^2)^2}$。

转售模式下第三方保鲜结构下的保鲜成本系数对最优决策、市场需求和供应链成员最优利润的影响如命题 7-4 所示。

命题 7-4，随着保鲜成本系数的增加，转售模式下第三方保鲜结构下产品的批发价不受影响（$\frac{\partial w^{RT^*}}{\partial k}=0$），零售价和保鲜努力水平都降低

($\frac{\partial p^{RT^*}}{\partial k}<0$，$\frac{\partial l^{RT^*}}{\partial k}<0$)，市场需求、供应商利润和生鲜电商利润都增加($\frac{\partial D^{RT^*}}{\partial k}>0$，$\frac{\partial \pi_s^{RT^*}}{\partial k}>0$，$\frac{\partial \pi_e^{RT^*}}{\partial k}>0$)，而第三方利润则是先增加后减少(当 $k>\beta v+\frac{v^2}{2}$ 时，$\frac{\partial \pi_t^{RT^*}}{\partial k}<0$；当 $k\leqslant\beta v+\frac{v^2}{2}$ 时，$\frac{\partial \pi_t^{RT^*}}{\partial k}\geqslant 0$)。

转售模式下，供应商独立确定批发价且无须考虑生鲜品的保鲜问题，因此批发价的确定与保鲜成本系数无关。此时保鲜成本系数的增加意味着第三方的保鲜成本增加，直接损害了第三方的利益，导致第三方不得不降低保鲜努力水平以缩减成本。保鲜努力水平降低直接影响生鲜品的新鲜度，使得生鲜电商不得不在销售过程中降低零售价。由于第三方的收益与其付出的保鲜努力直接相关，因此第三方只小幅度降低保鲜努力水平，此时市场需求的主要影响因素依然是零售价，故市场需求因价格的降低而增加，这与命题 7-1 和命题 7-2 的结论不同。市场需求的增加进一步提高了供应商和生鲜电商的收益，而第三方的利润起初因需求增加而提高，但随着保鲜成本系数的变大，过高的保鲜成本最终导致第三方的利润逐渐减少。因此若供应商以转售模式入驻生鲜电商平台，并且生鲜电商选择外包保鲜服务，则当保鲜成本系数较小时，其适量增加对所有的供应链成员都有利。而当保鲜成本系数较大时，供应商和电商平台都能从该系数的增加中获益，但第三方会因支付过高的保鲜成本而利益受损，此时第三方应积极改进保鲜技术以降低成本，从而提高利润。

结合图 7-2 和图 7-3，可得转售模式下第三方保鲜结构下外包费用系数对最优决策、市场需求和供应链成员最优利润的影响如命题 7-5 所示。其中，图 7-2 和图 7-3 以 $a=100$、$\beta=0.7$、$k=10$、$\tau=0.15$ 为基准参数获得。

命题 7-5，随着外包费用系数的增加，产品批发价不受影响 ($\frac{\partial w^{RT^*}}{\partial v}=0$)，产品零售价增加 ($\frac{\partial p^{RT^*}}{\partial v}>0$)，从而导致产品市场需求、供应商利

润和生鲜电商利润都减少（$\frac{\partial D^{RT^*}}{\partial v}<0$，$\frac{\partial \pi_s^{RT^*}}{\partial v}<0$，$\frac{\partial \pi_e^{RT^*}}{\partial v}<0$），而产品保鲜努力水平和第三方利润则是先增加后减少，如图 7-2、图 7-3 所示。

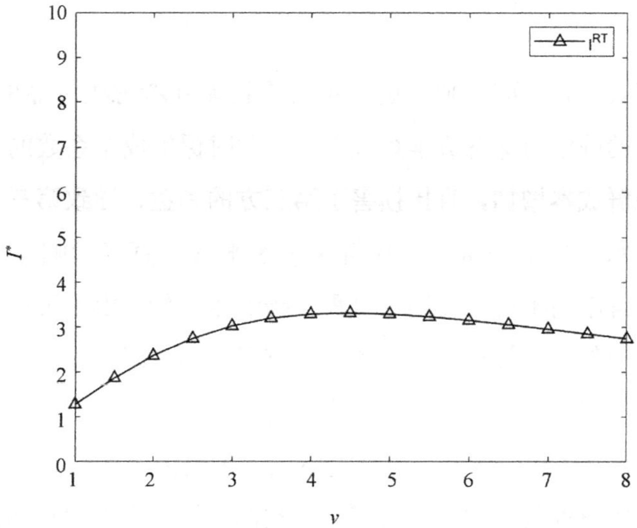

图 7-2　转售模式下第三方保鲜结构下外包费用系数对保鲜努力水平影响图

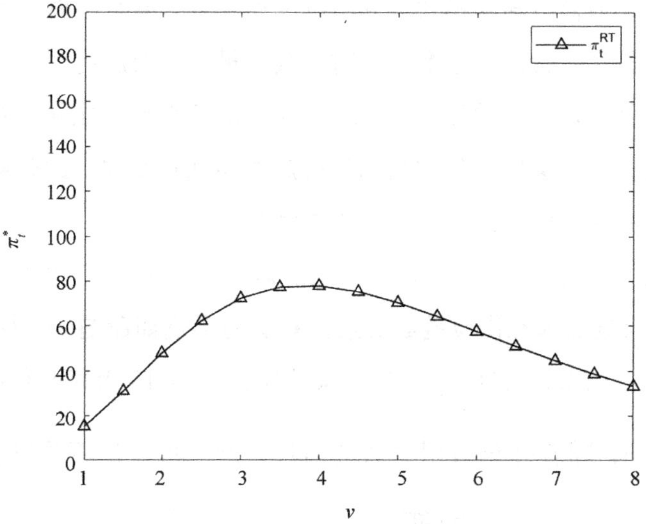

图 7-3　转售模式下第三方保鲜结构下外包费用系数对第三方利润影响图

转售模式下，供应商独立确定批发价且无须考虑生鲜品保鲜策略，因此批发价与外包费用系数无关。此时外包费用系数的增加意味着生鲜电商必须向第三方支付更多的外包费用，这直接增加了生鲜电商的成本，促使生鲜电商不得不提高产品零售价以维持收益，最终导致市场需求下降。此外，供应商的利润也因需求下降而减少。而外包费用的增加起初有利于第三方，且激励其进一步提高产品保鲜努力水平来吸引消费者。但当外包费用过高时，其带来的市场需求的大幅下降最终也将损害第三方的收益，进而导致保鲜努力水平的下降。这表明，若供应商以转售模式入驻生鲜电商平台，且生鲜电商外包保鲜服务，则外包费用系数较低时，该系数适量增加对第三方有利，对供应商和生鲜电商都不利。而当外包费用系数较高时，该系数适量增加将损害所有供应链成员的利益。

四、代售模式下第三方保鲜结构

在代售模式下第三方保鲜结构下，供应商选择以代售模式与生鲜电商合作，供应商引入第三方外包保鲜。决策顺序为首先由供应商确定零售价 p^{AT}，然后第三方确定产品保鲜努力水平 l^{AT}，最后供应商向生鲜电商支付佣金，向第三方支付外包费用，可得供应商、生鲜电商和第三方的利润函数为：

$$\pi_s=(1-\tau)pD-vlD \tag{7-10}$$

$$\pi_e=\tau pD \tag{7-11}$$

$$\pi_t=vlD-kl^2 \tag{7-12}$$

运用逆向归纳法求解模型，可得代售模式下第三方保鲜结构下供应链最优决策、市场需求和成员利润如引理 7-4 所示，求解思路与转售模式下生鲜电商自行保鲜结构一致。

引理 7-4，代售模式下第三方保鲜结构下供应链最优决策为 $p^{AT^*}=\dfrac{a[(1-\tau)(k-\beta v)+v^2]}{2(1-\tau)(k-\beta v)+v^2}$，$l^{AT^*}=\dfrac{av(1-\tau)}{4(1-\tau)(k-\beta v)+2v^2}$，市场需求

为 $D^{AT^*}=\frac{a(1-\tau)(2k-\beta v)}{4(1-\tau)(k-\beta v)+2v^2}$，成员利润为 $\pi_s^{AT^*}=\frac{a^2(1-\tau)^2(2k-\beta v)}{8(1-\tau)(k-\beta v)+4v^2}$，$\pi_e^{AT^*}=\frac{a^2\tau(1-\tau)(2k-\beta v)(1-\tau)(k-\beta v)+v^2}{2[2(1-t)]}$。

观察图 7-4 可发现，代售模式下第三方保鲜结构下保鲜成本系数对最优决策、市场需求和供应链成员最优利润的影响如命题 7-6 所示。其中，图 7-4 以 $a=100$、$\beta=0.7$、$v=5$、$\tau=0.15$ 为基准参数获得。

命题 7-6，随着保鲜成本系数的增加，代售模式下第三方保鲜结构下的产品零售价和保鲜努力水平都降低（$\frac{\partial p^{AT^*}}{\partial k}<0$，$\frac{\partial l^{AT^*}}{\partial k}<0$），产品市场需求、供应商利润都增加（$\frac{\partial D^{AT^*}}{\partial k}>0$，$\frac{\partial \pi_s^{AT^*}}{\partial k}>0$），第三方利润则是先增加后减少（当 $k>\frac{v(2\beta\tau-2\beta-v)}{2(\tau-1)}$ 时，$\frac{\partial \pi_t^{AT^*}}{\partial k}<0$；当 $k\leqslant\frac{(2\beta\tau-2\beta-v)}{2(\tau-1)}$ 时，$\frac{\partial \pi^{AT^*}}{\partial k}\geqslant 0$），最后，生鲜电商利润持续增加，如图 7-4 所示。

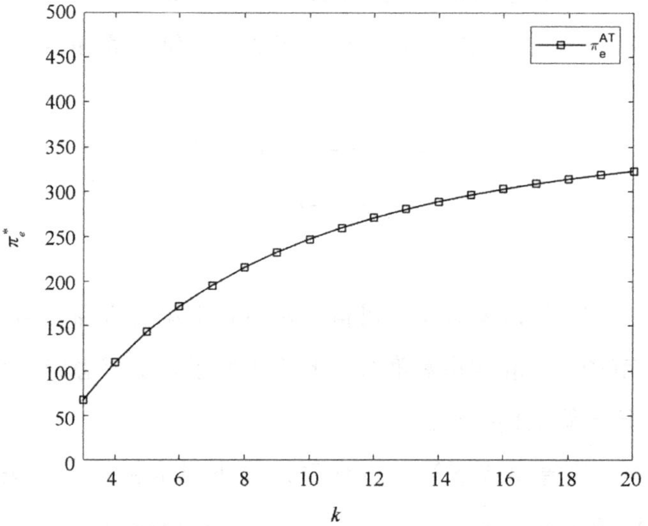

图 7-4　代售模式下第三方保鲜结构下保鲜成本系数对生鲜电商利润影响图

代售模式下第三方保鲜结构下保鲜成本系数的影响与转售模式下第三方保鲜结构基本一致，此时保鲜成本系数的增加意味着第三方需要付出更多的保鲜成本，导致第三方不得不降低保鲜努力水平以缩减成本。保鲜努力水平的降低直接影响生鲜品的新鲜度，使得供应商不得不在销售过程中降低零售价来吸引消费者，因此市场需求得以提升。市场需求的增加进一步提高了供应商和生鲜电商的收益。此外，第三方的利润起初因需求增加而提高，但随着保鲜成本系数的变大，过高的保鲜成本最终导致第三方的利润逐渐减少。这表明，若供应商以代售模式入驻生鲜电商平台，且引入第三方外包保鲜服务，则只有保鲜成本系数较小时，该系数适量增加对所有供应链成员有利。而当保鲜成本系数较大时，供应商和电商平台依然能从该系数的增加中获益，但第三方因为支付过高的保鲜成本而利益受损，此时第三方应积极改进保鲜技术以降低成本，从而提高利润。

代售模式下第三方保鲜结构下的佣金率对最优决策、市场需求和供应链成员最优利润的影响如命题 7-7 所示。

命题 7-7，随着佣金率的提高，代售模式下第三方保鲜结构下的产品保鲜努力水平降低（$\frac{\partial l^{AT^*}}{\partial \tau}<0$），从而导致产品市场需求、供应商利润和第三方利润都降低（$\frac{\partial D^{AT^*}}{\partial \tau}<0$，$\frac{\partial \pi_s^{AT^*}}{\partial \tau}<0$，$\frac{\partial \pi_t^{AT^*}}{\partial \tau}<0$），而产品零售价和生鲜电商利润都增加（$\frac{\partial p^{AT^*}}{\partial \tau}>0$，$\frac{\partial \pi_e^{AT^*}}{\partial \tau}>0$）。

佣金率的提高意味着供应商必须向生鲜电商支付更多的佣金，这直接增加了供应商的成本，促使其不得不提高零售价来维持收益，最终导致市场需求降低。此时供应商不愿支付过多的外包费用，使得第三方不得不适当降低保鲜努力水平以减少外包费用，导致其收益降低。而对生鲜电商来说，佣金率和零售价的提高都能使其获得更高的利润。与代售模式下供应商自行保鲜结构不同，代售模式下第三方保鲜结构下的供应商无权决策保鲜努力水平，只能通过提高零售价维持收益，最终使得生鲜电商从中获益。这表明，若供应商以代售模式入驻生鲜电商平台，且引入第三方外包保鲜服务，则佣金率的提高只会增加生鲜电商的收益，供应商和第三方都将因此而利益受损。

观察图 7-5、图 7-6 可发现，代售模式下第三方保鲜结构下的外包费用系数对最优决策、市场需求和供应链成员最优利润的影响如命题 7-8 所示。其中，图 7-5、图 7-6 以 $a=100$、$\beta=0.7$、$k=10$、$\tau=0.15$ 为基准参数获得。

命题 7-8，随着外包费用系数的增加，代售模式下第三方保鲜结构下的产品零售价提高（$\frac{\partial p^{AT^*}}{\partial v}>0$），从而导致市场需求和供应商利润都减少（$\frac{\partial D^{AT^*}}{\partial v}<0$，$\frac{\partial \pi_s^{AT^*}}{\partial v}<0$），而产品保鲜努力水平、生鲜电商利润和第三方利润则是先增加后减少，如图 7-5、图 7-6 所示。

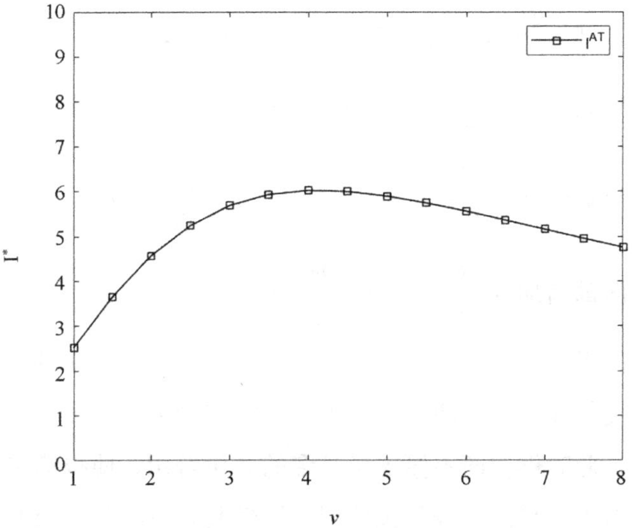

图 7-5　代售模式下第三方保鲜结构下外包费用系数对保鲜努力水平影响图

此时外包费用系数的增加意味着供应商必须向第三方支付更多的外包

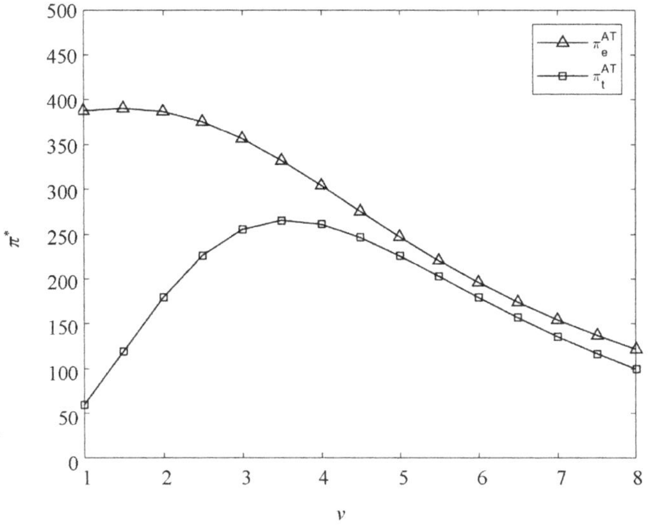

图 7-6　代售模式下第三方保鲜结构下外包费用系数对供应链成员利润影响图

费用，这直接增加了供应商的成本，促使供应商不得不提高产品零售价以维持收益，最终导致市场需求下降。而外包费用的增加起初有利于第三方，且可以激励其进一步提高产品保鲜努力水平来吸引消费者。但当外包费用过高时，其带来的市场需求的大幅下降最终也将损害第三方的收益，进而导致保鲜努力水平的下降，这个结果与转售模式下第三方保鲜结构下一致。最后，依靠佣金获利的生鲜电商起初因零售价的提高而利润增加，但随着外包费用系数的增加，市场需求的下降幅度加大，最终导致生鲜电商的利润减少。这表明，若供应商以代售模式入驻生鲜电商平台，且引入第三方外包保鲜服务，则外包费用系数较低时，该系数适量增加对生鲜电商和第三方都有利，但供应商的利润会因此而受损。而当外包费用系数较高时，该系数适量增加会损害所有供应链成员的利益。

第四节 均衡结果比较

本节通过比较4种结构下的供应链最优决策、产品需求和成员利润来分析生鲜供应商、生鲜电商的销售模式和保鲜策略选择。

对不同保鲜策略下的最优批发价进行比较，结果如命题7-9所示。

命题7-9，转售模式下产品的最优批发价不受保鲜策略的影响，只与其潜在的市场规模有关（$w^{RT^*}=w^{RE^*}=\frac{a}{2}$）。

这是因为转售模式下，供应商优先决策，并且只决策批发价，而生鲜电商以固定批发价购买产品后才考虑制定零售价和保鲜策略。因此供应商的决策，即批发价的确定不受保鲜策略的影响，只与市场总需求相关。这与上文转售模式下生鲜电商自行保鲜结构和转售模式下第三方保鲜结构下得到的结论一致。

对不同销售模式和保鲜策略下生鲜品的最优零售价进行比较，结果如命题7-10所示。

命题7-10（a），不论供应商选择哪种销售模式，自行保鲜策略下生鲜品的零售价都更低（$p^{RE^*}<p^{RT^*}$，$p^{AS^*}<p^{AT^*}$）。

命题7-10（b），不论采取哪种保鲜策略，供应商以代售模式入驻生鲜电商平台时生鲜品零售价都更低（$p^{AS^*}<p^{RE^*}$，$p^{AT^*}<p^{RT^*}$）。

命题7-10（c），零售价在转售模式下第三方保鲜结构下达到最高，在代售模式下供应商自行保鲜结构下最低（$p^{RT^*}>\max\{p^{RE^*}, p^{AS^*}, p^{AT^*}\}$，$p^{AS^*}<\min\{p^{RE^*}, p^{RT^*}, p^{AT^*}\}$）。

若产品所有者选择外包保鲜策略，则必须向第三方支付高于保鲜成本的外包费用，导致支出增加。此时产品所有者不得不通过提高零售价的方式增加收入以保证自身收益。因此不论供应商以哪种销售模式入驻生鲜电商平台，供应商和生鲜电商都应考虑自行保鲜策略，通过降低零售价来吸引消费者。

若供应商选择转售模式，则产品定价必定受到双重边际效应的影响。而代售模式下，由供应商直接确定生鲜品的零售价，避免了二次加价，此时生鲜品零售价更低。因此不论产品所有者采取哪种保鲜策略，供应商都应以代售模式入驻生鲜电商平台，通过提供更便宜的生鲜品来吸引消费者。

生鲜品作为日常生活必需品，其对消费者的价格敏感性非常高，因此对卖家来说提高价格通常不是占优策略。供应商和生鲜电商应尽量避免转售模式和外包保鲜服务的策略组合，供应商应以代售模式入驻生鲜电商平台，并选择自行保鲜策略，通过提供更便宜的生鲜品来吸引消费者。

对不同销售模式和保鲜策略下生鲜品的最优保鲜努力水平进行比较，结果如命题 7-11 所示。

命题 7-11（a），不论供应商选择哪种销售模式，产品所有者采取外包保鲜策略时保鲜努力水平都更高（$l^{RT^*}>l^{RE^*}$，$l^{AT^*}>l^{AS^*}$）。

命题 7-11（b），不论采取哪种保鲜策略，供应商选择以代售模式入驻生鲜电商平台时保鲜努力水平都更高（$l^{AS^*}>l^{RE^*}$，$l^{AT^*}>l^{RT^*}$）。

命题 7-11（c），保鲜努力水平在代售模式下第三方保鲜结构下达到最高，在转售模式下生鲜电商自行保鲜结构下最低（$l^{AT^*}>\max\{l^{RE^*}, l^{AS^*}, l^{RT^*}\}$，$l^{RE^*}<\min\{l^{AS^*}, l^{RT^*}, l^{AT^*}\}$）。

若产品所有者选择外包保鲜策略，第三方收取的外包费用始终与产品保鲜努力水平呈正相关，因此第三方将尽可能地提高保鲜努力水平以获得更高收益。在实际市场中，第三方因为拥有更专业的设备和技术，在改进保鲜技术和提升保鲜努力水平方面通常更有优势。因此不论供应商以哪种销售模式入驻生鲜电商平台，供应商和生鲜电商都可以考虑外包保鲜策略，通过提供高质量的产品来吸引消费者。

结合命题 7-10（b）可知，代售模式下生鲜品的零售价较低，所以供应商有动力通过提供高保鲜努力水平的产品来吸引消费者以维持收益。自行保鲜策略下，供应商直接确定较高的保鲜努力水平。而外包保鲜策略下，供应商愿意支付更多的外包费用以激励第三方付出保鲜努力，进而提高产品新鲜度。因此不论哪种保鲜策略下，供应商都可以考虑以代售模式入驻生鲜电商平台，通过提供高新鲜度的产品来吸引消费者。

供应商和生鲜电商应尽量避免转售模式和自行保鲜的策略组合，供应商应考虑以代售模式入驻生鲜电商平台，并选择外包保鲜策略，通过提高保鲜努力水平，提供更新鲜的产品来吸引消费者，从而增加收益。

对不同销售模式和保鲜策略下生鲜品的市场需求进行比较，结果如命题 7-12 所示。

命题 7-12（a），不论供应商选择哪种销售模式，产品所有者采取自行保鲜策略时市场需求都更高（$D^{RE^*}>D^{RT^*}$，$D^{AS^*}>D^{AT^*}$）。

命题 7-12（b），不论采取哪种保鲜策略，供应商选择以代售模式入驻生鲜电商平台时市场需求都更高（$D^{AS^*}>D^{RE^*}$，$D^{AT^*}>D^{RT^*}$）。

命题 7-12（c），市场需求在代售模式下供应商自行保鲜结构下达到最高，在转售模式下第三方保鲜结构下最低（$D^{AS^*}>\max\{D^{RE^*}, D^{RT^*}, D^{AT^*}\}$，$D^{RT^*}<\min\{D^{RE^*}, D^{AS^*}, D^{AT^*}\}$）。

结合命题 7-10（a）可知，产品所有者自行保鲜时，生鲜品零售价更低，此时消费者的购买意愿较高，市场需求增加。此外，虽然命题 7-11（a）表明自行保鲜策略下产品保鲜努力水平较低，这会对市场需求产生负面影响，但此时市场需求依然高于外包保鲜策略下的市场需求。这表明，需求对价格的敏感度高于对保鲜努力水平的敏感度，比如超市里特价销售的临近保质期的酸奶通常销量更高。因此不论供应商以哪种销售模式入驻生鲜电商平台，供应商或生鲜电商都可以考虑自行保鲜策略，通过获得高市场需求，进而以数量优势获益。

结合命题 7-10（a）和命题 7-11（a）可知，代售模式下，生鲜品零售价低且保鲜努力水平高，此时市场需求较高。因此不论哪种保鲜策略下，供应商都应积极改革传统模式，以代售模式入驻生鲜电商平台，从而获得数量优势。

命题 7-12 说明，供应商和生鲜电商应尽量避免转售模式和外包保鲜的策略组合，供应商应考虑以代售模式入驻生鲜电商平台，并且选择自行保鲜策略，通过获得高市场需求，进而以数量优势获取更高的收益。这与命题 7-10（c）的结论一致，再次证明零售价是产品市场需求最主要的影响因素。

对不同销售模式和保鲜策略下供应商的最优收益进行比较，结果如命题 7-13 所示。

命题 7-13（a），不论供应商选择哪种销售模式，产品所有者采取自行保鲜策略时供应商可获得更高收益（$\pi_s^{RE^*}>\pi_s^{RT^*}$，$\pi_s^{AS^*}>\pi_s^{AT^*}$）。

命题 7-13（b），不论采取哪种保鲜策略，供应商选择以代售模式入驻生鲜电商平台时都可获得更高收益（$\pi_s^{AS^*}>\pi_s^{RE^*}$，$\pi_s^{AT^*}>\pi_s^{RT^*}$）。

命题 7-13（c），供应商的利润在代售模式下供应商自行保鲜结构下达到最高，在转售模式下第三方保鲜结构下最低（$\pi_s^{AS^*}>\max\{\pi_s^{RE^*}, \pi_s^{RT^*}, \pi_s^{AT^*}\}$，$\pi_s^{RT^*}<\min\{\pi_s^{RE^*}, \pi_s^{AS^*}, \pi_s^{AT^*}\}$）。

若供应商以转售模式入驻生鲜电商平台，结合命题 7-9 和命题 7-12（a）可知，生鲜电商自行保鲜时，产品批发价不变，而市场需求较高，故供应商的收益较高。代售模式下，命题 7-12（a）证明供应商自行保鲜时市场需求较高。此外，为保证第三方的利润，供应商自行保鲜策略下的保鲜成本应低于外包保鲜策略下的外包费用，使得供应商自行保鲜策略下的利润更高。这表明，不论供应商以哪种销售模式入驻生鲜电商平台，自行保鲜策略下供应商都能获得更高利润。

结合命题 7-11（b）和命题 7-12（b）可知，代售模式下，产品保鲜努力水平及市场需求都较高，此时供应商可取得更高的收益。因此不论哪种保鲜策略下，供应商都应积极改革传统模式，尽量以代售模式入驻生鲜电商平台。

命题 7-13 说明，供应商应尽量避免转售模式和外包保鲜的策略组合，应考虑以代售模式入驻生鲜电商平台，并且选择自行保鲜策略，进而获取更高的收益。

由于不同结构下生鲜电商的利润函数无法直接比较，因此假定基准参数为 $a=100$、$\beta=0.7$、$k=10$、$v=5$，结合数值算例给出均衡结果如图7-7所示。观察图7-7可发现，不同销售模式和保鲜策略下生鲜电商的最优收益比较结果如命题7-14所示。

命题7-14（a），若供应商选择转售模式，则自行保鲜时生鲜电商的利润更高（$\pi_e^{RE^*}>\pi_e^{RT^*}$）。若供应商选择代售模式，则外包保鲜时生鲜电商的利润更高。

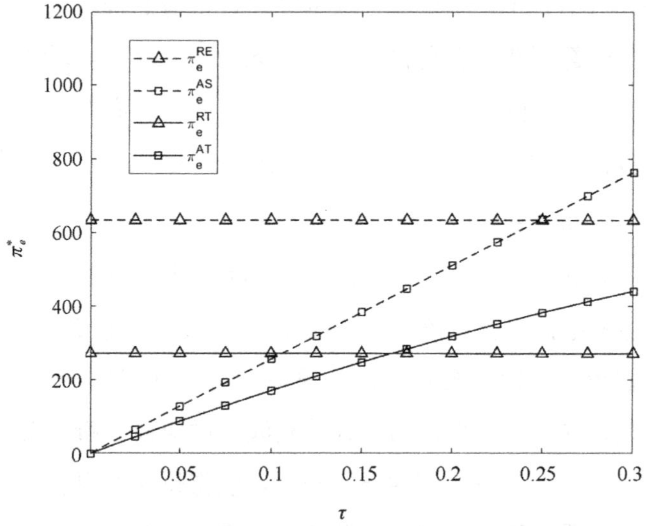

图7-7　不同销售模式下生鲜电商的利润比较图

命题7-14（b），若产品所有者选择自行保鲜策略，佣金率较高时生鲜电商在代售模式下收益更高，佣金率较低时结果相反（当 $\tau>\frac{\beta^4-12k\beta^2+32k-4\sqrt{k\ (4k-\beta^2)^3}}{\beta^4}$ 时，$\pi_e^{AS^*}>\pi_e^{RE^*}$；当 $\tau\leqslant\frac{\beta^4-12k\beta^2+32k-4\sqrt{k\ (4k-\beta^2)^3}}{\beta^4}$ 时，$\pi_e^{AS^*}\leqslant\pi_e^{RE^*}$）。若产品所有者选择

外包保鲜策略，佣金率较高时生鲜电商在代售模式下收益更高，佣金率较低时结果相反。

命题 7-14（c），佣金率较低时，生鲜电商的利润在转售模式下生鲜电商自行保鲜结构下达到最高，在代售模式下第三方保鲜结构下最低。佣金率较高时，生鲜电商的利润在代售模式下供应商自行保鲜结构下达到最高，在转售模式下第三方保鲜结构下最低。

若供应商选择以转售模式入驻生鲜电商平台，为保证第三方的利润，生鲜电商自行保鲜策略下的保鲜成本应低于外包保鲜策略下的外包费用，并且此时市场需求也更高（见命题 7-12（a）），最终使得生鲜电商自行保鲜时获得更多收益。若供应商选择以代售模式入驻生鲜电商平台，则生鲜电商的收益全部来自向供应商收取的佣金。结合命题 7-13（b）可知，代售模式下，供应商的收益更高，支付给生鲜电商的佣金也更高。因此转售模式下，生鲜电商应选择自行保鲜策略，而代售模式下生鲜电商则希望供应商也选择自行保鲜。

不论产品所有者选择哪种保鲜策略，佣金率越高，代售模式下生鲜电商收取的佣金越高，其利润就越高，而佣金率较低时结果相反。因此只有在佣金率较高时，生鲜电商才更希望供应商以代售模式入驻。

观察图 7-7 可发现，佣金率较低时，生鲜电商希望供应商以转售模式入驻，并且生鲜电商应选择自行保鲜策略。佣金率较高时，生鲜电商则希望供应商以代售模式入驻，并且自行保鲜。

对不同销售模式下第三方的最优收益进行比较，结果如命题 7-15 所示。

命题 7-15，若供应商和生鲜电商都采取外包保鲜策略，供应商选择以代售模式入驻生鲜电商平台时第三方可以获得更高的收益（$\pi_t^{AT^*} > \pi_t^{RT^*}$）。

结合命题 7-11（b）和命题 7-12（b）可知，代售模式下，产品保鲜努力水平和市场需求更高，此时第三方可获得更高的外包费用，进而获取更高利润。因此，第三方更希望供应商以代售模式入驻生鲜电商平台，并且引入第三方外包保鲜服务。

综上所述，若供应商选择以代售模式入驻生鲜电商平台，则供应商和第三方都可获得更高利润。而对生鲜电商来说，其销售模式的偏好取决于佣金率，只有佣金率较高时，代售模式才能让生鲜电商获得更多的利润。此外，供应商和生鲜电商都更喜欢自行保鲜策略，这可以让他们获得更多的利润。

第五节 本章小结

本章通过建立 Stackelberg 博弈模型，运用逆向求解和优化方法，研究了一条生鲜品供应链的销售模式和保鲜策略问题，其中供应商可选择以转售模式或代售模式入驻生鲜电商平台，产品所有者可考虑自行保鲜或引入第三方外包保鲜服务。假设供应商拥有销售模式的选择权，假设由产品所有者确定保鲜策略，可以形成 4 种常见的市场结构。通过考虑保鲜成本系数、平台佣金率和第三方外包费用系数等参数对供应链的影响，求解模型并得到每种结构下供应链各成员的最优决策和利润。经过数据分析，得到以下结论。

第一，代售模式可为供应商和第三方带来更多的收益，而对生鲜电商来说，佣金率才是其销售模式偏好的决定因素。不论供应商以哪种销售模式入驻生鲜电商平台，自行保鲜策略都可以为供应商和生鲜电商带来更高的利润。

第二，不同的策略选择对供应链各成员的决策有显著影响。代售模式下，产品价格低且更新鲜，对消费者更有吸引力。而产品定价方自行保鲜时通过销售更便宜的产品来吸引消费者，外包保鲜时通过提供高新鲜度的产品来吸引消费者。

第三，供应商和生鲜电商自行保鲜时，应积极改进保鲜技术来降低保鲜成本，从而提高利润。而对第三方来说，若保鲜成本系数较低，则无须通过改进技术来提高利润，只有当保鲜成本系数过高时第三方才有动力改进技术，以降低保鲜成本。

第四，当供应商选择以代售模式入驻生鲜电商平台时，若自行保鲜，则供应商和生鲜电商都更喜欢以低佣金率合作。若供应商引入第三方外包保鲜服务，则高佣金率只对生鲜电商有利，而供应商和第三方都将利益受损。

第五，若产品所有者外包保鲜服务，则转售模式下高外包费用系数对供应商和生鲜电商都不利，只有第三方希望外包费用系数适当增加，但是该系数过高也会损害第三方收益。代售模式下，高外包费用系数只对供应商不利，生鲜电商和第三方都希望该系数在适当的范围内小幅度增加。

第六，本章研究发现，转售模式下，批发价不受保鲜策略的影响，只与产品的潜在市场规模相关。

第七，本章只考虑了一个供应商和一个生鲜电商合作时的策略选择，而竞争在实际市场中普遍存在，在之后的研究中可进一步考虑竞争环境下的策略选择。此外，生鲜品的新鲜度通常与时间相关，加入时间变量来描述产品新鲜度可作为下一步的研究方向。

第八章　生鲜品供应链中竞争供应商线上销售模式的选择研究

第一节　背景介绍

近年来，线上零售行业和电子商务在世界范围内迅速发展，改变了买家的消费模式和卖家的销售模式。网购已经成为消费者日常生活的一部分，而线上销售也已经是许多供应商的主要销售渠道。在中国，2015 年线上渠道的销售额占比达到 11%，其总价值超过 3.2 万亿元人民币。2016 年，美国线上零售行业的销售额比上年增长 14.86%，占全国零售业销售额增长的近一半。2019 年，全球线上零售交易额超过 3.5 万亿美元，占全球零售交易总额的 14.1%，预计到 2023 年，这一比例将超过 22%。

此外，随着消费者对生鲜品的需求逐渐增加，生鲜品供应商也逐渐开始利用线上平台进行销售，以寻求更高的利润。2005 年，易果生鲜在上海的成立标志着中国第一家生鲜电商企业诞生。此后，美团优选、盒马鲜生、京东到家等生鲜电商企业逐渐发展起来。2019 年，生鲜市场交易规模达到 17897 亿元，其中生鲜电商交易额达 1418 亿元。随着生鲜品线上市场的继续改善，其销售额占整个生鲜市场交易额的比重在不断增加。

供应商通常以转售模式或代售模式与电商平台合作销售产品。在转售模式下，生鲜品供应商将产品批发给电子零售商，然后由电子零售商确定零售价并销售给消费者。相比之下，代售模式提供了一个线上市场，生鲜品供应商可自主定价并通过线上市场销售，然后向电商平台支付佣金费用。然而供应商如何在选择的销售模式中获益、在与电商平台的合作中如何选择最优的销售模式以获得更多的利益一直是竞争供应商关注的焦点。

实际市场中的供应链各成员之间一定会相互作用。供应商的线上销售模式会对使用同一平台的其他供应商产生影响，尤其是当他们选择不同销售模式的时候这种影响更为明显。因此市场中一个供应商的定价和收益将关系到其他供应商销售模式的选择，甚至提供线上平台的电子零售商的定价和收益也会受到使用该平台的竞争供应商销售模式选择的影响。

由此可见，生鲜品供应商销售模式的选择对供应链各成员的定价和利润都具有重要影响。鉴于此，本章接下来将从以下几个角度探讨竞争供应商的销售模式选择。第一，市场中不同的销售模式组合如何影响供应链各成员的定价和利润；第二，作为生鲜品供应链的主导者，供应商更倾向于选择哪种销售模式；第三，提供线上平台的电子零售商更倾向于哪种销售模式组合。为了回答这 3 个问题，本章研究了由两个上游供应商和一个下游电子零售商组成的生鲜品供应链，其中供应商可以选择一种销售模式与电子零售商合作销售产品。而电子零售商提供一个线上平台，可供电子零售商和两个供应商直接销售产品。供应商不同的销售模式选择构成了以下 3 种销售情景。第一，转售—转售情景，在该情景下两个供应商都以转售模式与电子零售商合作；第二，转售—代售情景，在该情景下供应商 1 以转售模式与电子零售商合作，而供应商 2 以代售模式与电子零售商合作；第三，代售—代售情景，在该情景下两个供应商均以代售模式与电子零售商合作。

本章在分析线上市场销售模式选择的基础上，进一步增加了关于生鲜品和竞争供应商的研究，做出了以下几点贡献。第一，供应商和电子零售商的偏好受到平台佣金率的影响，即佣金率越低，供应商就越倾向于选择代售模式，而电子零售商则越喜欢转售模式；第二，销售情景也会影响供应商和电子零售商的最优决策和利润，即如果两个供应商选择不同的销售模式，那么选择转售模式的供应商的利润将远低于选择代售模式的一方；第三，产品的新鲜度会影响竞争供应商和电子零售商的利润，即产品新鲜度越高，电子零售商的利润越高，而只有在保鲜成本足够低的情况下，供应商的利润才会更高。

第二节 文献综述

本章主要研究了生鲜品供应链中竞争供应商的定价和线上销售模式的选择，有两类文献与本章内容密切相关，即生鲜品供应链管理和线上销售模式的选择。

一、生鲜品供应链管理

目前，生鲜品供应链管理已经被学者们广泛研究，主要包括定价策略、供应链设计、供应链协调、物流运输等几个领域，与本书的研究联系最密切的领域是关于供应链设计与产品定价的研究。Yu 等研究了生鲜农产品供应链中的冷链策略和定价策略，并进一步讨论了零售商存在竞争时纵向集中和横向集中的设计对供应链决策的影响。他们发现横向集中策略对第三方物流供应商和供应商都不利，但对零售商利润的影响主要取决于该产品的可替代性，而纵向集中策略在减少农产品质量和数量损失方面更有优势。Cai 等讨论了保鲜服务对订单数量、新鲜度、市场需求和定价策略的影响，并进一步研究了分散决策和集中决策等两种模型中的最优策略。Yu 和 Xiao 通过建立由第三方物流商、供应商和零售商组成的生鲜农产品供应链博弈模型，研究了外包模式对供应链各成员均衡策略和利润的影响。Lou 等讨论了零售商主导的生鲜品供应链中的物流策略，其中零售商的决策主要是选择自己提供物流服务还是选择由第三方物流提供商提供物流服务。Ma 等讨论了需求信息不对称条件下由第三方物流商、供应商和零售商组成的多级生鲜品供应链中的定价策略。

近年来，随着线上零售业在世界范围内迅速发展，学者们进一步对电子商务的应用范围展开了广泛研究。Song 等研究了生鲜零售商的全渠道策略，考虑了产品的自然损失，以及面对线上和线下客户时零售商的额外损失。他们发现，当线下消费者比例较低时，全渠道供应链对零售商和消费者都更有利。He 等通过讨论电子零售商和生鲜实体店的定价和订单策略探讨了生鲜农产品的在线预售模式。Tang 和 Yang 研究了由供应商和资金受限的零售商组成的生鲜品供应链的融资和定价策略，其中零售商可通过线下和线上渠道向消费者销售产品。

以上文献主要研究了供应商与只提供转售模式的零售商或电子零售商的合作模式，但在实际市场中，因电子商务行业的迅速发展，以代售模式为主的电子零售商逐渐占据了线上销售市场的很大部分。因此，本章还考虑了生鲜品供应商与支持上述两种销售模式的电子零售商之间的合作，以及这些供应商不同的销售模式选择对生鲜品供应链的影响。

二、线上销售模式的选择

随着学者们对电子商务行业的关注，电子零售商的两种销售模式得到了广泛研究。这些研究主要集中在两个方面，即是否引入代售模式和如何选择销售模式。Yan 等考虑了两种线上溢出效应、平台成本和消费者效用等因素，探讨了在现有模型中引入市场渠道对供应链各成员利益和决策的影响。他们发现考虑溢出效应时，制造商引入市场渠道的意愿增加，而电子零售商的意愿下降。此外，较高的平台费用并不一定会鼓励电子零售商引入市场渠道。Zhang 和 Ma 讨论了如何整合物流服务战略，以及在转售模式合作的情况下供应商和平台是否可以进一步引入代售模式。Huang 等研究了制造商选择线上渠道销售模式和电子零售商在消费者可能战略性等待的情况下引入自有品牌的决策。Jia 和 Li 讨论了在电子零售商提供市场渠道和再销售渠道的闭环供应链中，制造商如何分别为新产品和再制造产品选择最佳的销售模式。Tian 等将线上零售商视为连接供应商和消费者的线上市场，并讨论了供应商在这个线上市场中的销售策略选择。

在市场中，竞争是一个不可避免的话题。Chen 等在考虑零售商竞争的情况下讨论了一个制造商和两个竞争电子零售商的销售策略。他们发现在没有零售商竞争的情况下，两个电子零售商都倾向于采用转售模式以实现双赢。但是在竞争激烈的情况下，混合销售模式（即一个电子零售商选择代售模式，另一个电子零售商选择转售模式）可以最终实现帕累托改进。考虑到线上渠道和线下渠道的竞争，Pu 等分别在存在 3 种不同权力结构的线下渠道的情况下，讨论了制造商线上渠道的定价和销售策略。Liu 等考虑了区块链的可追溯商誉和产品新鲜度，讨论了电商平台为了与线下零售商竞争在线上渠道的生鲜品销售策略选择。Liu 等研究了与同一制造商合作的经销商和代理销售商为了扩大市场而尝试一种新的合作模式，并探讨了混合零售策略下的定价和渠道选择。

与现有的研究不同，本章将对电子零售商销售模式的研究扩展到生鲜品和竞争供应商领域。本章考虑了产品新鲜度水平并建立了包含竞争供应商的生鲜品供应链博弈模型。其中与同一电商合作的竞争供应商决定线上销售模式，并讨论了不同销售模式组合，以及生鲜品供应商的销售策略对供应链各成员决策的影响。表 8-1 从多个角度总结了相关文献与本章研究的异同。

表 8-1　相关文献与本章研究异同点的比较

相关研究	产品	供应链成员	销售模式
Zhang 等	普通产品	一个制造商、一个电子零售商	转售/代售
Xu 等	普通产品	一个制造商、一个线上平台	转售/代售
Zhang 等	普通产品	一个供应商、一个线上平台	转售/代售
Li 等	普通产品	一个制造商、一个线上平台和一个第三方	转售/代售
Liu 等	生鲜产品	一个供应商、两个零售商	转售/代售
Liu 等	生鲜产品	一个供应商、一个电子零售商	转售

续表

相关研究	产品	供应链成员	销售模式
Yang 等	生鲜产品	一个供应商、一个零售商	转售
本章研究	生鲜产品	两个供应商、一个电子零售商	转售/代售

综上所述，本章通过讨论竞争供应商的在线销售模式选择，对电子零售商的销售模式策略进行了拓展研究并做出贡献。本章假设生鲜品供应商承担所有的保鲜成本，分析了 3 种销售情景下的供应链各成员的决策和收益。此外，本章还得到了产品新鲜度、平台佣金、供应商市场份额，以及两种渠道之间的交叉价格系数对竞争供应商和电子零售商的决策和收益的影响规律。

第三节　模型建立

一、问题描述和参数定义

本章针对一条由两个上游供应商和一个下游电子零售商组成的生鲜品供应链，其中两个供应商决策销售模式并与电子零售商合作销售生鲜品，而电子零售商提供一个可供自己和供应商直接销售产品的线上平台。线上市场中通常有两种可供选择的销售模式，即转售模式和代售模式。在转售模式下，供应商 i 以批发价 w_i 将生鲜品出售给电子零售商，然后电子零售商以零售价 p_i 将该生鲜品销售给终端客户。在代售模式下，供应商 i 直接通过线上平台以零售价 p_i 销售产品，然后以佣金的形式向电子零售商支付总收入的一部分。参考现有文献，假设该佣金比例为 τ，并且是外生参数。

为了便于下文描述，现对本章模型中涉及的符号进行说明，见表 8-2。

表 8-2 变量符号说明

符号	含义
j	不同市场结构（j=RR，RM，MM）
a	生鲜品的潜在市场规模（$a>0$）
ρ	供应商 1 的市场份额（$0<\rho<1$）
θ	生鲜品的新鲜度水平（$\theta>0$）
β	市场需求对产品新鲜度水平的敏感度（$0<\beta<1$）
τ	代售模式下入驻生鲜电商平台的佣金率（$0<\tau<0.3$）
k	保鲜成本系数（$k>0$）
δ	两个供应商产品之间的交叉价格弹性系数（$0<\delta<1$）
w_i^j	j 结构下供应商 i 生鲜品的批发价（$i=1$，2）
p_i^j	j 结构下供应商 i 生鲜品的零售价（$i=1$，2）
D_i^j	j 结构下供应商 i 生鲜品的市场需求（$i=1$，2）
π_i^j	j 结构下供应商 i 的利润（$i=1$，2）
π_e^j	j 结构下生鲜电商的利润

生鲜品的质量用新鲜度来表示，高新鲜度意味着生鲜品的腐烂度低，则市场需求量大。为了避免变质和满足消费者的喜好，两个供应商将提供保鲜服务。参考现有文献，假设用 $k\theta^2$ 表示产品新鲜度水平为 θ 时的保鲜服务成本，k 为两个供应商的保鲜成本系数，k 越高意味着供应商必须付出更多的成本才能达到预期的新鲜度水平。

根据供应商的销售模式选择，可形成以下 3 种销售情景，如图 8-1 所示。

转售—转售，两个供应商都以转售模式与电子零售商合作。首先两个供应商分别确定批发价 w_1^{RR} 和 w_2^{RR}，然后电子零售商分别确定两个供应商的生鲜品零售价 p_1^{RR} 和 p_2^{RR}。

转售—代售，供应商 1 以转售模式与电子零售商合作，而供应商 2 以代售模式与电子零售商合作。首先供应商 1 确定批发价 w_1^{RM}，然后电子零售商和供应商分别为各自的生鲜品设定零售价 p_1^{RM} 和 p_2^{RM}。

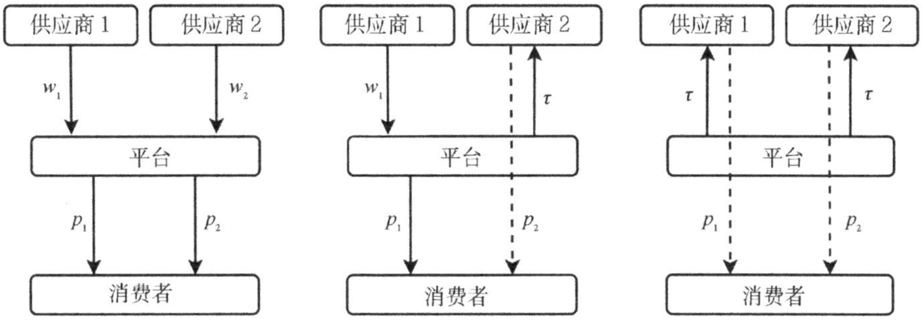

图8-1　3种销售情景

代售—代售，两个供应商都以代售模式与电子零售商合作，两个供应商分别确定各自生鲜品的零售价 p_1^{MM} 和 p_2^{MM}。

考虑到竞争环境下生鲜品的市场需求取决于其零售价、新鲜度水平及生鲜供应商的市场影响力，基于上述描述和假设可得两个竞争供应商各自生鲜品的需求函数为：

$$D_1=\rho a-p_1+\delta p_2+\beta\theta \tag{8-1}$$

$$D_2=(1-\rho)a-p_2+\delta p_1+\beta\theta \tag{8-2}$$

其中，p_i 表示供应商 i 的生鲜品零售价（$i=1, 2$）。a 表示生鲜品的潜在市场规模。ρ 为供应商1的市场份额，供应商2的市场份额表示为 $1-\rho$。ρ 越大意味着供应商1的市场份额越大，其市场影响力就越强。δ（$0<\delta<1$）表示两个供应商产品之间的价格竞争强度，δ 越接近0表示两个供应商之间几乎没有价格竞争，δ 越接近1意味着两个供应商之间的价格竞争越激烈。θ 为生鲜品的新鲜度，θ 越大表示该生鲜品越新鲜，质量越高。β 表示市场需求对产品新鲜度水平的敏感度，根据实际市场情况可知，消费者对生鲜品价格的敏感度高于对其新鲜度水平的敏感度，因此设置 $0<\beta<1$。β 越接近0意味着该生鲜品的新鲜度对消费者的购买意愿几乎没有影响，β 越接近1表示消费者对该生鲜品新鲜度的敏感度越接近对其价格的敏感度。不失一般性，本章假设供应商和电子零售商的生产成本和销售成本为0。

与 Alaei 等的研究类似，本章建立 Stackelberg 博弈模型来描述生鲜品供应链上下游之间的相互作用，并且设置两个供应商为该市场中的主导者。假设所有的销售模式组合是事先确定的，下文将依次对转售—转售、转售—代售、代售-代售等 3 个情景下的供应链进行建模分析。

二、转售—转售情景

在转售—转售情景下，两个供应商都以转售模式与电子零售商合作，即电子零售商从两个供应商处批发生鲜品，然后再零售给消费者。结合需求函数，供应链成员的利润函数为：

$$\pi_1=w_1D_1-k\theta^2 \tag{8-3}$$

$$\pi_2=w_2D_2-k\theta^2 \tag{8-4}$$

$$\pi_e=(p_1-w_1)D_1+(p_2-w_2)D_2 \tag{8-5}$$

对于给定的批发价 $w_1^{RR^*}$ 和 $w_2^{RR^*}$，首先通过最大化电子零售商的利润函数 π_e^{RR}，确定两个供应商产品的零售价 $p_1^{RR^*}$ 和 $p_1^{RR^*}$。然后通过最大化两个供应商的利润函数 π_1^{RR} 和 π_2^{RR}，确定各自产品的批发价 $w_1^{RR^*}$ 和 $w_2^{RR^*}$。转售—转售情景下所有均衡解整理在引理 8-1 中，并且引理 8-2、引理 8-3 的证明过程与引理 8-1 类似。

引理 8-1，转售—转售情景下，生鲜品的最优批发价、零售价和市场需求，以及供应链成员的最优利润为

$$w_1^{RR^*}=\frac{(\delta+2)\beta\theta+a\delta(1-\rho)+2\rho a}{4-\delta^2},$$

$$w_2^{RR^*}=\frac{(\delta+2)\beta\theta+2a(1-\rho)+\delta\rho a}{4-\delta^2},$$

$$p_1^{RR^*}=\frac{[(2\delta^3-3\delta^2-5\delta+6)\rho-2\delta^3+5\delta]a+(6-2\delta^3-3\delta^2+5\delta)\beta\theta}{2\delta^4-10\delta^2+8},$$

$$p_2^{RR^*}=\frac{[6-(2\delta^3-3\delta^2-5\delta+6)\rho-3\delta^2]a+(6-2\delta^3-3\delta^2+5\delta)\beta\theta}{2\delta^4-10\delta^2+8},$$

$$D_1^{RR^*}=\frac{(\delta+2)\ \beta\theta-\ (\delta\rho-\delta-2\rho)\ a}{8-2\delta^2},$$

$$D_2^{RR^*}=\frac{(\delta+2)\ \beta\theta+\ (\delta\rho-2\rho+2)\ a}{8-2\delta^2},$$

$$\pi_1^{RR^*}=\frac{\{[(1-p)\ \delta+2\rho]\ a+\ (\delta+2)\ \beta\theta\}^2}{2\ (\delta^2-r)^2}-k\theta^2,$$

$$\pi_2^{RR^*}=\frac{[(\delta\rho-2p+2)\ a+\beta\theta\ (\delta+2)\ ]^2}{2\ (\delta^2-r)^2}-k\theta^2,$$

$$\pi_e^{RR^*}=\frac{2\beta\theta\ (\beta\theta+a)\ (\delta+1)\ (\delta+2)^2+\ [2\ (\delta-1)\ (\delta-2)^2\rho\ (1-\rho)\ +5\delta^2+4]\ a^2}{64-4\delta^6+36\delta^4-96\delta^2}。$$

证明：运用逆向归纳法求解模型，首先求解电子零售商的最优决策，即两个供应商产品的零售价 p_1 和 p_2。对于给定的批发价 w_1 和 w_2，最大化电子零售商利润的函数为 $\max\limits_{p_1,p_2}\pi_e=\ (p_1-w_1)\ D_1+\ (p_2-w_2)\ D_2$，得到海塞矩阵为 $\begin{bmatrix}-2 & 2\delta\\ 2\delta & -2\end{bmatrix}$，可判断该海塞矩阵负定，证明 π_e 对 p_1 和 p_2 为联合凹函数，故存在唯一最优解。令 π_e 对 p_1 和 p_2 分别求一阶偏导，可得 $\frac{\partial\pi_e}{\partial p_1}=\ (2p_2-w_2)\ \delta+\rho a+\beta\theta-2p_1+w_1$ 和 $\frac{\partial\pi_e}{\partial p_2}=\ (2p_1-w_1)\ \delta+\ (1-\rho)\ a+\beta\theta-2p_2+w_2$。令该一阶偏导为 0，可得 p_1 和 p_2 关于 w_1 和 w_2 的反应函数为 $p_1\ (w_1,\ w_2)\ =\frac{a\delta\rho-\beta\delta\theta+\delta^2w_1-a\delta-a\rho-\beta\theta-w_1}{2\delta^2-2}$ 和 $p_2\ (w_1,\ w_2)\ =\frac{a\delta\rho+\beta\delta\theta-\delta^2w_2-a\rho+\beta\theta+a+w_2}{2-2\delta^2}$。然后通过供应商利润函数确定两个供应商的最优决策，即 w_1 和 w_2。将反应函数 $p_1\ (w_1,\ w_2)$ 和 $p_2\ (w_1,\ w_2)$ 代入两个供应商利润函数可得 $\pi_1=-\frac{w_1^2}{w}+\frac{(\beta\theta+w_2\delta+\rho a)\ w_1}{2}-k\theta^2$ 和 $\pi_2=-\frac{w_2^2}{2}+\frac{[\beta\theta+w_1\delta+\ (1-\rho)\ a]\ w_2}{2}-k\theta^2$。令两个供应商的利润函数对各自的批发价求二阶导，可得 $\frac{d^2\pi_1}{dw_1^2}=-1$

和$\frac{d^2\pi_2}{dw_2^2}=-1$，二阶导数为负，证明$\pi_1$对$w_1$为凹函数，且$\pi_2$对$w_2$为凹函数，故存在唯一最优的批发价$w_1$和$w_2$。令供应商利润函数对批发价求一阶导，可得$\frac{d\pi_1}{dw_1}=\frac{\beta\theta+w_2\delta+\rho a-2w_1}{2}$和$\frac{d\pi_2}{dw_2}=\frac{\beta\theta+w_1\delta+(1-\rho)a-2w_2}{2}$。令一阶导为 0，求得最优批发价$w_1^{RR^*}=\frac{(\delta+2)\beta\theta+a\delta(1-\rho)+2\rho a}{4-\delta^2}$和$w_2^{RR^*}=\frac{(\delta+2)\beta\theta+2a(1-\rho)+\delta pa}{4-\delta^2}$。最后将$w_1^{RR^*}$和$w_2^{RR^*}$代入反应函数$p_1(w_1, w_2)$和$p_2(w_1, w_2)$，可得转售—转售情景下最优零售价为$p_1^{RR^*}=\frac{[(2\delta^3-3\delta^2-5\delta+6)\rho-2\delta^3+5\delta]a+(6-2\delta^3-3\delta^2+5\delta)\beta\theta}{2\delta^4-10\delta^2+8}$和$p_2^{RR^*}=\frac{[6-(2\delta^3-3\delta^2-5\delta+6)\rho-3\delta^2]a+(6-2\delta^3-3\delta^2+5\delta)\beta\theta}{2\delta^4-10\delta^2+8}$。

由此可求得转售—转售情景下两个供应商各自产品的最优需求为

$$D_1^{RR^*}=\frac{(\delta+2)\beta\theta-(\beta\rho-\delta-2\rho)a}{8-2\delta^2}\text{和}$$

$$D_2^{RR^*}=\frac{(\delta+2)\beta\theta-(\beta\rho-2\rho+2)a}{8-2\delta^2},$$

两个生鲜供应商的最优利润为

$$\pi_1^{RR^*}=\frac{\{[(1-\rho)\delta+2\rho]a+(\delta+2)\beta\theta\}^2}{2(\delta^2-4)^2}-k\theta^2\text{ 和}$$

$$\pi_2^{RR^*}=\frac{[(\delta\rho-2\rho+2)a+\beta\theta(\delta+2)]^2}{2(\delta^2-4)^2}-k\theta^2,$$

电子零售商的最优利润为

$$\pi_e^{RR^*}=\frac{2\beta\theta(\beta\theta+a)(\delta+1)(\delta+2)^2+[2(\delta-1)(\delta-2)^2)\rho(1-\rho)+58\delta^2+4]a^2}{64-4\delta^6+36\delta^4-96\delta^2}。$$

引理 8-1 得证。

下文比较了转售—转售情景下两个供应商产品的批发价、零售价和市场需求，以及竞争供应商的利润。文中所有命题的证明过程已省略。

命题 8-1，在转售—转售情景下，通过比较两个供应商产品的最优批发价、零售价和市场需求，以及竞争供应商的最优利润，可得当 $\rho > \frac{1}{2}$ 时，$w_1^{RR^*} > w_2^{RR^*}$，$p_1^{RR^*} > p_2^{RR^*}$，$D_1^{RR^*} > D_2^{RR^*}$，$\pi_1^{RR^*} > \pi_2^{RR^*}$；当 $\rho \leqslant \frac{1}{2}$ 时，$w_1^{RR^*} \leqslant w_2^{RR^*}$，$p_1^{RR^*} \leqslant p_2^{RR^*}$，$D_1^{RR^*} \leqslant D_2^{RR^*}$，$\pi_1^{RR^*} \leqslant \pi_2^{RR^*}$。

命题 8-1 表明当供应商 1 的市场份额超过一半时，其产品的最优批发价、零售价、市场需求和利润都高于供应商 2，反之亦然。这是因为市场份额越高，需求就越大，供应商就有更大的权力设定较高的批发价，所有这些都会为该供应商带来更高的利润。而高批发价将迫使电子零售商设定一个高零售价以抵消成本。因此在供应商都选择转售模式的市场中，供应商会努力提高市场份额以获得更高的主动性和收益。

接下来将讨论新鲜度水平、供应商市场份额和交叉价格系数等因素对供应链决策和效益的影响。

命题 8-2，在转售—转售情景下，新鲜度水平对两个供应商和电子零售商的最优决策和利润的影响如下。

命题 8-2（a），$\frac{\partial w_1^{RR^*}}{\partial \theta} > 0$，$\frac{\partial w_2^{RR^*}}{\partial \theta} > 0$，$\frac{\partial p_1^{RR^*}}{\partial \theta} > 0$，$\frac{\partial p_2^{RR^*}}{\partial \theta} > 0$，$\frac{\partial D_1^{RR^*}}{\partial \theta} > 0$，$\frac{\partial D_2^{RR^*}}{\partial \theta} > 0$。

命题 8-2（b），$\frac{\partial \pi_e^{RR^*}}{\partial \theta} > 0$。当 $a < \frac{[\beta^2 - 2(\delta-2)^2 k](\delta+2)\theta}{\beta(\delta\rho - \delta - 2\rho)}$ 且 $k > \frac{\beta^2}{2(\delta-2)^2}$ 时，$\frac{\partial \pi_1^{RR^*}}{\partial \theta} < 0$；否则，$\frac{\partial \pi_1^{RR^*}}{\partial \theta} \geqslant 0$。当 $a < \frac{\theta(\delta+2)[(2\delta^2 - 8\delta + 8)k - \beta^2]}{\beta(2+(\delta-2)\rho)}$ 且 $k > \frac{\beta^2}{2(\delta-2)^2}$ 时，$\frac{\partial \pi_2^{RR^*}}{\partial \theta} < 0$；否则，$\frac{\partial \pi_2^{RR^*}}{\partial \theta} \geqslant 0$。

命题 8-2（a）说明，转售—转售情景下的两个供应商产品的批发价、零售价和市场需求都与新鲜度水平呈正相关。这是因为新鲜度的提高降低了产品腐烂率，使得对新鲜度敏感的消费者愿意购买更多的产品，并为其支付更多的费用。因此，电子零售商提高了零售价以获取更高的利润，这也刺激了供应商提高批发价。

命题 8-2（b）说明，转售—转售情景下的线上零售商的利润与新鲜度水平呈正相关。结合命题 8-2（a）可知，这主要受益于产品零售价和需求的增加。对于两个供应商来说，只有当保鲜成本系数较大且市场规模较小时，其利润才与产品新鲜度水平呈负相关。这是因为为产品保鲜需要付出成本，并且新鲜度越高供应商的保鲜成本就越高。因此，当该成本高于保鲜给供应商带来的利润时，供应商的利润就会减少。同时，在规模较小的市场中通常产品需求受限，这就使得供应商的利润约束更为显著，此时供应商的利润对成本更为敏感。因此，只有在保鲜成本较低的小市场中供应商才会提供保鲜服务以增加利润，而电子零售商则希望供应商能够一直提供保鲜服务。

命题 8-3，在转售—转售情景下，供应商 1 的市场份额对两个供应商和电子零售商的最优决策和利润的影响如下。

命题 8-3（a），$\frac{\partial w_1^{RR^*}}{\partial \rho}>0$，$\frac{\partial w_2^{RR^*}}{\partial \rho}>0$，$\frac{\partial p_1^{RR^*}}{\partial \rho}>0$，$\frac{\partial p_2^{RR^*}}{\partial \rho}>0$，$\frac{\partial D_1^{RR^*}}{\partial \rho}>0$，$\frac{\partial D_2^{RR^*}}{\partial \rho}>0$。

命题那 8-3（b），$\frac{\partial \pi_1^{RR^*}}{\partial \rho}>0$，$\frac{\partial \pi_2^{RR^*}}{\partial \rho}<0$。当 $\rho>0.5$ 时，$\frac{\partial \pi_e^{RR^*}}{\partial \rho}>0$；当 $\rho\leqslant 0.5$ 时，$\frac{\partial \pi_e^{RR^*}}{\partial \rho}\leqslant 0$。

命题 8-3（a）说明，在转售—转售情景下，供应商 1 产品的批发价、零售价和市场需求都与供应商 1 的市场份额呈正相关。供应商 1 的市场份额越大，竞争力越强，交易量越大。因此，供应商 1 更有动力提高批发价，从而导致零售价较高。供应商 2 同理。

由命题 8-3（b）可知，在转售—转售情景下，供应商 1 的利润与其市场份额呈正相关，而供应商 2 的利润与该市场份额呈负相关。这是因为供应商 1 的产品价格和交易量越大，供应商 1 的利润就越大。供应商 2 同理。对于电子零售商来说，当供应商 1 的市场份额超过一半时，电子零售商的利润与供应商 1 的市场份额呈正相关，否则呈负相关。换句话说，当两个供应商的市场份额相等时，电子零售商获得的利润最小。这是因为两个供应商的市场影响力相同时两者之间的竞争较弱，电子零售商很难从中受益。因此，供应商会努力提高市场份额以增加利润，而电子零售商更倾向于上游供应商市场份额不均衡的市场。

命题 8-4，在转售—转售情景下，两个渠道之间的交叉价格系数对两个供应商和电子零售商的最优决策和利润的影响如下。

命题 8-4（a），$\frac{\partial w_1^{RR^*}}{\partial \delta}>0$，$\frac{\partial w_2^{RR^*}}{\partial \delta}>0$，$\frac{\partial p_1^{RR^*}}{\partial \delta}>0$，$\frac{\partial p_2^{RR^*}}{\partial \delta}>0$，$\frac{\partial D_1^{RR^*}}{\partial \delta}>0$，$\frac{\partial D_2^{RR^*}}{\partial \delta}>0$。

命题 8-4（b），$\frac{\partial \pi_1^{RR^*}}{\partial \delta}>0$，$\frac{\partial \pi_2^{RR^*}}{\partial \delta}>0$，$\frac{\partial \pi_e^{RR^*}}{\partial \delta}>0$。

命题 8-4 说明，所有产品的批发价、零售价和市场需求，以及两个供应商和电子零售商的利润都与两个渠道之间的交叉价格系数呈正相关。因此，渠道竞争越激烈，产品的价格和需求就越高，供应商和电子零售商从中受益就越多。基于此，供应商和电子零售商为了获得更高的利益都更倾向于竞争更激烈的市场。

三、转售—代售情景

在转售—代售情景下，供应商 1 以转售模式与电子零售商合作，而供应商 2 以代售模式与电子零售商合作。也就是说，电子零售商从供应商 1 处批发生鲜品，然后零售给消费者。同时，电子零售商向供应商 2 收取佣金，并允许供应商 2 直接在平台上销售产品。结合需求函数，供应链成员的利润函数为：

$$\pi_1 = w_1 D_1 - k\theta^2 \tag{8-6}$$

$$\pi_2 = (1-\tau)\, p_2 D_2 - k\theta^2 \tag{8-7}$$

$$\pi_e = (p_1 - w_1)\, D_1 + \tau p_2 D_2 \tag{8-8}$$

对于给定的批发价 w_1^{RM}，首先通过最大化电子零售商和供应商 2 的利润函数 π_e^{RM} 和 π_2^{RM}，确定生鲜品最优零售价 p_1^{RM*} 和 p_2^{RM*}。然后通过最大化供应商 1 的利润函数 π_1^{RM}，确定供应商 1 产品的批发价 w_1^{RM*}。所有的均衡解如引理 8-2 所示。

引理 8-2，转售—代售情景下，生鲜品的最优批发价、零售价和市场需求，以及供应链成员的最优利润为

$$w_1^{RM*} = \frac{(1-\tau)\,\delta\,[(1-\rho)\,a+\beta\theta] + (2-\delta^2\tau)\,(a\rho+\beta\theta)}{4-2\delta^2},$$

$$p_1^{RM*} = \frac{[(\rho-1)\,a-\beta\theta]\,[(\tau+1)\,\delta^3-(\tau+3)\,\delta] - (a\rho+\beta\theta)\,[(\tau+2)\,\delta^2-6]}{[4-(\tau+1)\,\delta^2]\,(2-\delta^2)},$$

$$p_2^{RM*} = \frac{(a\rho+\beta\theta)\,[6\delta-(\tau+2)\,\delta^3] + [8-(\tau+3)\,\delta^2]\,[(1-\rho)\,a+\beta\theta]}{2\,(\delta^2\tau+\delta^2-4)\,(\delta^2-2)},$$

$$D_1^{RM*} = \frac{(\delta^2\tau-2)\,(a\rho+\beta\theta) + [(\rho-1)\,a-\beta\theta]\,(1-\tau)\,\delta}{(2\tau+2)\,\delta^2-8},$$

$$D_2^{RM*} = \frac{(a\rho+\beta\theta)\,[6\delta^2-(\tau+2)\,\delta^3] + [8-(\tau+3)\,\delta^2]\,[(1-\rho)\,a+\beta\theta]}{2\,(\delta^2\tau+\delta^2-4)\,(\delta^2-2)},$$

$$\pi_1^{RM*} = \frac{\{(\delta^2\tau-2)\,(a\rho+\beta\theta) + [(\rho-1)\,a-\beta\theta)]\,(1-\tau)\,\delta\}^2}{4\,(\delta^2\tau+\delta^2-4)\,(\delta^2-2)} - k\theta^2,$$

$$\pi_2^{RM*} = \frac{(1-\tau)\,\{[(\tau+2)\,\delta^3-6\delta]\,(a\rho+\beta\theta) - [(\rho-1)\,a-\beta\theta]\,[(\tau+3)\,\delta^2-8]\}^2}{4\,(\delta^2\tau+\delta^2-4)^2\,(\delta^2-2)^2} - k\theta^2,$$

$$\pi_e^{RM*} = \frac{\{(\delta^2\tau-2)\,(a\rho+\beta\theta) - (a\rho-a-\beta\theta)\,(\tau\delta-\delta)\,(a\rho+\beta\theta)\,[6-(\tau+2)\,\delta^2] + (a\rho-a-\beta\theta)\,[(\delta^3-\delta)\,\tau+\delta^3-3\delta]\}}{2\,[(\tau+1)\,\delta^2-4]^2\,(\delta^2-2)} -$$

$$\frac{[(\delta^2\tau-2)\,(a\rho+\beta\theta) - (a\rho-a-\beta\theta)\,(\tau\delta-\tau)]^2}{4\,[(\tau+1)\,\delta^2-4]\,(\delta^2-2)} + \frac{\tau\,\{[(\tau+2)\,\delta^3-6\delta]\,(a\rho+\beta\theta) - (a\rho-a-\beta\theta)\,[(\tau+3)\,\delta^2-8]\}^2}{4\,(\delta^2\tau+\delta-4)^2\,(\delta^2-2)^2}。$$

下文比较了转售—代售情景下两个供应商产品的零售价和各自的利润，结果如命题 8-5 所示。

命题 8-5，在转售—代售情景下，对比两个供应商产品的价格和市场

需求，以及竞争供应商的利润，可得当 $a>a_1$ 且 $\rho<\rho_1$ 时，$p_1^{RM^*}<p_2^{RM^*}$；否则，$p_1^{RM^*}\geqslant p_2^{RM^*}$。其中，

$$a_1=\frac{\beta\theta(\delta+2)(\delta^2\tau-\delta\tau+\delta-2)}{[(3\tau+4)\rho-2\tau-2]\delta^3+[(-3\tau-7)\rho+\tau+3]\delta^2+[(-2\tau-12)\rho+2\tau+6]\delta+20\rho-8},$$

$$\rho_1=\frac{(2\delta^3-\delta^2-2\delta)\tau+2\delta^3-3\delta^2-6\delta+8}{(3\delta^3-3\delta^2-2\delta)\tau+4\delta^3-7\delta^2-12\delta+20}。$$

命题 8-5 说明，在转售—代售情景下，只有在规模较大且供应商 1 的市场份额较小的市场中，供应商 1 生鲜品的零售价才低于供应商 2，否则产品的零售价关系相反，这与转售—转售情景下略有不同。因为供应商 1 的市场份额越小，其定价主动权就越小，产品零售价也就越低，而这种现象在规模较大的市场中表现得更为明显。

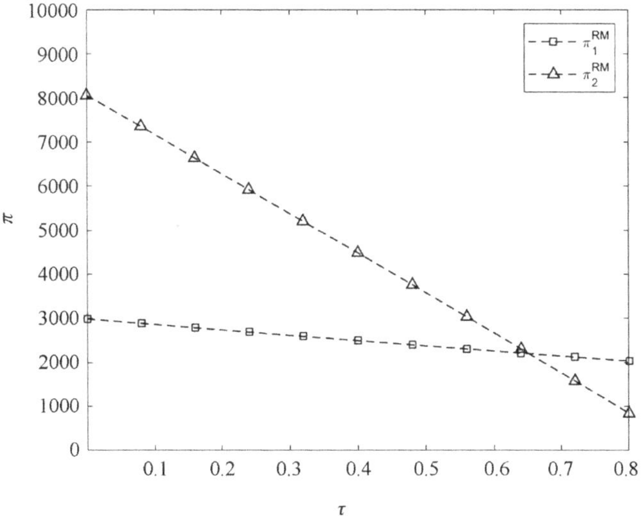

图 8-2　转售—代售情景下两个供应商利润比较图

观察图 8-2 可发现，除非佣金率极高的情况，否则转售—代售情景下供应商 2 的利润远高于供应商 1。也就是说，在两个供应商选择以不同的销售模式入驻生鲜电商平台的混合市场中，选择代售模式的一方的利润将

远高于另一方。因此，在混合销售模式的市场中，供应商更愿意选择以代售模式入驻生鲜电商平台以获得更大的利润。

下面将分别讨论转售—代售情景下产品的新鲜度、供应商市场份额、交叉价格系数及平台佣金率等外生参数对供应链最优决策、市场需求和成员最优利润的影响。

命题 8-6，在转售—代售情景下，新鲜度对两个供应商和电子零售商的均衡决策和利润的影响如下。

命题 8-6（a），$\frac{\partial w_1^{\mathrm{RM}^*}}{\partial\theta}>0$，$\frac{\partial p_1^{\mathrm{RM}^*}}{\partial\theta}>0$，$\frac{\partial p_2^{\mathrm{RM}^*}}{\partial\theta}>0$，$\frac{\partial D_1^{\mathrm{RM}^*}}{\partial\theta}>0$，$\frac{\partial D_2^{\mathrm{RM}^*}}{\partial\theta}>0$。

命题 8-6（b），$\frac{\partial \pi_e^{\mathrm{RM}^*}}{\partial\theta}>0$。当 $k<k_1$ 时，$\frac{\partial \pi_1^{\mathrm{RM}^*}}{\partial\theta}>0$；当 $k\geqslant k$ 时，$\frac{\partial \pi_1^{\mathrm{RM}^*}}{\partial\theta}\leqslant 0$。当 $k<k_2$ 时，$\frac{\partial \pi_2^{\mathrm{RM}^*}}{\partial\theta}>0$；当 $k\geqslant k_2$ 时，$\frac{\partial \pi_2^{\mathrm{RM}^*}}{\partial\theta}\leqslant 0$。其中，

$$k_1=\frac{\{[(a\rho+\beta\theta)(\delta^2\tau-2)-(\tau-1)(\rho-1)a-\beta\theta]\delta\}[\delta^2\tau+(\tau-1)\delta-2]\beta}{4\theta[(\tau+1)\delta^2-4](\delta^2-2)},$$

$$k_2=\frac{\{[(a\rho+\beta\theta)(\tau+2)\delta^3-6\delta]-(\rho-1)a-\beta\theta(\tau+3)\delta^2-8\}[(\tau+2)\delta^3+(\tau+3)\delta^2-6\delta-8](1-\tau)\beta}{4\theta[(\tau+1)\delta^2-4]^2(\delta^2-2)^2}。$$

由命题 8-6（a）可知，在转售—代售情景下，两个供应商产品的批发价、零售价和市场需求均与新鲜度呈正相关，这个结果与转售—转售情景下一致。这是因为新鲜度的提高降低了产品腐烂率，使得对新鲜度敏感的消费者愿意购买更多的产品，并愿意为此支付更多的费用。因此，供应商 2 和电子零售商将提高零售价以获得更高的利润，这也刺激了供应商 1 提高批发价。

命题 8-6（b）说明，在转售—代售情景下，电子零售商的利润与新鲜度呈正相关，这主要受益于产品零售价和需求的增加。对于两个供应商来说，当保鲜成本系数较小时，其利润与新鲜度呈正相关。因为为产品保鲜需要付出成本，且新鲜度越高，供应商的保鲜成本就越高。因此，当该成

本高于保鲜给供应商带来的利润时，供应商的利润就会减少。基于此，供应商只有在保鲜成本较低的情况下才会提供保鲜服务，而电子零售商则希望供应商能够一直提供保鲜服务。

命题 8-7，在转售—代售情景下，供应商 1 的市场份额对两个供应商和电子零售商的均衡决策和利润的影响如下。

命题 8-7（a），$\frac{\partial w_1^{RM^*}}{\partial \rho}>0$，$\frac{\partial p_1^{RM^*}}{\partial \rho}>0$，$\frac{\partial p_2^{RM^*}}{\partial \rho}>0$，$\frac{\partial D_1^{RM^*}}{\partial \rho}>0$，$\frac{\partial D_2^{RM^*}}{\partial \rho}>0$。

命题 8-7（b），$\frac{\partial \pi_1^{RM^*}}{\partial \rho}>0$，$\frac{\partial \pi_2^{RM^*}}{\partial \rho}<0$。

命题 8-7（1）说明，在转售—代售情景下，供应商 1 产品的批发价、零售价和市场需求与供应商 1 的市场份额呈正相关。供应商 1 的市场份额越大，其成交量就越大。因此供应商 1 有更大的权力和主动性提高批发价，这使得最终零售价较高。供应商 2 同理。

由命题 8-7（b）可知，在转售—代售情景下，供应商 1 的利润与其市场份额呈正相关，而供应商 2 的利润与该市场份额呈负相关，这个结果与转售—转售情景下一致。为参数赋值 $a=200$、$\beta=5$、$\theta=10$、$k=10$、$\delta=0.3$、$\tau=0.2$，通过函数图分析供应商 1 的市场份额对电子零售商利润的影响。

观察图 8-3 可发现，随着供应商 1 市场份额的增加，电子零售商的利润会先减少后增加，在供应商 1 的市场份额占总市场大约一半时达到最低。这是因为当两个供应商的市场影响力相当时，市场内竞争较弱，导致电子零售商很难从中受益。因此，无论是选择代售模式还是转售模式，供应商都会努力提高市场份额以增加利润，而电子零售商更倾向于上游供应商市场份额不均衡的市场。

命题 8-8，在转售—代售情景下，两个渠道之间的交叉价格系数对两个供应商和电子零售商的均衡决策和利润的影响如下。

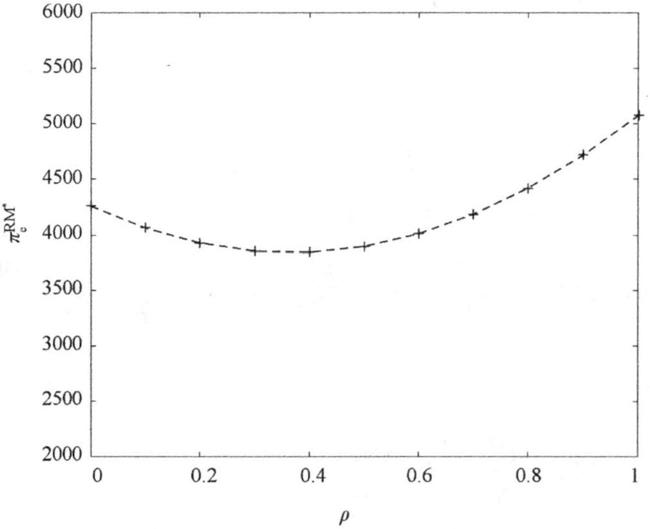

图 8-3 供应商 1 的市场份额对电子零售商利润影响图

命题 8-8（a），$\frac{\partial w_1^{RM^*}}{\partial \delta}>0$，$\frac{\partial p_1^{RM^*}}{\partial \delta}>0$，$\frac{\partial p_2^{RM^*}}{\partial \delta}>0$，$\frac{\partial D_1^{RM^*}}{\partial \delta}>0$，$\frac{\partial D_2^{RM^*}}{\partial \delta}>0$。

命题 8-8（b），$\frac{\partial \pi_1^{RM^*}}{\partial \delta}>0$，$\frac{\partial \pi_2^{RM^*}}{\partial \delta}>0$。

结合命题 8-8 和图 8-4 可知，所有产品的批发价、零售价和市场需求，以及两个供应商和电子零售商的利润都与两个渠道之间的交叉价格系数呈正相关，这个结果与转售—转售情景下一致，即渠道竞争越激烈，产品的价格和需求就越高，供应商和电子零售商从中的受益就越多。因此，无论供应商选择哪种销售模式，电子零售商都更愿意进入竞争更激烈的市场，以获得更高的利润。为参数赋值 $a=200$、$\beta=5$、$\theta=10$、$k=10$、$\rho=0.5$、$\tau=0.2$，可得图 8-4。

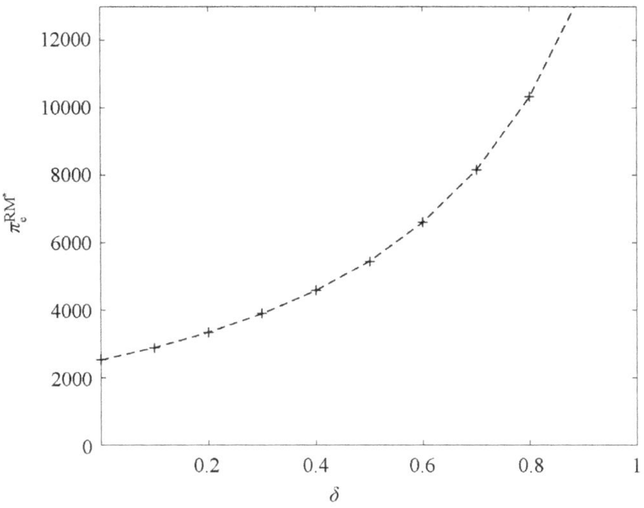

图 8-4　交叉价格弹性系数对电子零售商利润影响图

命题 8-9，在转售—代售情景下，佣金率对两个供应商和电子零售商的均衡决策和利润的影响如下。

命题 8-9（a），$\frac{\partial w_1^{RM^*}}{\partial \tau}<0$，$\frac{\partial p_1^{RM^*}}{\partial \tau}>0$，$\frac{\partial p_2^{RM^*}}{\partial \tau}>0$，$\frac{\partial D_1^{RM^*}}{\partial \tau}<0$，$\frac{\partial D_2^{RM^*}}{\partial \tau}>0$。

命题 8-9（b），$\frac{\partial \pi_1^{RM^*}}{\partial \tau}<0$，$\frac{\partial \pi_2^{RM^*}}{\partial \tau}<0$。

由命题 8-9（a）可知，在转售—代售情景下，随着佣金率的提高，供应商 1 产品的批发价和市场需求下降，供应商 2 产品的市场需求和零售价增加。这是因为供应商需向电子零售商支付平台佣金，而更高的佣金率增加了供应商的成本，迫使其提高零售价以减少损失。因此电子零售商不得不提高其产品的零售价以实现价格竞争，但市场需求也随之降低。供应商 2 的产品需求随佣金率的提高而不断增加，这足以说明在混合销售模式的市场中，选择代售模式的供应商具有更大的优势。同时，随着佣金率的提高，电子零售商更倾向于与选择代售模式的供应商 2 合作。因此供应商 1

只能设定一个较低的批发价来吸引电子零售商的合作。

命题 8-9（b）说明，在转售—代售情景下，两个供应商的利润都与佣金率呈负相关。结合命题 8-9（a）可知，批发价和市场需求的降低会减少供应商 1 的利润，而佣金率越高，供应商 2 需要支付的平台费用就越高，其利润就越低。为参数赋值 $a=200$、$\beta=5$、$\theta=10$、$k=10$、$\delta=0.3$、$\rho=0.5$，可得图 8-5。

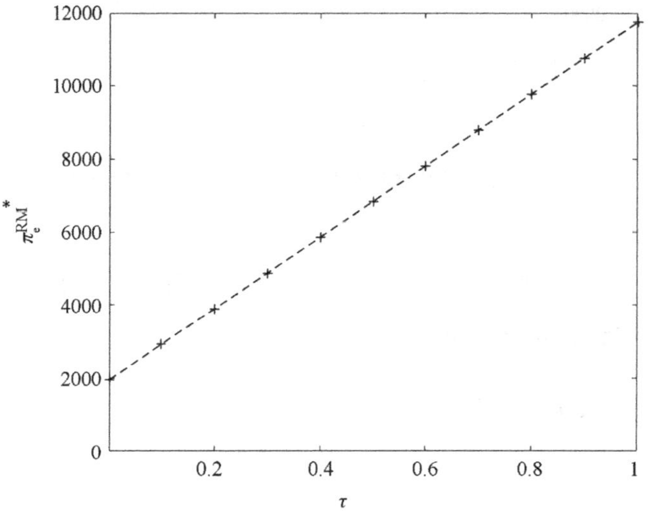

图 8-5　佣金率对电子零售商利润影响图

观察图 8-5 可发现，电子零售商的利润与佣金率呈正相关。因为佣金率越高，电子零售商获得的佣金越多，其利润也就越高。因此，在混合销售模式的市场中，供应商会尽可能地选择代售模式来获得更大的利润，并与佣金率较低的电子零售商合作以确保收入，但电子零售商会尽可能地提高佣金率。

四、代售—代售情景

在代售—代售情景下，两个供应商都以代售模式与电子零售商合作，即电子零售商向两个供应商收取佣金，并允许他们直接在平台上零售产品。结合需求函数，供应链成员的利润函数为：

$$\pi_1=(1-\tau)p_1D_1-k\theta^2 \tag{8-9}$$

$$\pi_2=(1-\tau)p_2D_2-k\theta^2 \tag{8-10}$$

$$\pi_e=\tau(p_1D_1+p_2D_2) \tag{8-11}$$

通过最大化两个供应商的利润 π_1^{MM} 和 π_2^{MM}，获得生鲜品的零售价 $p_1^{MM^*}$ 和 $p_2^{MM^*}$。均衡结果如引理 8-3 所示。

引理 8-3，在代售—代售情景下的均衡价格、市场需求和利润为

$$p_1^{MM^*}=\frac{[(1-\rho)\delta+2\rho]a+\beta\theta(\delta+2)}{4-\delta^2},$$

$$p_2^{MM^*}=\frac{[(\delta-2)\rho+2]a+\beta\theta(\delta+2)}{4-\delta^2},$$

$$D_1^{MM^*}=\frac{[(1-\rho)\delta+2\rho]a+\beta\theta(\delta+2)}{4-\delta^2},$$

$$D_2^{MM^*}=\frac{[(\delta-2)\rho+2]a+\beta\theta(\delta+2)}{4-\delta^2},$$

$$\pi_1^{MM^*}=\frac{(1-\tau)[(2-\delta)a\rho+a\delta+\beta\theta(\delta+2)]^2}{(\delta^2-4)^2}-k\theta^2,$$

$$\pi_2^{MM^*}=\frac{(1-\tau)\{[(\delta-2)\rho+2)]a+\beta\theta(\delta+2)\}^2}{(\delta^2-4)^2}-k\theta^2,$$

$$\pi_e^{MM^*}=\frac{\tau\{[2\rho(\rho-1)(\delta-2)^2+\delta^2+4]a^2+2\beta\theta(\beta\theta+a)(\delta+2)^2\}}{(\delta^2-4)^2}。$$

下文比较了代售—代售情景下两个供应商产品的最优零售价和市场需求，以及竞争供应商的最优利润，结果如命题 8-10 所示。

命题 8-10，在代售—代售情景下，对比两个供应商产品的价格和市场需求，以及竞争供应商的最优利润，可得当 $\rho>0.5$ 时，$p_1^{MM^*}>p_2^{MM^*}$，$D_1^{MM^*}>D_2^{MM^*}$，$\pi_1^{MM^*}>\pi_2^{MM^*}$；当 $\rho\leqslant 0.5$ 时，$p_1^{MM^*}\leqslant p_2^{MM^*}$，$D_1^{MM^*}\leqslant D_2^{MM^*}$，$\pi_1^{MM^*}\leqslant\pi_2^{MM^*}$。

命题 8-10 说明，只有当供应商 1 的市场份额超过一半时，其产品的零售价、市场需求和利润才高于供应商 2。与转售—转售情景下一样，市场份额越高意味着产品需求越高，供应商就越有能力设定更高的零售价，并获得更高的利润。基于此，在供应商都选择代售模式的市场中，供应商会试图获得更高的市场份额，制定对自己更有利的零售价，从而获得更高的利润。

接下来讨论新鲜度水平、供应商市场份额、交叉价格系数和佣金率等因素对供应链决策和效益的影响。

命题 8-11，在代售—代售情景下，新鲜度水平对两个供应商和电子零售商的均衡决策和利润的影响如下。

命题 8-11（a），$\frac{\partial p_1^{MM^*}}{\partial\theta}>0$，$\frac{\partial p_2^{MM^*}}{\partial\theta}>0$，$\frac{\partial D_1^{MM^*}}{\partial\theta}>0$，$\frac{\partial D_2^{MM^*}}{\partial\theta}>0$。

命题 8-11（b），$\frac{\partial \pi_e^{MM^*}}{\partial\theta}>0$。

当 $k<\frac{\beta(\tau-1)\{[(\rho-1)a-\beta\theta]\delta-2a\rho-2\beta\theta\}}{\theta(\delta+2)(\delta-2)^2}$时，$\frac{\partial \pi_1^{MM^*}}{\partial\theta}>0$；否则，$\frac{\partial \pi_1^{MM^*}}{\partial\theta}\leqslant 0$。当 $k<\frac{\beta(1-\tau)[(a\rho+\beta\theta)\delta+2a(1-\rho)+2\beta\theta]}{\theta(\delta+2)(\delta-2)^2}$时，$\frac{\partial \pi_2^{MM^*}}{\partial\theta}>0$；否则，$\frac{\partial \pi_2^{MM^*}}{\partial\theta}\leqslant 0$。

由命题 8-11（a）可知，在代售—代售情景下，两个供应商的产品零售价和市场需求与新鲜度水平呈正相关。这是因为新鲜度的提高降低了生鲜品的腐烂率，使得对新鲜度敏感的消费者愿意购买更多的产品，并为其支付更多的费用，因此两个供应商将提高零售价以获得更高的利润。

由命题 8-11（b）可知，在代售—代售情景下，电子零售商的利润与新鲜度水平呈正相关。这主要受益于零售价和市场需求的增加，进而提高了佣金。对于两个供应商来说，只有当保鲜成本系数较小时，其利润才与产品新鲜度水平呈正相关。因为为产品保鲜需要成本，且新鲜度越高供应商的新鲜度成本就越高。因此，当该成本高于保鲜给供应商带来的利润时，供应商的利润就会减少。基于此，与转售—转售情景和转售—代售情景下一样，供应商只有在保鲜成本较低的情况下才会提供保鲜服务，而电子零售商则希望供应商能够一直提供保鲜服务。

命题 8-12，在代售—代售情景下，供应商 1 的市场份额对两个供应商和电子零售商的均衡决策和利润的影响如下。

命题 8-12（a），$\frac{\partial p_1^{MM^*}}{\partial \rho}>0$，$\frac{\partial p_2^{MM^*}}{\partial \rho}<0$，$\frac{\partial D_1^{MM^*}}{\partial \rho}>0$，$\frac{\partial D_2^{MM^*}}{\partial \rho}<0$。

命题 8-12（b），$\frac{\partial \pi_1^{MM^*}}{\partial \rho}>0$，$\frac{\partial \pi_2^{MM^*}}{\partial \rho}<0$。当 $\rho>0.5$ 时，$\frac{\partial \pi_e^{MM^*}}{\partial \rho}>0$；当 $\rho\leqslant 0.5$ 时，$\frac{\partial \pi_e^{MM^*}}{\partial \rho}\leqslant 0$。

命题 8-12（a）说明，在代售—代售情景下，供应商 1 的产品零售价和市场需求与供应商 1 的市场份额呈正相关。供应商 2 同理。这个结果与转售—转售情景下一致。

由命题 8-12（b）可知，在代售—代售情景下，供应商 1 的利润与供应商 1 的市场份额呈正相关，而供应商 2 的利润与该市场份额呈负相关。对于电子零售商来说，只有当供应商 1 的市场份额超过一半时，电子零售商的利润才与供应商 1 的市场份额呈正相关。换句话说，当两个供应商的市场份额相等时，电子零售商的利润最小。与转售—转售情景下一样，当两个供应商的市场份额相等时，电子零售商很难从中受益。因此，供应商会通过增加市场份额来增加利润，而电子零售商更倾向于上游供应商市场份额不均衡的市场。

命题 8-13，在代售—代售情景下，两个渠道之间的交叉价格系数对两个供应商和电子零售商的均衡决策和利润的影响如下。

命题 8-13（a），$\frac{\partial p_1^{MM^*}}{\partial \delta}>0$，$\frac{\partial p_2^{MM^*}}{\partial \delta}>0$，$\frac{\partial D_1^{MM^*}}{\partial \delta}>0$，$\frac{\partial D_2^{MM^*}}{\partial \delta}>0$。

命题 8-13（b），$\frac{\partial \pi_1^{MM^*}}{\partial \delta}>0$，$\frac{\partial \pi_2^{MM^*}}{\partial \delta}>0$，$\frac{\partial \pi_e^{MM^*}}{\partial \delta}>0$。

命题 8-13 说明，产品的零售价和市场需求，以及两个供应商和电子零售商的利润与两个渠道之间的交叉价格系数呈正相关。因此渠道竞争越激烈，产品的价格和市场需求就越高，供应商和电子零售商从中获得的利益就越多。供应商和电子零售商更倾向于选择竞争更激烈的市场以获得更高的利润，这与转售—转售情景和转售—代售情景下的结果一致。

命题 8-14，在代售—代售情景下，佣金率对两个供应商和电子零售商的均衡决策和利润的影响如下。

命题 8-14（a），$\frac{\partial p_1^{MM^*}}{\partial \tau}=0$，$\frac{\partial p_2^{MM^*}}{\partial \tau}=0$，$\frac{\partial D_1^{MM^*}}{\partial \tau}=0$，$\frac{\partial D_2^{MM^*}}{\partial \tau}=0$。

命题 8-14（b），$\frac{\partial \pi_1^{MM^*}}{\partial \tau}<0$，$\frac{\partial \pi_2^{MM^*}}{\partial \tau}<0$，$\frac{\partial \pi_e^{MM^*}}{\partial \tau}>0$。

由命题 8-14（a）可知，在代售—代售情景下的所有零售价和市场需求都不受佣金率的影响，这个结果与转售—代售情景下不同，这是因为两个供应商选择了相同的销售模式并支付了相同的佣金。因此，佣金率对供应商之间的竞争、供应商的定价和市场需求没有影响。

由命题 8-14（b）可知，在代售—代售情景下，两个供应商的利润与佣金率呈负相关，而电子零售商的利润与佣金率呈正相关。因为佣金率越高，供应商支付给电子零售商的佣金就越高。因此，随着佣金率的提高，两个供应商的利润减少，而电子零售商的利润增加。正因如此，在一个所有供应商都选择代售模式的市场中，供应商会优先选择佣金率较低的电子零售商进行合作，而电子零售商则会尽可能地提高佣金率。

第四节 模型比较

本节比较分析了 3 种销售情景下的供应链最优决策和利润。通过参数赋值 $a=100$、$\beta=5$、$\theta=10$、$k=10$、$\delta=0.3$、$\rho=0.5$，可得本节中的所有函数图像。接下来将依次对 3 种销售情景下的产品最优批发价、零售价和市场需求，以及两个供应商的策略选择和电子零售商的销售模式偏好进行对比分析。

命题 8-15，当佣金率较低时，供应商 1 产品的批发价在转售—代售情景下更高，而当佣金率较高时，该批发价在转售—转售情景下更高。

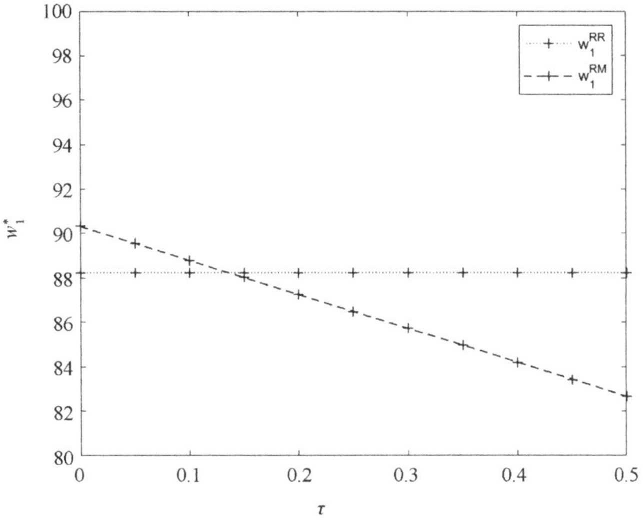

图 8-6　批发价比较图

观察图 8-6 可发现，在转售—代售情景下，若平台的佣金率较低，则供应商需支付的佣金费用较少，这时电子零售商更倾向于与供应商 1 合作，因此供应商 1 有更多权力和机会确定较高的批发价。当电子零售商收取高额佣金时，情况则完全相反。在代售模式下，电子零售商通过与供应商 2 合作来获得较高的佣金，这使得供应商 1 不得不设定一个较低的批发价来吸引电子零售商。

命题 8-16，通过比较 3 种情景下的最优零售价，可得 $p_1^{RR^*} > p_1^{RM^*} > p_1^{MM^*}$，$p_2^{RR^*} > p_2^{RM^*} > p_2^{MM^*}$。

命题 8-16 说明，两个供应商产品的零售价都是在转售—转售情景下最高，在代售—代售情景下最低，其中的关键因素是双重边缘化效应。与转售—转售情景和转售—代售情景相比，代售—代售情景下的两个供应商直接定价，完全避免了双重边缘化效应，从而取得了最低的零售价。在转售—代售情景下，一个供应商直接设定零售价，另一个供应商通过电子零售商两次提高价格，受双重边缘化效应影响较小，使得转售—代售情景下的零售价介于转售—转售情景和代售—代售情景之间。

此外，与转售—转售情景相比，转售—代售情景下供应商 2 选择代售模式，而供应商 1 不改变策略，但是供应商 1 的零售价也降低。这表明，一个供应链成员的战略选择不仅会影响到自己的决策，还会影响到其他供应链成员的决策。

命题 8-17，通过比较 3 种情情景下的最优市场需求，可得 $D_1^{MM^*} > D_1^{RR^*} > D_1^{RM^*}$，$D_2^{RM^*} > D_2^{MM^*} > D_2^{RR^*}$。

由命题 8-17 可知，对于供应商 1 来说，代售—代售情景下市场需求最大，转售—代售情景下市场需求最小。对于供应商 2 来说，转售—代售情景下市场需求最大，代售—代售情景下市场需求最小。首先可以发现代售—代售情景总是比转售—代售情景有更高的要求，这是因为消费者购买产品的意愿受到零售价的影响，这与大众的认知是一致的。在大多数情况下，一种产品的零售价越低，消费者的支付意愿就越高，对该产品的需求也就越高。但是两个供应商在转售—代售情景下的产品需求水平并不完全符合这一规律，这主要是由于混合销售模式的市场竞争造成的。结合命题 8-5 可知，在两个供应商有不同选择的混合销售模式市场中，选择代售模式的一方在零售价上更有优势。因此，更多的消费者选择了供应商 2 的产品，而放弃了供应商 1 的产品，导致对两个供应商产品的需求差距较大。

此外，与转售—转售情景相比，转售—代售情景下的其中一个供应商改变了销售策略，导致两种产品的市场需求都发生了很大的变化，这再次证明了一个供应链成员的战略选择也会对其他供应链成员产生影响。

命题 8-18，当佣金率较低时，供应商 1 的利润在代售—代售情景下达到最高，而当佣金率较高时，该利润在转售—转售情景下达到最高。

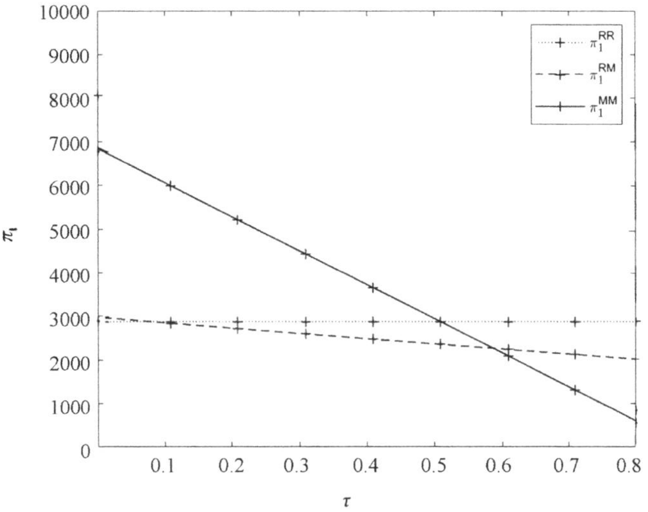

图 8-7 供应商 1 利润比较图

观察图 8-7 可发现，供应商 1 的最优策略决策受佣金率的影响。如果电子零售商收取的佣金较低，供应商 1 在代售—代售情景下可以获得最高利润，此时供应商 1 使用电商平台销售产品只需支付少量的佣金费用，因此该供应商更倾向于选择代售模式。如果电子零售商收取的佣金较高，则供应商 1 在转售—转售情景下可以获得最高利润。在这种情况下，选择转售模式可以让供应商 1 避免高昂的佣金成本，从而获得更高的利润，因此供应商 1 更倾向于选择转售模式。

命题 8-19，当佣金率较低时，供应商 2 的利润在转售—代售情景下达到最高，而当佣金率高时，该利润在转售—转售情景下达到最高。

观察图 8-8 可发现，供应商 2 的最优策略决策受佣金率的影响，且决策过程与供应商 1 相似。如果电子零售商收取的佣金较低，供应商 2 在转售—代售情景下可以获得最高利润，此时供应商 2 只需向电子零售商支付少量的佣金费用，因此该供应商更倾向于选择代售模式。此外，结合命题 8-9 可知，如果供应商 1 选择转售模式，供应商 2 可以从价格竞争中受益，从而获得更高的利润，因此供应商 2 更倾向于选择转售—代售情景。如果

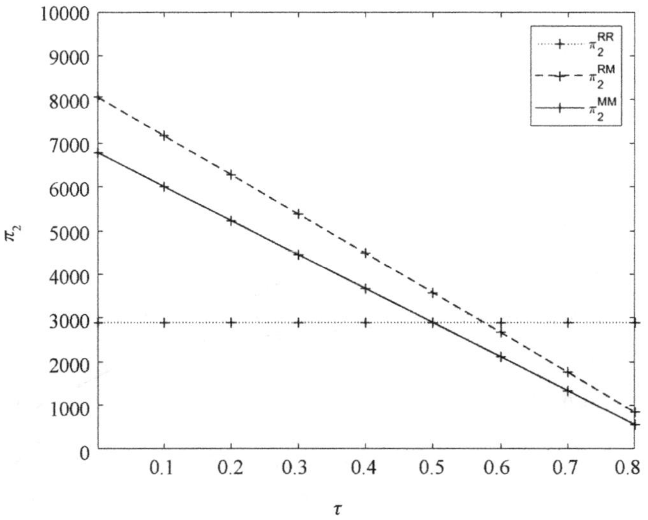

图 8-8 供应商 2 利润比较图

电子零售商收取的佣金较高，供应商 2 在转售—转售情景下可以获得最高利润。这是因为供应商 2 使用线上平台需支付的费用较高，所以供应商 2 更倾向于选择转售模式。

命题 8-20，当佣金率较低时，电子零售商的利润在转售—转售情景下达到最高，而当佣金率较高时，该利润在代售—代售情景下达到最高。

观察图 8-9 可发现，电子零售商的最优策略决策受佣金率的影响。如果电子零售商设定的佣金率较低，就可以在转售—转售情景下获得最高利润，这是因为电子零售商向供应商提供线上平台收取的费用过低会导致其最终利润较低。此时，电子零售商更倾向于两个供应商都选择转售模式。如果电子零售商设定的佣金率较高，就可以在代售—代售情景下获得最高利润，这是因为电子零售商可以通过向供应商提供线上平台收取更高的费用来增加收入。因此在这种情况下，电子零售商更希望两个供应商都选择代售模式。

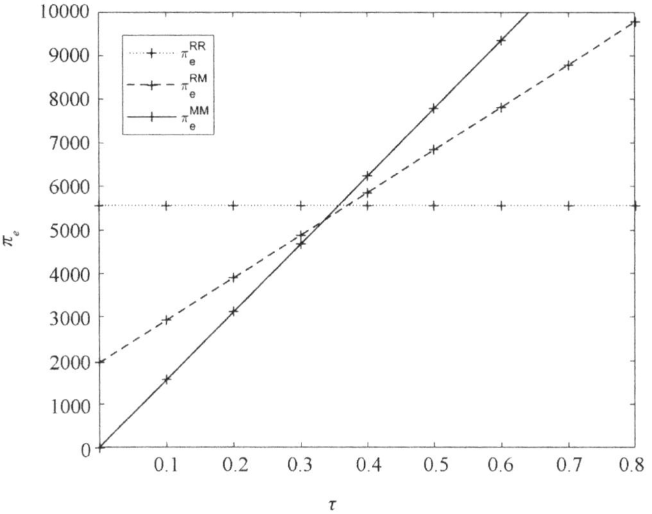

图 8-9　电子零售商利润比较图

第五节　本章小结

本章研究了生鲜品供应链中竞争供应商的线上销售模式选择问题。具体来说，本章研究了一个由两个相互竞争的供应商和一个提供线上平台的电子零售商组成的生鲜品供应链。其中，两个供应商决策销售模式，然后与电子零售商合作销售生鲜品，并提供保鲜服务。电子零售商提供了一个支持自己和供应商直接销售产品的线上平台。本章考虑了产品新鲜度、平台佣金、供应商市场份额和两个渠道之间的交叉价格系数等因素，研究了 3 种销售情景，得到了两个供应商和电子零售商的最优决策和利润。最后通过理论分析和数值分析得出如下管理见解：

第一，新鲜度水平对生鲜品价格和电子零售商的利润都有正向影响，但是只有当保鲜成本较低时，供应商才能从产品新鲜度水平的提高中受益。

第二，供应商的市场份额对其自身利润绝对有利，但当两个供应商的市场份额相当时，电子零售商无法获得较高的利润。

第三，两个渠道之间的竞争对供应链的绩效总是有积极的影响。

第四，佣金率越低，电子零售商就越不喜欢代售模式。而供应商的最优决策也与佣金率有关，即佣金率越低，供应商越倾向于选择代售模式。

第五，在不同的销售情景下，供应商的最优策略是不同的，并且如果竞争供应商选择不同的销售模式，则选择代售模式的一方将获得更高的利润。

第六，当竞争供应商做出相同的选择时，佣金并不影响供应商之间的竞争和决策。

本章采用了确定性需求函数，然而实际市场中的需求并不总是确定的，因此未来的研究中可以引入不确定性需求。此外，本章只考虑了生鲜供应商的竞争，然而多家电子零售商之间的竞争也并不少见，因此可以通过考虑电子零售商在市场上的竞争进一步扩展研究。

第九章　考虑保鲜服务的生鲜品供应链销售模式选择研究

第一节　背景介绍

近年来，随着互联网技术的发展和人们生活水平的提高，网络购物在日常消费形式中的比重越来越大，同时生鲜品逐渐成为生活中的重要必需品，这使得生鲜电商行业得以迅猛发展。据相关数据统计，2017 年我国生鲜电商市场规模首次突破 1000 亿，随着京东到家、叮咚买菜、美团优选等诸多生鲜电商企业不断发展壮大，据艾瑞咨询预计，2023 年中国生鲜电商市场交易规模将超 8000 亿元。

随着电商行业的飞速发展，市场中基于电商平台的销售模式也在不断创新。最初，电商平台只以转售模式与各供应商合作，先从供应商处以低价批发产品，再以较高价格零售给终端市场，从中赚取差价。为应对激烈的市场竞争，电商平台逐渐引入了一种新的销售模式，即代售模式。此时的电商平台只提供线上市场，由供应商自主定价销售后向电商平台支付佣金。此外，考虑到生鲜品易变质和保存条件严格等特点，卖家通常会在生鲜品运输和销售的过程中为其提供保鲜服务以降低损耗。随着生鲜电商和保鲜技术的发展，供应商和电商平台之间由谁为产品提供保鲜服务也逐渐成为热点话题。

目前，已有许多国内外学者对生鲜品供应链的保鲜和定价问题展开研究。如曹晓宁等建立了双渠道供应链决策模型，考虑了新鲜度衰减和供应商的保鲜努力，并通过引入协调契约，讨论了供应商的保鲜决策和构建协调模型的必要性。伍大清和刘艳利考虑了消费者的产品偏好、保鲜努力水平和运输时间等因素，构建了一个两级生鲜品供应链博弈模型，并讨论了供应链的决策和协调问题。Yu 和 Xiao 建立了三级生鲜农产品供应链决策模型，讨论了其冷链服务水平和定价策略，并分析了外包冷链物流策略对供应链成员决策的影响。董振宁等基于受保鲜投入水平影响的产品新鲜度和保鲜成本，建立了两级生鲜品供应链博弈模型，讨论了供应商主导、零售商主导和集中决策下的保鲜、定价决策和协调契约。陈艳等基于受价格和供应商保鲜努力水平影响的市场需求函数，构建了生鲜混合双渠道供应链的 Stackelberg 博弈模型，并讨论了其保鲜和定价决策。Ma 等考虑了需求不对称的市场，分析了物流服务外包策略下的三级生鲜品供应链中成员的保鲜策略和定价策略。张晓和安世阳考虑了零售商的公平关切行为，讨论了保鲜成本由供应链成员共担情况下的生鲜品双渠道供应链中的保鲜决策和协调契约。随着电商行业的发展壮大，学者们对生鲜电商平台也进行了广泛的研究。如周涛等考虑到生鲜品的保鲜努力水平和线下体验服务，建立了生鲜品供应链博弈模型，并通过引入契约实现供应链协调。郑秋鹏等在考虑新鲜度、市场需求和保鲜努力信息不对称的情况下，讨论了团购平台主导的三级生鲜品供应链博弈模型中的保鲜和定价决策。Xu 等构建了生鲜品供应链博弈模型，并讨论了生鲜电商的销售模式选择和引入自有品牌策略对企业运营策略的影响。崔鑫等基于 3 种物流合作模式，考虑了市场随机需求和保鲜努力等因素，讨论了生鲜电商供应链中的市场需求预测和供应链成员的合作模式偏好。Wang 和 Ma 考虑了战略性库存，建立了不同采购策略的两级生鲜品供应链博弈模型，探讨了采购策略对供应链决策和效益的影响。但是以上关于生鲜品供应链的研究中很少涉及提供转售模式和代售模式的电商平台的销售模式选择问题。

此外，大量学者已经对电商平台的销售模式进行了讨论。如王辰宇等基于可提供直销和分销两种销售模式的电商平台，构建了两级生鲜品供应链博弈模型，分析了制造商的销售模式选择与其对应的直播营销策略选择。徐明月构建了基于电商平台的双渠道供应链决策模型，讨论了线上渠道中电商平台分享与不分享信息情形下的销售模式选择。唐飞和苑希港运用博弈论构建了不同模式组合下基于网络平台的闭环供应链决策模型，探讨了制造商的销售模式和回收模式的选择。Zhang 和 Ma 建立了两级电商供应链博弈模型，探讨了供应商及平台的物流服务策略和电商平台是否进一步引入市场模式的策略选择。李春雨等基于受消费者转移和平台差异影响的市场需求函数，建立了不同销售模式、渠道结构和决策方式下的 Stackelberg 博弈模型，并分析了供应商的最优运营策略。赖雪梅和聂佳佳建立了制造商主导的双渠道供应链的 Stackelberg 博弈模型，讨论了受风险规避影响的销售模式策略选择。Huang 等基于消费者的战略等待，探讨了制造商的线上渠道销售模式选择和电子零售商对引入自有品牌的策略选择。Jia 和 Li 构建了包含一个提供市场模式和转售模式电商平台的供应链决策模型，探讨了新产品和再制造产品的销售模式策略选择。林强等考虑了信贷支付影响因子和佣金率等因素的影响，建立了代理模式和批发模式下的电商供应链博弈模型，探讨了不同消费支付方式下的电商销售模式选择。Yan 等考虑了线上渠道的溢出效应，讨论了双渠道供应链中电商平台是否进一步引入市场模式的策略选择。Liu 等基于受新鲜度和区块链可追溯性影响的需求函数，构建了双渠道供应链决策模型，并探讨了电商平台的销售模式策略选择。田晨等建立了包含竞争制造商和竞争电商平台的供应链博弈模型，并分析讨论了电商平台的物流服务策略和制造商的销售模式策略。但是以上关于电商平台销售模式选择的研究中很少涉及生鲜品的决策和保鲜策略选择。

以上研究成果主要针对生鲜品供应链中的保鲜策略及保鲜决策问题，以及电商平台的销售模式选择问题，但很少有学者将其结合起来。因此，本章基于一条由单个供应商和单个电商平台组成的生鲜品供应链，考虑了保鲜成本系数和平台佣金率对供应链决策和效益的影响，主要探讨3个问题：供应商选择哪种销售模式入驻电商平台才能实现利益最大化；供应商和电商平台中谁为产品提供保鲜服务才能保证双方的利益最大化；保鲜成本系数和平台佣金率如何影响该生鲜品供应链的决策和供应链各成员的最优利润。为解决这3个问题，本章构建了由供应商主导的两级生鲜品供应链 Stackelberg 博弈模型，讨论了保鲜成本系数和平台佣金率等因素的影响，并通过比较，分析了供应链各成员的销售模式和保鲜服务提供商的策略选择。

第二节　模型描述与假设

考虑一条包含单个供应商和单个电商平台的生鲜品供应链，其中供应商提供生鲜品，并通过电商平台销售给终端客户。假设该供应商的市场影响力较大，因此拥有优先定价和决策销售模式的权力。通常供应商入驻电商平台可采用转售或代售的销售模式。其中，转售模式下供应商优先确定生鲜品的批发价 w，并将其批发给电商平台，电商平台进而确定产品的零售价 p，并将其销往市场。而代售模式下供应商拥有生鲜品的定价权，即供应商直接确定产品的零售价 p，并在电商平台上进行销售，然后向平台支付其销售额的一小部分作为佣金。参考魏杰和姜云超的研究及实际市场数据，生鲜品供应商入驻京东生鲜的佣金率为3%—5%，入驻天猫商城的佣金率为2%—5%，入驻苏宁生鲜的佣金率为2%—6%，因此本章假设平台收取的佣金率为外生变量，其取值区间确定为 $\tau\in[0,\ 0.25]$。

供应链各成员通常需要在生鲜品的运输和保存过程中付出保鲜努力，以保证其新鲜度，假设该供应商和电商平台都有足够的能力提供保鲜服务。用 l $(0<l<1)$ 表示保鲜努力水平，参考 Yu 等的研究，假设保鲜成本为保鲜努力水平的二次函数，表示为 kl^2，其中 k $(k>0)$ 为保鲜成本系数，并且保鲜成本系数越高意味着达到目标保鲜努力水平需花费的资金越多。该二次函数的形式反映了保鲜成本变化的普遍情况，即保鲜努力水平越高，要继续提高保鲜努力水平就越困难，所增加的成本就越多。

考虑到供应商在转售模式和代售模式之间的战略选择，以及产品所有者在供应商和电商平台之间保鲜服务提供方的选择，存在如图 9-1 所示的 4 种市场结构。

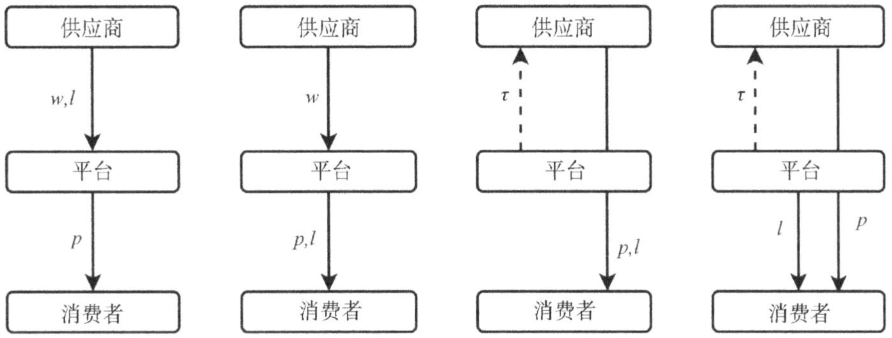

图 9-1　4 种市场结构图

转售模式下供应商保鲜结构（RS），供应商以转售模式入驻电商平台，并由供应商提供保鲜服务。

转售模式下电商平台保鲜结构（RE），供应商以转售模式入驻电商平台，并由电商平台提供保鲜服务。

代售模式下供应商保鲜结构（AS），供应商以代售模式入驻电商平台，并由供应商提供保鲜服务。

代售模式下电商平台保鲜结构（AE），供应商以代售模式入驻电商平台，并由电商平台提供保鲜服务。

参考 Liu 等的需求函数设置，生鲜品的市场需求同时受产品所有者制定的零售价和运输与保存过程中损失的新鲜度的影响，即市场需求随零售价的升高而减少，随新鲜度损失量的增长而降低，具体函数可表示为：

$$D^j = a - p^j - \beta\left[\theta_0 - \theta\left(l^j\right)\right] \tag{9-1}$$

其中，a（$a>0$）表示生鲜品的潜在市场规模，p^j 表示 j 结构下产品的零售价（j=RS，RE，AS，AE），$\beta\left[\theta_0-\theta\left(l^j\right)\right]$ 表示 j 结构下因产品新鲜度降低而损失的市场需求。其中，θ_0（$0<\theta_0<1$）为生鲜品的初始新鲜度，$\theta\left(l^j\right)$ 为 j 结构下供应链各成员付出保鲜努力水平为 l 时产品的新鲜度，β（$0<\beta<1$）为市场需求对产品新鲜度的敏感度系数，且 β 越接近 0，表示新鲜度降低对需求量几乎不产生影响，β 越接近 1，表示受新鲜度降低而损失的需求量越高。

参考 Cai 等的研究，令 $\theta\left(l\right)=\theta_0 l$，为了简化运算，进一步假设 $\theta_0=1$，则需求函数可改写为：

$$D^j=a-p^j-\beta\left(1-l^j\right) \tag{9-2}$$

第三节 模型建立及其均衡分析

本节中，假设销售模式和保鲜服务提供方提前确定，分别构建 4 种保鲜结构下的博弈模型并进行均衡分析，借助代数运算讨论保鲜成本系数和平台佣金率对供应链均衡决策、生鲜品市场需求和成员最优利润的影响。不失一般性，假设供应商和电商平台的生产成本和销售成本都为 0。此外，为保证博弈模型可求解及所有均衡结果均在合理范围内，令 $k>\frac{\beta^2}{4}$ 且 $\beta<a<\min\left\{\frac{4k}{(1-\tau)\ b},\ \frac{8k-\beta^2}{\beta}\right\}$。

一、转售模式下供应商保鲜结构

在转售模式下供应商保鲜结构下，供应商以转售模式入驻电商平台，并由供应商提供保鲜服务。决策顺序为供应商首先确定生鲜品的批发价 w^{RS} 和保鲜努力水平 l^{RS}，然后电商平台制定产品的零售价 p^{RS}。结合市场需求函数，供应商、电商平台和供应链的利润函数可表示为：

$$\pi_s=w\left[a-p-\beta\left(1-l\right)\right]-kl^2 \tag{9-3}$$

$$\pi_e = (p-w)\,[a-p-\beta(1-l)] \tag{9-4}$$

$$\pi_{sc} = p\,[a-p-\beta(1-l)] - kl^2 \tag{9-5}$$

运用逆向归纳法求解模型，对于给定的批发价 w^{RS} 和保鲜努力水平 l^{RS}，先通过最大化电商平台利润函数 π_e^{RS}，求得最优零售价 p^{RS^*}，再通过最大化供应商利润函数 π_s^{RS}，求得最优批发价 w^{RS^*} 和最优保鲜努力水平 l^{RS^*}，进而得到转售模式下供应商保鲜结构下的供应链最优决策、最优市场需求和最优利润，整理如引理 9-1 所示。

引理 9-1，在转售模式下供应商保鲜结构下，最优批发价、保鲜努力水平和零售价分别为 $w^{RS^*}=\frac{4k(a-\beta)}{8k-\beta^2}$、$l^{RS^*}=\frac{\beta(a-\beta)}{8k-\beta^2}$、$p^{RS^*}=\frac{6k(a-\beta)}{8k-\beta^2}$，最优市场需求为 $D^{RS^*}=\frac{2k(a-\beta)}{8k-\beta^2}$，供应商、电商平台和供应链最优利润分别为 $\pi_s^{RS^*}=\frac{k(a-\beta)^2}{8k-\beta^2}$、$\pi_e^{RS^*}=\frac{4k^2(a-\beta)^2}{(8k-\beta^2)^2}$、$\pi_{sc}^{RS^*}=\frac{k(12k-\beta^2)(a-\beta)^2}{(8k-\beta^2)^2}$。

证明：运用逆向归纳法求解模型，对于给定的批发价 w 和保鲜努力水平 l，首先通过（9-4）计算最优零售价，求得对 p 的二阶导数 $\frac{d^2\pi_e}{dp^2}=-2<0$，该二阶导为负，证明（9-4）对 p 为凹函数，存在最优零售价。令（9-4）对 p 的一阶导为 0，$\frac{d\pi_e}{dp}=a-2p-\beta(1-l)+w=0$，可得 p 关于 w 和 l 的反应函数 $p(w,l)=\frac{a+w-\beta(1-l)}{2}$。然后通过（9-3）计算最优批发价和最优保鲜努力水平，将反应函数 $p(w,l)$ 代入（9-3）可得供应商利润关于 w 和 l 的函数 $\pi_s(w,l)=\frac{w[a-\beta(1-l)]-w^2}{2}-kl^2$，其海塞矩阵为 $\begin{bmatrix}-1 & \beta/2\\ \beta/2 & -2k\end{bmatrix}$。当 $k>\frac{\beta^2}{8}$ 时，可以判断海塞矩阵负定，

证明（9-1）对 w 和 l 是联合凹函数，故存在唯一最优解。令（9-3）对 w 和 l 分别求一阶偏导，可得 $\frac{\partial \pi_s}{\partial w}=\frac{a-2w-\beta(1-l)}{2}$，$\frac{\partial \pi_s}{\partial l}=\frac{\beta w-4kl}{2}$。令该一阶偏导为 0，可得转售模式下供应商保鲜结构下的最优批发价 w^{RS^*} 和最优保鲜努力水平 l^{RS^*}。最后将 w^{RS^*} 和 l^{RS^*} 代回反应函数 $p(w,l)$，可得转售模式下供应商保鲜结构下最优决策为 $w^{RS^*}=\frac{4k(a-\beta)}{8k-\beta^2}$，$l^{RS^*}=\frac{\beta(a-\beta)}{8k-\beta^2}$，$p^{RS^*}=\frac{6k(a-\beta)}{8k-\beta^2}$。进而可获得转售模式下供应商保鲜结构结构下最优市场需求和供应商、电商平台及供应链最优利润分别为 $D^{RS^*}=\frac{2k(a-\beta)}{8k-\beta^2}$、$\pi_s^{RS^*}=\frac{k(a-\beta)^2}{8k-\beta^2}$、$\pi_e^{RS^*}=\frac{4k^2(a-\beta)^2}{(8k-\beta^2)^2}$、$\pi_{sc}^{RS^*}=\frac{k(12k-\beta^2)(a-\beta)^2}{(8k-\beta^2)^2}$。引理 9-1 得证。

下文中引理 9-2、引理 9-3、引理 9-4 的证明过程与此类似，故省略。

在转售模式下供应商保鲜结构下，保鲜成本系数对该供应链均衡结果的影响如命题 9-1 所示。

命题 9-1，$\frac{\partial w^{RS^*}}{\partial k}<0$，$\frac{\partial l^{RS^*}}{\partial k}<0$，$\frac{\partial p^{RS^*}}{\partial k}<0$，$\frac{\partial D^{RS^*}}{\partial k}<0$，$\frac{\partial \pi_s^{RS^*}}{\partial k}<0$，$\frac{\partial \pi_e^{RS^*}}{\partial k}<0$，$\frac{\partial \pi_{sc}^{RS^*}}{\partial k}<0$。

命题 9-1 说明，随着保鲜成本系数的增加，转售模式下供应商保鲜结构下的最优批发价、保鲜努力水平和零售价都降低，进而导致生鲜品的市场需求下降，同时供应商、电商平台和供应链的最优利润都减少。保鲜成本系数较大意味着该供应商保鲜技术落后，保鲜工作耗费资金较多。命题 9-1 还说明，供应商保鲜技术较低可直接影响该生鲜品的市场需求，并损害所有供应链成员及整个供应链的利益。因此在供应商以转售模式入驻电商平台且提供保鲜服务的市场中，积极改善保鲜技术对合作双方都有利。

二、转售模式下电商平台保鲜结构

在转售模式下电商平台保鲜结构下，供应商以转售模式入驻电商平台，并由电商平台提供保鲜服务。决策顺序为供应商首先确定批发价 w^{RE}，然后电商平台确定保鲜努力水平 l^{RE} 和零售价 p^{RE}。结合市场需求函数，供应链总利润表达式与转售模式下供应商保鲜结构下一致，供应商和电商平台的利润函数可表示为：

$$\pi_s = w\left[a - p - \beta(1 - l)\right] \tag{9-6}$$

$$\pi_e = (p - w)\left[a - p - \beta(1 - l)\right] - kl^2 \tag{9-7}$$

运用逆向归纳法求解模型，对于给定的批发价 w^{RE}，首先通过最大化电商平台利润函数 π_e^{RE}，确定最优保鲜努力水平 l^{RE^*} 和零售价 p^{RE^*}，然后通过最大化供应商利润函数 $\pi_s^{RE^*}$，求得最优批发价 w^{RE^*}，进而获得转售模式下电商平台保鲜结构下的供应链最优决策、最优市场需求和最优利润，整理如引理 9-2 所示。

引理 9-2，在转售模式下电商平台保鲜结构下，最优批发价、保鲜努力水平和零售价分别为 $w^{RE^*} = \dfrac{a-\beta}{2}$、$l^{RE^*} = \dfrac{\beta(a-\beta)}{8k-2\beta^2}$、$p^{RE^*} = \dfrac{(6k-\beta^2)(a-\beta)}{8k-2\beta^2}$，最优市场需求为 $D^{RE^*} = \dfrac{k(a-\beta)}{4k-\beta^2}$，供应商、电商平台和供应链最优利润分别为 $\pi_s^{RE^*} = \dfrac{k(a-\beta)^2}{8k-2\beta^2}$、$\pi_e^{RE^*} = \dfrac{k(a-\beta)^2}{16k-4\beta^2}$、$\pi_{sc}^{RE^*} = \dfrac{3k(a-\beta)^2}{16k-4\beta^2}$。

在转售模式下电商平台保鲜结构下，保鲜成本系数对该供应链均衡结果的影响如命题 9-2 所示。

命题 9-2，$\dfrac{\partial w^{RE^*}}{\partial k} = 0$，$\dfrac{\partial l^{RE^*}}{\partial k} < 0$，$\dfrac{\partial p^{RE^*}}{\partial k} < 0$，$\dfrac{\partial D^{RE^*}}{\partial k} < 0$，$\dfrac{\partial \pi_s^{RE^*}}{\partial k} < 0$，$\dfrac{\partial \pi_e^{RE^*}}{\partial k} < 0$，$\dfrac{\partial \pi_{sc}^{RE^*}}{\partial k} < 0$。

除最优批发价不受保鲜成本系数影响外，该结论与在转售模式下电商平台保鲜结构下和转售模式下供应商保鲜结构下基本一致。随着保鲜成本系数的增加，转售模式下电商平台保鲜结构下的保鲜努力水平和零售价都降低，导致生鲜品的市场需求下降，同时供应商、电商平台和供应链的最优利润都减少。与命题 9-1 类似，即便转售模式下电商平台保鲜结构下电商平台的保鲜技术较低，也可直接影响该生鲜品的市场需求，并损害所有供应链成员及整个供应链的利益。因此在供应商以转售模式入驻电商平台且由电商平台提供保鲜服务的市场中，供应商和电商平台都希望尽快改善保鲜技术以获得更多的收益。

三、代售模式下供应商保鲜结构

在代售模式下供应商保鲜结构下，供应商以代售模式入驻电商平台，并由供应商提供保鲜服务。此时，供应商直接确定保鲜努力水平 l^{AS} 和生鲜品零售价 p^{AS}。结合市场需求函数，供应链总利润表达式与转售模式下供应商保鲜结构下一致，供应商和电商平台的利润函数可表示为：

$$\pi_s = (1-\tau)\ p\ [a-p-\beta\ (1-l)\ ]\ -kl^2 \tag{9-8}$$

$$\pi_e = \tau p\ [a-p-\beta\ (1-l)\ ] \tag{9-9}$$

运用逆向归纳法求解模型，通过最大化供应商利润函数 π_s^{AS}，确定最优保鲜努力水平 l^{AS^*} 和零售价 p^{AS^*}，进而得到代售模式下供应商保鲜结构结构下的供应链最优决策、最优市场需求和最优利润，整理如引理 9-3 所示。

引理 9-3，在代售模式下供应商保鲜结构下，最优保鲜努力水平和零售价分别为 $l^{AS^*}=\dfrac{\beta\ (1-\tau)\ (a-\beta)}{\beta^2\tau-\beta^2+4k}$、$p^{AS^*}=\dfrac{2k\ (a-\beta)}{\beta^2\tau-\beta^2+4k}$，最优市场需求为 $D^{AS^*}=\dfrac{2k\ (a-\beta)}{\beta^2\tau-\beta^2+4k}$，供应商、电商平台和供应链最优利润分别为

$$\pi_s^{AS^*}=\frac{k\ (1-\tau)\ (a-\beta)^2}{\beta^2\tau-\beta^2+4k}、$$

$$\pi_e^{AS^*}=\frac{4\tau k^2\ (a-\beta)^2}{(\beta^2\tau-\beta^2+4k)^2}、$$

$$\pi_{sc}^{AS^*}=\frac{k\ [4k-\ (1-\tau)^2\beta^2]\ (a-\beta)^2}{(\beta^2\tau-\beta^2+4k)^2}。$$

在代售模式下供应商保鲜结构下，保鲜成本系数对该供应链均衡结果的影响如命题 9-3 所示。

命题 9-3，$\frac{\partial l^{AS^*}}{\partial k}<0$，$\frac{\partial p^{AS^*}}{\partial k}<0$，$\frac{\partial D^{AS^*}}{\partial k}<0$，$\frac{\partial \pi_s^{AS^*}}{\partial k}<0$，$\frac{\partial \pi_e^{AS^*}}{\partial k}<0$，$\frac{\partial \pi_{sc}^{AS^*}}{\partial k}<0$。

随着保鲜成本系数的增加，代售模式下供应商保鲜结构下的最优保鲜努力水平和零售价都降低，导致生鲜品的市场需求下降，同时供应商、电商平台和供应链的最优利润都减少。该结论与转售模式下供应商保鲜结构下基本一致，说明供应商提供保鲜服务的情况下，保鲜技术对供应链最优决策、最优市场需求和最优利润的影响与供应商入驻电商平台的销售模式选择无关。较低的保鲜技术必然不利于刺激该生鲜品的市场需求，并将损害所有供应链成员及整个供应链的利润。因此若供应商以代售模式入驻电商平台且提供保鲜服务，则双方都希望改善保鲜技术以减少损失，从而实现共赢。

在代售模式下供应商保鲜结构下，佣金率对该供应链所有均衡结果的影响如命题 9-4 所示。

命题 9-4，$\frac{\partial l^{AS^*}}{\partial \tau}<0$，$\frac{\partial p^{AS^*}}{\partial \tau}<0$，$\frac{\partial D^{AS^*}}{\partial \tau}<0$，$\frac{\partial \pi_s^{AS^*}}{\partial \tau}<0$。当 $\tau<\frac{4k-\beta^2}{\beta^2}$时，$\frac{\partial \pi_e^{AS^*}}{\partial \tau}>0$，$\frac{\partial \pi_{sc}^{AS^*}}{\partial \tau}<0$。

随着佣金率的提高，代售模式下供应商保鲜结构下的最优保鲜努力水平和零售价都降低，导致生鲜品的市场需求下降，同时供应商的最优利润和供应链的总利润减少。而对电商平台来说，只有佣金率较低时，其最优利润才会随佣金率的提高而增加。较高的佣金率意味着电商平台将向供应商收取更高的佣金，导致供应商的利益受损。为维持收益，供应商不得不降低保鲜努力水平以缩减保鲜成本，导致低新鲜度的产品在市场中需求量较低，并且只能降价销售。电商平台起初可通过提高佣金率获取收益，但当佣金率过高时，其带来的市场需求的大幅下降最终也将损害电商平台的利益。此外，由于供应商在该生鲜品的市场中影响力较大，且居于主导地位，故供应链总利润受佣金率的影响与供应商利润受佣金率的影响相似。因此在供应商以代售模式入驻电商平台且提供保鲜服务的市场中，当平台佣金率较低时，供应商希望进一步降低佣金率，而电商平台则正相反。但当佣金率较高时，供应商和电商平台都希望其适当降低以实现共赢。

四、代售模式下电商平台保鲜结构

在代售模式下电商平台保鲜结构下，供应商以代售模式入驻电商平台，并由电商平台提供保鲜服务。决策顺序为供应商首先确定生鲜品的零售价 p^{AE}，然后电商平台确定保鲜努力水平 l^{AE}。结合市场需求函数，供应链总利润表达式与转售模式下供应商保鲜结构下一致，供应商和电商平台的利润函数可表示为：

$$\pi_s=(1-\tau)\,p\,[a-p-\beta(1-l)] \tag{9-10}$$

$$\pi_e=\tau p\,[a-p-\beta(1-l)]-kl^2 \tag{9-11}$$

运用逆向归纳法求解模型，对于给定的零售价 p^{AE}，首先通过最大化电商平台利润函数 π_e^{AE}，确定最优保鲜努力水平 l^{AE^*}，然后通过最大化供应商利润函数 π_s^{AE}，求得最优零售价 p^{AE^*}，最终得到代售模式下电商平台保鲜结构下的供应链最优决策、最优市场需求和最优利润，整理如引理 9-4 所示。

引理 9-4，在代售模式下电商平台保鲜结构下，生鲜品最优零售价和保鲜努力水平分别为 $p^{AE^*}=\dfrac{k(a-\beta)}{2k-\beta^2\tau}$、$l^{AE^*}=\dfrac{\tau\beta(a-\beta)}{2(2k-\beta^2\tau)}$，最优市场需求为 $D^{AE^*}=\dfrac{a-\beta}{2}$，供应商、电商平台和供应链最优利润分别为

$$\pi_s^{AE^*}=\frac{k(1-\tau)(a-\beta)^2}{4k-2\beta^2\tau}、$$

$$\pi_e^{AE^*}=\frac{\tau k(4k-3\beta^2\tau)(a-\beta)^2}{4(2k-\beta^2\tau)^2}、$$

$$\pi_{sc}^{AE^*}=\frac{k[4k-(2\tau+\tau^2)\beta^2](a-\beta)^2}{4(2k-\beta^2\tau)^2}。$$

在代售模式下电商平台保鲜结构下，保鲜成本系数对该供应链均衡结果的影响如命题 9-5 所示。

命题 9-5，$\frac{\partial p^{AE^*}}{\partial k}<0$，$\frac{\partial l^{AE^*}}{\partial k}<0$，$\frac{\partial D^{AE^*}}{\partial k}=0$，$\frac{\partial \pi_s^{AE^*}}{\partial k}<0$。当 $\tau>\frac{1}{6}$ 且 $k<\frac{3\tau\beta^2}{2}$ 时，$\frac{\partial \pi_e^{AE^*}}{\partial k}>0$，$\frac{\partial \pi_{sc}^{AE^*}}{\partial k}<0$。

随着保鲜成本系数的增加，代售模式下电商平台保鲜结构下的生鲜品最优零售价和保鲜努力水平都降低，生鲜品的市场需求不受影响，同时供应商的最优利润和供应链总利润减少。而只有当平台佣金率较高且保鲜成本系数较小时，电商平台的最优利润才会增加。保鲜成本系数较大意味着该电商平台保鲜技术落后，保鲜工作耗费资金较多。电商平台为减少保鲜成本而降低保鲜努力水平，导致该生鲜品不得不在市场中降价出售，进而导致供应商的利润受损。此外，命题 9-5 说明，代售模式下电商平台保鲜结构下该产品的市场需求不受电商平台保鲜技术的影响。但是对于电商平台来说，若保鲜技术先进且佣金率较高，则保鲜成本系数适当增加时电商平台也能从中获益。因此在供应商以代售模式入驻电商平台且由电商平台提供保鲜服务的市场中，供应商始终希望改进保鲜技术。而电商平台在保鲜技术先进且佣金率较高的情况下，可通过适当降低保鲜技术水平以获取更多利益。

在代售模式下电商平台保鲜结构下，佣金率对该供应链所有均衡结果的影响如命题 9-6 所示。

命题 9-6，$\frac{\partial p^{AE^*}}{\partial \tau}<0$，$\frac{\partial l^{AE^*}}{\partial \tau}<0$，$\frac{\partial D^{AE^*}}{\partial \tau}=0$，$\frac{\partial \pi_e^{AE^*}}{\partial \tau}>0$。当 $k>\frac{\beta^2}{2}$

时，$\frac{\partial\pi_s^{AE^*}}{\partial\tau}<0$，$\frac{\partial\pi_{sc}^{AE^*}}{\partial\tau}>0$。

随着佣金率的提高，代售模式下电商平台保鲜结构下的生鲜品最优零售价和保鲜努力水平都降低，生鲜品的市场需求不受影响。当保鲜成本系数较大时，供应商的最优利润会随佣金率的提高而减少，而电商平台的最优利润和供应链总利润始终随佣金率的提高而增加。较高的佣金率意味着电商平台将向供应商收取更高的佣金，因此佣金率的提高可直接增加电商平台的收益。为进一步减少保鲜成本，电商平台会适当降低保鲜努力水平，导致生鲜品在市场中以低价出售。但这对产品的市场需求最终没有任何影响，该结论与上文略有不同。对于供应商来说，其利润受佣金率影响的情况还与电商平台的保鲜技术有关。只有电商平台的保鲜技术较为落后时，佣金率的提高才会损害供应商的最终收益。因此在供应商以代售模式入驻电商平台且由电商平台提供保鲜服务的市场中，电商平台始终想要提高佣金率。而只有电商平台的保鲜技术落后时，供应商才希望以尽可能低的佣金率与电商平台合作。

第四节　均衡结果比较

本节分别比较了不同销售模式和保鲜服务提供方形成的 4 种市场结构中的最优决策、市场需求，以及合作双方与供应链的利润，进而分析了供应链各成员的策略偏好。

命题 9-7，$w^{RS^*}>w^{RE^*}$。

命题 9-7 说明，若供应商以转售模式入驻电商平台，则由供应商提供保鲜服务时生鲜品的批发价更高。因为供应商提供保鲜时将为了抵消部分保鲜成本而提高给电商平台的批发价，以维持收益。

命题 9-8（a），$l^{RE^*}>l^{RS^*}$，$l^{AS^*}>l^{AE^*}$。

命题 9-8（b），$l^{AS^*}>l^{RS^*}$，$l^{RE^*}>l^{AE^*}$。

命题 9-8 (a) 说明，若供应商以转售模式入驻电商平台，则电商平台提供保鲜服务时保鲜努力水平更高。若供应商选择代售模式入驻电商平台，则供应商提供保鲜服务时保鲜努力水平更高。结合命题 9-7 可知，转售模式下，电商平台提供保鲜服务时生鲜品的批发价更低，此时电商平台可使用更多资金用于产品保鲜，因此保鲜努力水平相对较高。而代售模式下，供应商对生鲜品直接定价销售，故将尽可能地提高保鲜努力水平以提供高质量、高新鲜度的产品，从而通过制定高零售价而获利。

命题 9-8 (b) 说明，若供应商提供保鲜服务，则代售模式下保鲜努力水平更高。若电商平台提供保鲜服务，则转售模式下保鲜努力水平更高。若供应商提供保鲜服务，则其在代售模式下可直接定价，因此将尽可能地提供高新鲜度的产品，并且制定较高的零售价，进而从中获利。同理，转售模式下由电商平台制定零售价，此时电商平台将投入更多精力用于保鲜，通过提高保鲜努力水平的方式提高产品的零售价，以获取更多的利益。

命题 9-9 (a)，当 $k>\frac{\beta^2}{2}$ 时，$p^{RS^*}>p^{RE^*}$，$p^{AS^*}>p^{AE^*}$。

命题 9-9 (b)，当 $k>\frac{(2-3\tau)\ \beta^2}{4}$ 时，$p^{RS^*}>p^{AS^*}$，$p^{RE^*}>p^{AE^*}$。

命题 9-9 (a) 说明，若供应商选择转售模式入驻电商平台，则只有保鲜成本系数较高时，供应商提供保鲜服务时的产品零售价才更高。而代售模式下，供应商提供保鲜服务时零售价始终更高。转售模式下，供应商提供保鲜服务时，若保鲜成本较高，则供应商为抵消保鲜成本会适当提高批发价，从而导致电商平台不得不随之提高产品的零售价。代售模式下，供应商可直接定价，结合命题 9-8 (a) 可知，供应商提供高新鲜度产品的同时会为产品制定较高的零售价。

命题 9-9 (b) 说明，若供应商提供保鲜服务，则只有保鲜成本系数较高时，转售模式下的产品零售价才更高。若电商平台提供保鲜服务，则转售模式下的零售价始终更高。与命题 9-9 (a) 同理，若供应商在转售模式下提供保鲜服务，则保鲜成本较大时会设置较高的批发价，从而导致零售价随之提高。而电商平台提供保鲜服务时，受双重边际效应影响，转售模式下的生鲜品经过二次加价，其零售价更高。

命题 9-10（a），$D^{RE^*}>D^{RS^*}$，$D^{AS^*}>D^{AE^*}$。

命题 9-10（b），当 $D^{AS^*}>D^{RS^*}$，$k>\frac{\beta^2}{2}$时，$D^{AE^*}>D^{RE^*}$。

命题 9-10（a）说明，若供应商选择转售模式入驻电商平台，则电商平台提供保鲜服务时产品的市场需求更高。若供应商选择代售模式入驻电商平台，则供应商提供保鲜服务时产品的市场需求更高。生鲜市场中，产品新鲜度越高、质量越好则市场需求量越大。结合命题 9-8 可知，转售模式下，电商平台提供保鲜服务时保鲜努力水平更高，故此时产品的市场需求更高。而代售模式下，供应商提供保鲜服务时保鲜努力水平更高，故此时产品的市场需求更高。

命题 9-10（b）说明，若由供应商提供保鲜服务，则代售模式下的市场需求更高。若由电商平台提供保鲜服务，则只有当保鲜成本系数较高时，代售模式下的市场需求才更高。结合命题 9-8 可知，供应商提供保鲜服务时，代售模式下其保鲜努力水平更高，因此产品的市场需求也更高。若电商平台提供保鲜服务，则当保鲜成本较高时，其保鲜努力水平必然降低。结合命题 9-9 可知，电商平台在转售模式下会为抵消保鲜成本而提高产品零售价，此时必将导致该产品的市场需求降低。

命题 9-11（a），$\pi_s^{RE^*}>\pi_s^{RS^*}$，$\pi_s^{AS^*}>\pi_s^{AE^*}$。

命题 9-11（b），当 $\pi_s^{AS^*}>\pi_s^{RS^*}$，$k>\frac{\beta^2}{2}$时，$\pi_s^{AE^*}>\pi_s^{RE^*}$。

命题 9-11（a）说明，若供应商选择转售模式入驻电商平台，则电商平台提供保鲜服务时供应商的利润更高。而代售模式下，供应商提供保鲜服务时其利润更高。在转售模式下供应商保鲜结构下，供应商无须负担保鲜成本，因此其利润更高。在代售模式下供应商保鲜结构下，供应商需承担保鲜服务，但此时生鲜品的零售价和市场需求都较高，供应商直接收益明显更高，因此其最终可获取更多利润。

命题 9-11（b）说明，若供应商提供保鲜服务，则代售模式下供应商的利润更高。若电商平台提供保鲜服务，则只有当保鲜成本系数较高时，代售模式下的供应商才能获得更高的收益。这是因为供应商提供保鲜服务时，代售模式下该产品的市场需求较高，供应商可以由此获得较高的收益。而由电商平台提供保鲜服务时，其利润主要依赖于生鲜品的市场需求，即当保鲜成本系数较高时，代售模式下电商平台可获得更高的利润。

命题 9-12（a），$\pi_e^{RE^*}>\pi_e^{RS^*}$，$\pi_e^{AS^*}>\pi_e^{AE^*}$。

命题 9-12（b），当 $k>\frac{(1-3\tau+\sqrt{\tau}\ (1-2\tau)\ \beta^2)}{2-8\tau}$时，$\pi_e^{RS^*}>\pi_e^{AS^*}$，$\pi_e^{RE^*}>\pi_e^{AE^*}$。

命题 9-12（a）说明，转售模式下，电商平台提供保鲜服务时其利润更高。而代售模式下，供应商提供保鲜服务时电商平台可获得更高的利润。因为转售模式下，若电商平台提供保鲜服务，尽管此时需要负担保鲜成本，但是产品批发价较低，并且市场需求较高，故电商平台最终可获得更高的利润。而代售模式下，若由供应商提供保鲜服务，则产品零售价和市场需求都更高，加之电商平台无须承担保鲜费用，故电商平台的最终利润更高。

命题 9-12（b）说明，若供应商提供保鲜服务，则只有当保鲜成本系数较高时，转售模式下的电商平台才能获得更高的利润。而若电商平台提供保鲜服务，则转售模式下其利润始终更高。若供应商提供保鲜服务，则此时电商平台的利润很大程度上依赖于产品零售价，即当保鲜成本较高时，电商平台在转售模式下的利润更高，并且该保鲜成本系数的临界值与电商平台的佣金率相关，即佣金率越高，该临界值越小。而若由电商平台提供保鲜服务，则其利润与生鲜品的市场价格基本一致，即电商平台在转售模式下将获得更高的收益。

命题 9-13（a），$\pi_{sc}^{RE^*}>\pi_{sc}^{RS^*}$，$\pi_{sc}^{AS^*}>\pi_{sc}^{AE^*}$。

命题 9-13（b），当 $\pi_{sc}^{AS^*} > \pi_{sc}^{RS^*}$ 且

$$k > \frac{\left(\tau^2 - \tau + 1 + \sqrt{\tau^4 - 2\tau^3 + 5\tau^2 - 4\tau + 1}\right)\beta^2}{2}$$时，$\pi_{sc}^{AE^*} > \pi_{sc}^{RE^*}$。

命题 9-13（a）说明，转售模式下，电商平台提供保鲜服务时供应链总利润更高。而代售模式下，供应商提供保鲜服务时供应链总利润更高。结合命题 9-11（a）与命题 9-12（a）可知，这个规律与相同销售模式下的供应商和电商平台的利润大小关系一致。由于市场需求和保鲜努力水平带来的优势，在转售模式下由电商平台提供保鲜服务的市场和代售模式下由供应商提供保鲜服务的市场中，博弈双方都可以获得更高的收益，因此供应链总利润也可达到较高水平。

命题 9-13（b）说明，若由供应商提供保鲜服务，则其以代售模式入驻电商平台时供应链总利润更高。而若由电商平台提供保鲜服务，则只有当保鲜成本系数较高时，代售模式下的供应链总利润才会更高。供应商提供保鲜服务时，受益于市场需求和产品新鲜度带来的优势，代售模式下的供应链可取得更高的利润。而由电商平台提供保鲜服务时，供应链总利润主要依赖于该产品的市场需求，只有当保鲜成本较高时，即电商平台的保鲜技术较落后时，代售模式下的供应链总利润才会更高。

此外，供应链总利润在 4 种市场中的变化规律与供应商更相似，这表明相较于电商平台，供应商在该市场中的影响力更大，应居于主导地位，这与上文的模型假设一致。

第五节　数值算例分析

本节对 4 种市场结构中的生鲜品市场需求和供应商、电商平台及供应链的最优利润进行数值分析。为相关参数赋值 $a=1$、$\beta=0.8$、$\tau=0.1$，并借助 MATLAB 工具进行数值模拟，以此验证上述命题。

观察图 9-2 可发现，在转售模式下供应商保鲜结构、转售模式下电商

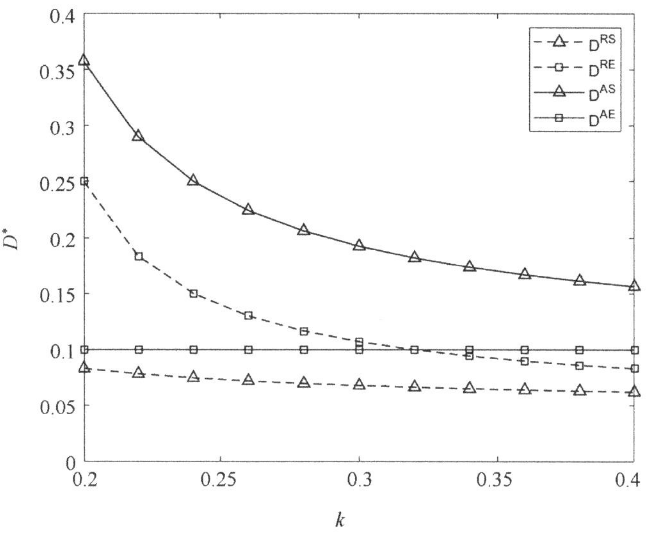

图 9-2　4 种市场结构下的市场需求图

平台保鲜结构和代售模式下供应商保鲜结构下的最优市场需求都随保鲜成本系数的提高而降低，而代售模式下电商平台保鲜结构下的生鲜品市场需求与保鲜成本系数无关。转售模式下，电商平台提供保鲜服务时的市场需求始终高于供应商提供保鲜服务时的市场需求。而在代售模式下，供应商提供保鲜服务时的市场需求更高。若由供应商提供保鲜服务，则供应商以代售模式入驻电商平台时的市场需求始终更高。而由电商平台提供保鲜服务时保鲜成本系数较低，即当电商平台的保鲜技术较为先进时，转售模式下该生鲜品的市场需求较高。而保鲜成本系数较高时，该市场需求在代售模式下达到更高水平。该结果与命题 9-10 的结论一致。

观察图 9-3 可发现，供应商最优利润在 4 种市场结构中都随保鲜成本系数的提高而降低。若供应商以转售模式入驻电商平台，则电商平台提供保鲜服务时供应商的利润始终高于供应商提供保鲜服务时的利润。而代售模式下，供应商提供保鲜服务时的利润始终更高。当供应商提供保鲜服务时，其以代售模式入驻电商平台时的利润始终更高。而若由电商平台提供保鲜服务，则当保鲜成本系数较低时，即当电商平台的保鲜技术较先进

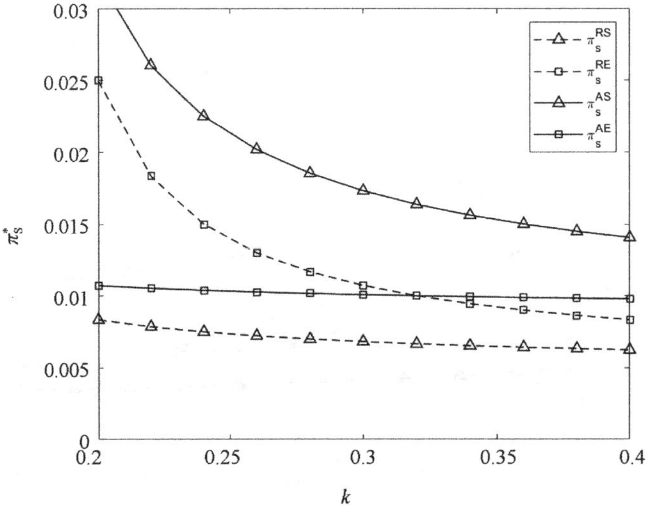

图 9-3 4 种市场结构下的供应商利润图

时，转售模式下的供应商利润更高。当保鲜成本系数较高时，供应商利润在代售模式下达到更高水平。该结果与命题 9-11 的结论一致。

观察图 9-4 可发现，4 种市场结构下电商平台的最优利润都随保鲜成本系数的提高而降低。若供应商以转售模式入驻电商平台，则电商平台提供保鲜服务时其利润始终更高。而代售模式下，由供应商提供保鲜服务时电商平台可获取更高的利润。若确定由供应商提供保鲜服务，则当保鲜成本系数较低时代售模式下的电商平台利润较高，当保鲜成本系数较高时转售模式下该利润更高。而电商平台提供保鲜服务时，其在转售模式下始终能获取更高的利润。该结果与命题 9-12 的结论一致。

观察图 9-5 可发现，4 种市场结构下供应链总利润都随保鲜成本系数的提高而降低。转售模式下，电商平台提供保鲜服务时供应链总利润总是更高。而代售模式下，供应链总利润总是在供应商提供保鲜服务时保持较高水平。这个规律与图 9-3、图 9-4 表示的结果基本一致。若确定由供应商提供保鲜服务，则供应商以代售模式入驻电商平台时供应链总利润始终较高。而若由电商平台提供保鲜服务，则只有当保鲜成本系数较低时，即当

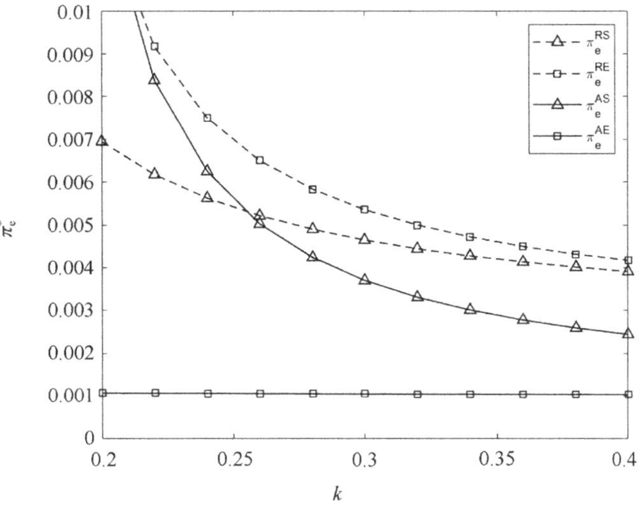

图 9-4　4 种市场结构下的电商平台利润图

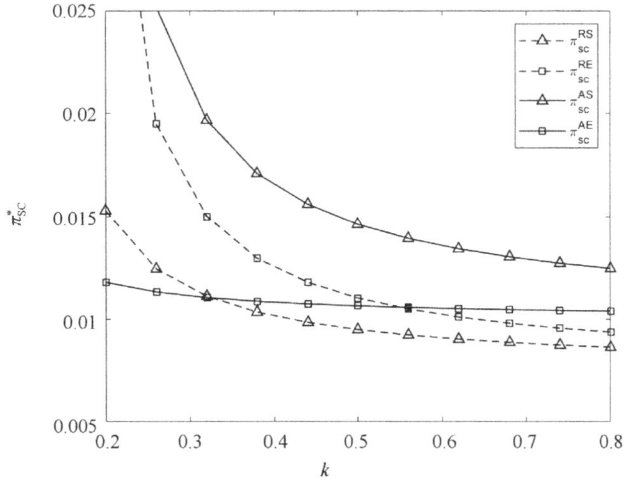

图 9-5　4 种市场结构下的供应链总利润图

电商平台的保鲜技术较为先进时，转售模式下的供应链总利润才能保持较高水平。此外，观察图 9-5 还可发现，供应链总利润的变化和大小关系的规律与图 9-3 中供应商利润的规律十分相似，这表明供应商在该生鲜市场中影响力较大，居于主导地位。该结果与命题 9-13 的结论一致。

第六节　本章小结

本章基于一条由单个供应商和单个电商平台组成的生鲜品供应链，讨论了保鲜成本系数和平台佣金率等因素如何影响供应链决策和供应商及电商平台的利润，并通过比较不同市场结构下的供应链最优决策和效益，分析了供应链各成员的销售模式和保鲜服务提供商的策略选择，最后借助MATLAB工具进行数值模拟，对已得理论加以验证。

研究结果表明：第一，若供应商选择以转售模式入驻电商平台，则合作双方都希望由电商平台提供保鲜服务；第二，若供应商选择以代售模式入驻电商平台，则由供应商提供保鲜服务对双方都更有利；第三，若由供应商提供保鲜服务，则其一定选择以代售模式入驻电商平台，而电商平台只有在供应商的保鲜技术较为先进时才更喜欢代售模式；第四，若由电商平台提供保鲜服务，则其更喜欢转售模式下的合作，而供应商只有在电商平台的保鲜技术较为先进时才会选择以转售模式入驻电商平台；第五，只有在供应商以代售模式入驻电商平台，并且电商平台提供保鲜服务的市场中，佣金率较高且保鲜技术较先进时，电商平台才不急于发展保鲜技术，除此之外，供应商和电商平台都将追求更先进的保鲜技术；第六，当供应商提供保鲜服务时，供应商总是希望佣金率尽量低，而电商平台只有在佣金率过高时，才会适当降低该比率，当电商平台提供保鲜服务时，电商平台将尽可能地提高佣金率，而电商平台的保鲜技术很先进时，供应商也可以接受高佣金率。

本章只考虑了产品的初始新鲜度对交付时新鲜度的影响，而实际情况中，从采摘到交付的时间长短也将影响交付时产品的新鲜度，因此可将时间因素引入下一步的研究中。此外，本章只考虑了单个供应商和单个电商平台的合作，而目前市场中的生鲜品供应链中通常存在竞争关系，因此可进一步研究竞争环境中的保鲜服务和销售模式策略。

第十章　总结与展望

第一节　主要成果总结

生鲜品需求量的持续稳定增长为生鲜行业的发展带来了机遇，而生鲜品的损耗和市场波动问题仍不可忽视。生鲜品供应链中的节点企业选择恰当的保鲜努力投入策略有利于为顾客提供更高保鲜努力水平的产品，从而促进整个供应链系统的效益提升。实际情况是 TPLSP 具备保鲜成本优势，这一因素将直接为生鲜品供应链带来更多的收益，并影响节点企业保鲜策略的选择。同时，下游零售商会进行策略性采购以应对供应波动，从而增强自身在垂直层面的竞争力，推动生鲜品供应链中的成员实现双赢。其中，策略性库存被广泛用于零售层面抵抗上游定价的决策优势，在一定情况下有利于各参与方。针对实际问题并考虑相关因素的影响，本书主要从3个方面进行了研究：一是节点企业的保鲜投入策略选择，契约对外包保鲜策略的改进及供应链的协调效果；二是 TPLSP 的成本优势对外包保鲜策略供应链的决策和保鲜策略选择的影响，数量折扣契约对外包三级生鲜品供应链的协调和弱化成本优势条件的效果；三是两期生鲜品供应链中的不同采购策略对定价和保鲜决策的影响，策略性库存对各参与方的收益影响。由此，建立单期和两期生鲜品供应链博弈模型并求解分析，进行数值算例仿真绘图，展现相关研究结果，从而得到以下结论。

第一，在生鲜品供应链保鲜投入决策模型中，基于不同保鲜投入主体分别建立二级和三级生鲜品供应链模型，对比分析自行保鲜和外包保鲜策略下最优保鲜努力水平决策和各方收益水平，探索节点企业的外包保鲜决策及最优保鲜投入策略选择，并设计了成本分摊和“成本分摊＋收益共享”契约改进外包保鲜策略。研究表明，自行保鲜策略下，零售商负责保鲜可为顾客提供更高保鲜努力水平的生鲜品，也可为供应链中的各参与方带来更多的收益。外包保鲜策略下，零售商承担服务费时 TPLSP 可提供更高的保鲜努力水平，当 TPLSP 的保鲜努力水平达到一定程度后，供应链中的各参与方可在向零售商收费策略下实现多赢。此外，外包保鲜策略既不利于提高保鲜努力水平也不利于节点企业，外包给 TPLSP 将加剧供应链中的双重边际效应，不利于整个系统的效益提升。契约在一定程度上可刺激 TPLSP 提高保鲜努力水平，使各方收益实现帕累托改进，但仍无法促使节点企业选择外包保鲜策略。

第二，在考虑 TPLSP 成本优势的生鲜品供应链保鲜外包决策模型中，基于收费方式建立三级生鲜品供应链模型，分析成本优势对外包保鲜策略决策和各方收益水平的影响，探索 TPLSP 成本优势对节点企业外包保鲜决策选择的影响。研究表明，虽然 TPLSP 的成本优势有利于提高保鲜努力水平，但是未对两种具体外包保鲜策略产生较大影响。在成本优势的影响下，零售商承担服务费时 TPLSP 仍将提供更高的保鲜努力水平。当 TPLSP 的成本优势达到一定水平后，供应链中的各参与方可在向零售商收费策略中实现多赢，且成本优势条件与顾客保鲜努力敏感性密切相关，较高的顾客保鲜努力敏感性更有利于各方获得更多的收益。此外，TPLSP 的成本优势达到一定水平时，外包保鲜策略下的最优保鲜努力水平和节点企业的收益将高于自行保鲜策略下较优的零售商保鲜策略，且恰当的数量折扣契约可弱化节点企业选择保鲜外包的成本优势条件。

第三，在两期生鲜品供应链动态决策模型中，基于采购策略分别建立单期一次性采购、不考虑策略性库存的两期采购和考虑策略性库存的两期采购等 3 种模型，对比分析 3 种采购策略下的定价、保鲜决策及成员收益，探究策略性库存对供应链系统效益的影响和各方采购策略的偏好。研究表明，策略性库存可增强零售商的竞争力，有利于其从供应商处获得较低批发价，可有效应对市场供应价格的波动。当策略性库存单位成本满足一定条件时，零售商持有策略性库存，利用两期灵活定价和保鲜努力水平决策将刺激更多需求，为双方赢得更多的收益，有利于供应链系统效益的提高。

第四，两期生鲜品供应链中供应商最优决策受策略性库存和补贴策略的影响。首先，策略性库存将影响供应商两期的定价策略，与第一期批发价相比，无论政府提供何种补贴策略，供应商均将降低第二期批发价。其次，政府的不同补贴策略也将对供应商的具体批发价产生影响，在政府无补贴和向零售商提供补贴的策略下，供应商的批发价相同，不受补贴率影响，但当其作为补贴的直接接受方时，供应商的批发价决策受补贴率影响，与政府不提供补贴策略和政府向零售商提供补贴策略相比，供应商降低了最优生鲜品批发价。两期生鲜品供应链中零售商决策受补贴策略和顾客保鲜努力敏感性的影响。其中，最优策略性库存决策受补贴策略影响，与政府不提供补贴相比，政府提供补贴时的策略均可刺激零售商持有更多的策略性库存，且当补贴率提高到一定水平时，与政府向供应商提供补贴策略相比，政府向零售商提供补贴策略下零售商将持有更多策略性库存。

第五，代售模式可为供应商和第三方带来更高的收益，而对生鲜电商来说，佣金率才是其销售模式偏好的决定因素。不论供应商以哪种销售模式入驻电商平台，自行保鲜策略都可以为供应商和生鲜电商带来更高的利润。不同的策略选择对供应链各成员的决策有显著影响。代售模式下产品价格低且更新鲜，对消费者更有吸引力。而产品定价方自行保鲜时通过销售更便宜的产品来吸引消费者，外包保鲜时通过提供高新鲜度的产品来吸引消费者。另外，供应商和生鲜电商自行保鲜时，应积极改进保鲜技术来降低保鲜成本，从而提高利润。而对第三方来说，若保鲜成本系数较低，则无须通过改进保鲜技术来提高利润，只有当保鲜成本系数较高时，第三方才有动力改进保鲜技术以降低保鲜成本。当供应商以代售模式入驻电商平台时，若自行保鲜，则供应商和生鲜电商都更喜欢以低佣金率合作。若供应商引入第三方外包保鲜，则高佣金率只对生鲜电商有利，而供应商和第三方都将利益受损。若产品所有者外包保鲜服务，则转售模式下高外包费用系数对供应商和生鲜电商都不利，只有第三方希望外包费用系数适当增加，但是该系数过高也会损害第三方收益。代售模式下高外包费用系数只对供应商不利，生鲜电商和第三方都希望该系数在适当范围内小幅度增加。

第六，当考虑存在竞争供应商时，新鲜度水平对生鲜品价格和电子零售商利润都有正向影响。但是只有当保鲜成本较低时，供应商才能从产品新鲜度的提高中受益。供应商的市场份额对其自身利润绝对有利，但当两个供应商的市场份额相当时，电子零售商无法获得较高的利润。两个渠道之间的竞争对供应链绩效总是有积极的影响。佣金率越低，电子零售商就越不喜欢代售模式。而供应商的最优决策也与佣金率有关，即佣金率越低，供应商越倾向于选择代售模式。在不同的销售情景下，供应商的最优策略是不同的，并且如果竞争供应商选择不同的销售模式，则选择代售模式的一方将获得更高的利润。当竞争供应商做出相同的选择时，佣金并不影响供应商之间的竞争和决策。

第七，若供应商选择以转售模式入驻电商平台，则合作双方都希望由电商平台提供保鲜服务。若供应商选择以代售模式入驻电商平台，则由供应商提供保鲜服务对双方都有利。如果由供应商提供保鲜服务，则其一定选择以代售模式入驻电商平台，而电商平台只有在供应商的保鲜技术较为先进时，才更倾向选择代售模式。如果由电商平台提供保鲜服务，则其更倾向选择转售模式下的合作，而供应商只有在电商平台的保鲜技术较为先进时，才会选择以转售模式入驻电商平台。只有在供应商以代售模式入驻电商平台，并且由电商平台提供保鲜服务的市场中，佣金率较高且保鲜技术较先进时，电商平台才不急于改进保鲜技术。除此之外，供应商和电商平台都将追求更先进的保鲜技术。当供应商提供保鲜服务时，供应商总是希望佣金率尽量低，而电商平台只有在佣金率过高时，才会适当降低该比率。当电商平台提供保鲜服务时，电商平台将尽可能地提高佣金率，而当电商平台的保鲜技术很先进时，供应商也可以接受高佣金率。

此外，基于上述研究结论，本书得到了一些管理学启示，并为生鲜企业提供如下建议。

第一，若不考虑外包保鲜，节点企业可建立合作，通过保鲜努力宣传和权威机构认证提高顾客保鲜努力敏感性。当顾客保鲜努力敏感性达到一定水平后，零售商需积极承担保鲜投入工作，并以高保鲜努力水平策略获得更多收益，供应商也可获得更多利润。

第二，若考虑外包保鲜，节点企业可通过调查评估 TPLSP 的保鲜成本优势水平，综合考虑成本后进行保鲜外包决策选择。此时，TPLSP 可努力提高保鲜成本优势，推动节点企业选择外包保鲜服务，选择向下游零售商收费，并与节点企业合作提高顾客保鲜努力敏感性，提供较高的保鲜努力水平，促进外包保鲜策略下实现多赢。此外，TPLSP 还可以向被收费方提供恰当的数量折扣契约，不仅能激励自身提高保鲜努力水平，还能弱化节点企业选择外包保鲜的成本优势条件。

第三，面对市场波动，在零售商负责保鲜的两期生鲜品供应链中，零售商可进行策略性采购，灵活运用动态定价和保鲜决策，推动生鲜品供应链系统的效益提高。其中，当策略性库存单位成本在恰当水平时，零售商可考虑持有策略性库存应对上游定价，使供应商做出让步，以较低批发价进行第二期采购。此时可结合顾客保鲜努力敏感性调整两期零售定价，第一期提供较低的保鲜努力水平可使供应链中的各参与方获得更高的收益。同时，较低的策略性库存单位成本下，与大批量一次性采购策略相比，零售商仍可考虑持有策略性库存以获得更多的批发降价让利。

第四，在考虑政府补贴和策略性库存的两期生鲜品供应链中，从供应商角度出发，其需要综合考虑零售商持有策略性库存和补贴策略，及时调整两期批发定价。当补贴率和顾客保鲜努力敏感性较低时，供应商应积极向政府争取生产补贴，适当地调低批发价，从而使供应链中的各方均获得更多的收益。从零售商角度出发，首先，考虑持有策略性库存可帮助其增强垂直层面的竞争力。其次，当政府提供补贴时，无论零售商是否为补贴的直接接受方，均应考虑提高保鲜努力水平，并依据补贴策略和顾客保鲜努力敏感性灵活定价，以获取更多的收益。当补贴率和顾客保鲜努力敏感性达到一定水平时，零售商应积极向政府争取保鲜补贴，为顾客提供更高保鲜努力水平的产品，从而获得更多的收益。从政府角度出发，向供应商提供补贴可促使其降低批发价，刺激顾客需求，有效提升供应链各成员的收益水平。向零售商提供补贴可促使其提高保鲜努力水平，刺激更多需求，并提高供应链各成员的收益。此外，政府可通过控制补贴率，并结合顾客保鲜努力敏感性来决定如何干预生鲜市场，从而更好地推动生鲜行业发展。

第五，销售模式对生鲜品供应链各方的收益及决策会产生直接或间接的影响，这就需要各方紧密合作，并就相关问题达成共识。无论何种销售模式都应该采取各种方式刺激市场的潜在需求，只有一定规模的市场才能带来更大的博弈空间和利益分配空间。同时，市场中是否存在竞争，是横向竞争还是纵向竞争，都可能会对相关结论产生影响。这就需要生鲜市场的监管方和规制者根据行业的发展现状和未来发展方向，再结合所得结论进行相应的规制和管理。

第二节　未来研究展望

针对生鲜品易损耗的特征造成的保鲜和市场波动问题，探索生鲜品供应链的保鲜和采购决策既具有现实意义又具有理论价值。因此，从其他角度切入进行拓展研究非常有必要。

第一，从不同保鲜成本角度出发。本书考虑的保鲜成本为研发密集型，实际上生鲜品类较为复杂，有些生鲜品的保鲜成本也可为边际密集型，而不同保鲜成本类型将对相关研究结果产生影响。因此，可针对生鲜品的保鲜特性，考虑生鲜品的不同保鲜成本类型，研究生鲜品供应链的保鲜外包决策及采购策略。

第二，从竞争博弈结构角度出发。本书的研究是在供应商占据主导地位的基础上展开，且只考虑了单一供应商供应生鲜品，而在现实生活中生鲜行业的竞争较为激烈，且在电商和新零售快速发展的背景下，零售商在直接面对消费者的博弈中也逐渐占据较强的决策地位。因此，可考虑多个供应商竞争供应生鲜品，还可考虑在零售商占据博弈主导地位背景下展开对比研究，有针对性地为生鲜行业提供更丰富的参考意见。特别是对在考虑零售商持有策略性库存时，供应商的入侵将对采购策略产生何种影响进行研究。

第三，从生鲜品易损耗特性考虑随机产量需求模型角度出发。生鲜品在运输过程中的变质和恶劣天气造成的供应中断等特征，有必要在随机产量需求模型下展开拓展研究，为相关企业提供更准确的参考意见。

第四，从新零售渠道整合角度出发。本书只考虑了从传统的零售渠道研究生鲜品的保鲜投入及策略性采购，而随着社会的发展，结合相关背景考虑供应商开设电商直销渠道和新零售下的渠道整合问题相当有必要。

第五，从销售模式选择角度出发。本书只考虑了有限的几种市场结构和博弈结构，而现实市场中存在多种多样的市场场景和博弈环境，可以结合具体情况在特殊情景下研究差异化的生鲜品销售模式和渠道问题。

参考文献

[1] 李美羽，王成敏，朱艳新. 数字经济下生鲜供应链创新机理与路径 [J]. 商业经济与管理，2021（11）：21-33.

[2] 王磊，但斌，王钊. 基于功能拓展的生鲜农产品供应商“互联网+”转型策略 [J]. 商业经济与管理，2018（12）：5-17.

[3] 徐慧婷. TPL 主导下的生鲜电商三级供应链决策分析 [J]. 工业工程，2022，25（01）：75-82.

[4] 王磊，但斌. 考虑消费者效用的生鲜农产品供应链保鲜激励机制研究 [J]. 管理工程学报，2015，29（01）：200-206.

[5] 曹晓宁，王永明，薛方红，等. 供应商保鲜努力的生鲜农产品双渠道供应链协调决策研究 [J]. 中国管理科学，2021，29（03）：109-118.

[6] 刘墨林，但斌，马崧萱. 考虑保鲜努力与增值服务的生鲜电商供应链最优决策与协调 [J]. 中国管理科学，2020，28（8）：76-88.

[7] 范体军，郑琪，蔡路. 考虑权力结构及供应商竞争的生鲜供应链决策 [J]. 管理科学学报，2022，25（01）：23-38.

[8] 周永圣，陈蕴，卢强. 新零售背景下考虑不同类型消费者需求整合的生鲜供应链决策研究 [J]. 系统科学与数学，2021，41（11）：3193-3206.

[9] 曹裕，刘培培，胡韩莉. 基于成本共担契约的生鲜供应链保鲜努力机制 [J]. 控制与决策，2020，35（01）：205-214.

[10] 陈军，曹群辉，但斌. 考虑代销商保鲜努力的农产品委托代销策略

研究 [J]. 中国管理科学，2022，30 (01)：230-240.
[11] 田宇，但斌，刘墨林，等. 保鲜投入影响需求的社区生鲜 O2O 模式选择与协调研究 [J]. 中国管理科学，2022，30 (08)：173-184.
[12] 张娜娜，卢丽娟，简兆权. 公平关切下“前置仓模式”生鲜供应链决策与协调研究 [J]. 工业工程，2021，24 (06)：150-157.
[13] 潘晓飞，解志恒，王淑云. 考虑损失规避的生鲜品商超保鲜努力和定价的优化决策 [J]. 公路交通科技，2022，39 (06)：177-185＋190.
[14] 张艳，王淑云. 控制力影响定价的生鲜品供应链优化模型 [J]. 公路交通科技，2021，38 (11)：150-158.
[15] 王磊，但斌. 考虑质量与数量损耗控制的生鲜农产品保鲜策略研究 [J/OL]. 中国管理科学：1-15 [2023-03-07].
[16] 曹裕，吴堪，熊寿遥. 生鲜供应链中保鲜努力投入及订货定价研究 [J]. 运筹与管理，2019，28 (10)：100-109.
[17] 马雪丽，王淑云，金辉，等. 考虑保鲜努力与数量/质量弹性的农产品三级供应链协调优化 [J]. 中国管理科学，2018，26 (2)：175-185.
[18] 冯颖，李智慧，张炎治. 零售商主导下 TPL 介入的生鲜农产品供应链契约效率评价 [J]. 管理评论，2018，30 (03)：215-225.
[19] 覃燕红，向林，秦星红. 公平偏好下考虑双边保鲜努力的生鲜农产品供应链协调研究 [J]. 工业工程，2021，24 (05)：27-38.
[20] 余云龙，冯颖. 不同冷链服务模式下生鲜农产品供应链决策 [J]. 中国管理科学，2021，29 (09)：135-143.
[21] 陈柳鑫，黄磊，马利军. 运费成本共担下 TPL 参与的农产品供应链收益共享契约研究 [J]. 管理工程学报，2021，35 (06)：218-225.
[22] 姚冠新，戴盼倩，徐静，等. 双重信息不对称下生鲜农产品物流外包保鲜激励机制研究 [J]. 工业工程与管理，2018，23 (04)：156-

162.
[23] 董振宁，周雪君，林强．考虑保鲜努力的生鲜农产品供应链协调［J］．系统工程学报，2022，37（3）：362-374.
[24] 史保阳，史保莉．考虑努力水平与损耗的农超对接生鲜产品供应链协调［J］．工业工程与管理，2019，24（05）：43-48+55.
[25] 熊峰，方剑宇，袁俊，等．盟员行为偏好下生鲜农产品供应链生鲜努力激励机制与协调研究［J］．中国管理科学，2019，27（4）：115-125.
[26] 张琴义，曹稳．农产品价格与保鲜努力决策及协调契约研究［J］．中国农业资源与区划，2021，42（5）：159-168.
[27] 郑琪，范体军，张磊．“农超对接”模式下生鲜农产品收益共享契约［J］．系统管理学报，2019，28（4）：742-751.
[28] 范辰，张琼思，陈一鸣．新零售渠道整合下生鲜供应链的定价与协调策略［J］．中国管理科学，2022，30（02）：118-126.
[29] 甘小冰，钱丽玲，马利军，等．电子商务环境下两级生鲜供应链的协调与优化［J］．系统管理学报，2013，22（05）：655-664.
[30] 刘亮，李斧头．考虑零售商风险规避的生鲜供应链区块链技术投资决策及协调［J］．管理工程学报，2022，36（01）：159-171.
[31] 杨亚，范体军，张磊．生鲜农产品供应链 RFID 技术投资决策及协调［J］．系统工程学报，2018，33（6）：823-833+864.
[32] 张云丰，龚本刚，桂云苗．时滞变质品供应链的数量折扣协调模型［J］．运筹与管理，2020，29（3）：99-106.
[33] 赵磊洲．信息不对称下 O2O 模式生鲜农产品供应链契约机制研究［D］．南京：南京航空航天大学，2018.
[34] 张旭梅，朱江华，但斌，等．考虑补贴和公益性的生鲜冷链保鲜投入激励［J］．系统工程理论与实践，2022，42（03）：738-754.
[35] 冯颖，顾佳美．考虑 TPL 主导优先权的生鲜农产品供应链协调［J］．

系统工程，2016，34（11）：112-118.
[36] 白世贞，谢爽．基于混合契约的生鲜电商供应链协调策略［J］．控制与决策，2018，33（11）：2104-2112.
[37] 张科静，马曼琼．考虑生鲜电商退货的双渠道供应链协调研究［J］．东华大学学报（自然科学版），2021，47（06）：116-123.
[38] 陈军，曹群辉．不同结算方式下农产品供应链保鲜投资决策［J］．系统工程学报，2018，33（03）：378-386.
[39] 闻卉，王先甲，陶建平，等．零售商合作偏好下生鲜农产品供应链的政府补贴机制与优化策略［J］．运筹与管理，2021，30（09）：100-106.
[40] 余星，张卫国，刘勇军．基于相对浮动价和政府补贴的订单农业协调机制研究［J］．管理工程学报，2020，34（03）：134-141.
[41] 周永务，黄香宁，曹彬，等．公司参与扶贫下的订单农业供应链：生产决策，社会福利与政府补贴［J］．系统工程理论与实践，2022，42（08）：2174-2195.
[42] 郭方方，钟耀广．乡村振兴视角下考虑农产品新鲜度的政府价格补贴策略研究［J］．价格月刊，2022（01）：52-61.
[43] 张旭梅，朱江华，但斌，等．公益性影响下考虑主体差异的生鲜农产品政府补贴策略［J］．管理工程学报，2022，36（04）：230-239.
[44] 朱江华，张旭梅，但斌，等．不确定需求下考虑资金约束的生鲜农产品政府补贴策略［J］．中国管理科学，2022，30（08）：231-242.
[45] 雷婷，但斌，刘墨林，等．考虑政府补贴的生鲜批发市场应急代储策略［J/OL］．系统工程理论与实践，2023，43（02）：455-468.
[46] 马雪丽，赵颖，柏庆国，等．考虑保鲜努力与碳减排努力的生鲜品三级冷链最优决策与协调［J/OL］．中国管理科学：1-15［2022-03-05］.
[47] 冯颖，张炎治．不同权力结构下 TPL 服务增值的供应链决策与效率

评价 [J]. 中国管理科学，2018，26 (10)：164-175.
[48] 王沛景，宋跃刚. 我国生鲜电商市场营销模式：演化、困境及出路 [J]. 商业经济研究，2022 (08)：102-104.
[49] 汪敢甫，艾兴政，钟丽. 基于溢出效应与平台服务的竞争网络平台的销售模式研究 [J]. 运筹与管理，2020，29 (3)：149-157.
[50] 周驰，王艺馨，于静. 批发，代理还是混合？——与自营平台竞争的复合平台销售模式选择策略 [J/OL]. 山东大学学报（理学版），2023，58 (01)：89-100.
[51] 王冲，唐曼萍，王莉莉. 基于 Stackelberg 博弈的生鲜农产品供应链决策研究 [J]. 软科学，2013，27 (4)：99-101+105.
[52] 洪江涛，全禹亭. 基于以旧换新和供应链结构差异的闭环供应链决策模型 [J/OL]. 中国管理科学：1-17 [2022-11-11].
[53] 卢志平，姚逸飞，陆成裕. 差异供应链结构下新能源电动汽车换电模式定价策略 [J]. 系统工程，2022，40 (02)：27-37.
[54] 付磊，廖成林. 不同权力结构下的零售端物流外包竞争决策研究 [J]. 系统科学与数学，2017，37 (03)：756-767.
[55] 方德斌，盛嘉良. 考虑销售服务和服务成本差异的制造商线上销售模式选择研究 [J]. 管理学报，2023，20 (04)：568-577.
[56] 范小军，王俊斌，刘艳. 考虑网络零售商自主销售模式下的线上平台收费策略 [J]. 系统管理学报，2019，28 (5)：823-832.
[57] 梁喜，蒋琼. 考虑线上线下零售商竞争的制造商双渠道定价策略 [J]. 控制与决策，2019，34 (7)：1501-1513.
[58] 赵菊，刘龙，王艳，等. 基于电商平台的供应商竞争和模式选择研究 [J]. 系统工程理论与实践，2019，39 (8)：2058-2069.
[59] 吴春尚. 基于 Stackelberg 博弈模型的不同主导权的三级农产品电商供应链决策分析 [J]. 工业工程，2021，24 (04)：160-167.
[60] 王道平，朱梦影，王婷婷. 生态供应链保鲜努力成本分担契约研究

[J]. 工业工程与管理, 2020, 25 (2): 36-43.
[61] 魏杰, 姜云超. 考虑供应商保鲜努力的生鲜电商销售模式选择研究 [J/OL]. 控制与决策: 1-9 [2023-02-18].
[62] 伍大清, 刘艳利. 考虑运输时间和消费者偏好的水产品供应链协调研究 [J]. 运筹与管理, 2022, 31 (09): 107-112.
[63] 陈艳, 张涵鑫, 杨煜. 考虑保鲜努力的生鲜混合双渠道供应链决策研究 [J]. 商业经济研究, 2022, 841 (06): 48-52.
[64] 张晓, 安世阳. 保鲜成本分担下考虑零售商公平关切的生鲜品双渠道供应链协调 [J]. 工业工程与管理, 2021, 26 (02): 15-22.
[65] 周涛, 孟祥倩, 陶明. 线下体验服务和保鲜努力双重因素下生鲜电商供应链决策与协调研究 [J]. 工业工程, 2023, 26 (01): 41-51.
[66] 郑秋鹏, 杨洪吉, 范芳凯. 保鲜努力信息不对称下社区团购三级供应链激励机制 [J]. 商业研究, 2022, 535 (05): 82-93.
[67] 崔鑫, 李春发, 周驰等. 随机需求下生鲜电商供应链物流合作与运营决策 [J/OL]. 中国管理科学: 1-15 [2023-03-16].
[68] 王辰宇, 孙静春, 史思雨. 电商平台中销售模式选择与直播营销策略研究 [J/OL]. 管理工程学报: 1-10 [2023-03-16].
[69] 徐明月. 考虑信息泄露和信息投资成本因素下平台的信息共享及渠道策略研究 [J]. 计算机科学, 2022, 49 (S1): 744-752.
[70] 唐飞, 苑希港. 基于网络平台的制造商销售与回收模式选择 [J/OL]. 计算机集成制造系统: 1-20 [2023-03-16].
[71] 李春雨, 张翠华, 李艳婷. Stackelberg 竞争下考虑消费者转移和平台差异的供应商运营策略 [J]. 管理学报, 2022, 19 (01): 102-111.
[72] 赖雪梅, 聂佳佳. 风险规避对制造商电商平台销售模式选择的影响 [J]. 管理工程学报, 2022, 36 (04): 240-248.
[73] 林强, 冯佳丽, 雒兴刚, 等. 不同消费支付方式下电商供应链销售

模式选择 [J]. 系统工程理论与实践，2021，41 (11)：2913-2928.

[74] 田晨，卢静会，魏杰. 基于电商平台的互补产品物流服务和销售模式选择研究 [J]. 工业工程与管理，2021，26 (02)：188-195.

[75] Ma X, Xu J, Peng W, et al. Optimal freshness and carbon abatement decisions in a two-echelon cold chain[J]. Applied Mathematical Modelling, 2021, 96: 834-859.

[76] Miao J, Liu A, Wang R, et al. The influence of information asymmetry on the strategic inventory of deteriorating commodity[J]. Omega, 2022, 107: 102558.

[77] Liu M, Dan B, Zhang S, et al. Information sharing in an E-tailing supply chain for fresh produce with freshness-keeping effort and value-added service[J]. European Journal of Operational Research, 2021, 290(2): 572-584.

[78] Ferguson M, Ketzenberg M E. Information sharing to improve retail product freshness of perishables[J]. Production and Operations Management, 2006, 15(1): 57-73.

[79] Yang L, Tang R, Chen K. Call, put and bidirectional option contracts in agricultural supply chains with sales effort[J]. Applied Mathematical Modelling, 2017, 47: 1-16.

[80] Hartwig R, Inderfurth K, Sadrieh A, et al. Strategic inventory and supply chain behavior[J]. Production and Operations Management, 2015, 24(8): 1329-1345.

[81] Kouki C, Babai M Z, Minner S. On the benefits of emergency orders in perishable inventory systems[C]. 19th International Symposium on Inventories. 2018.

[82] Blackburn J, Scudder G. Supply chain strategies for perishable products: the case of fresh produce[J]. Production and Operations Man-

agement,2009,18(2):129-137.

[83] Shukla M, Jharkharia S. Agri-fresh produce supply chain management: a state-of-the-art literature review[J]. International Journal of Operations & Production Management,2013,33(2):114-158.

[84] Chen Z, Dan B, Ma S X, et al. Demand information sharing of fresh produce supply chain considering competing suppliers' freshness-keeping effort [J]. International Transactions in Operational Research,2022.

[85] Tian Y, Dan B, Liu M, et al. Strategic introduction for competitive fresh produce in an e-commerce platform with demand information sharing[J]. Electronic Commerce Research,2022:1-35.

[86] Tian Y, Dan B, Lei T, et al. Supplier encroachment and information transparency on fresh produce e-commerce platform: Impacts on the traditional channel[J]. Managerial and Decision Economics, 2023, 44 (2):733-752.

[87] Cai X, Chen J, Xiao Y, et al. Optimization and coordination of fresh product supply chains with freshness-keeping effort[J]. Production and Operations Management,2010,19(3):261-278.

[88] Yang L, Tang R. Comparisons of sales modes for a fresh product supply chain with freshness-keeping effort[J]. Transportation Research Part E:Logistics and Transportation Review,2019,125:425-448.

[89] Moon I, Jeong Y J, Saha S. Investment and coordination decisions in a supply chain of fresh agricultural products[J]. Operational Research, 2020,20:2307-2331.

[90] Yan B, Wu J, Jin Z, et al. Decision-making of fresh agricultural product supply chain considering the manufacturer's fairness concerns[J]. 4OR-A Quarterly Journal of Operations Research,2020,18:91-122.

[91] Cai X, Chen J, Xiao Y, et al. Fresh-product supply chain management with logistics outsourcing[J]. Omega, 2013, 41(4): 752-765.

[92] Yu Y, Xiao T. Price and cold-chain service decisions in a fresh agri-product supply chain with logistics outsourcing[J]. Computers & Industrial Engineering, 2017, 111: 56-66.

[93] Yu Y, Xiao T, Feng Z. Price and cold-chain service decisions versus integration in a fresh agri-product supply chain with competing retailers [J]. Annals of Operations Research, 2020, 287: 465-493.

[94] Yu Y, Xiao T. Analysis of cold-chain service outsourcing modes in a fresh agri-product supply chain[J]. Transportation Research Part E: Logistics and Transportation Review, 2021, 148: 102264.

[95] Ma X, Wang J, Bai Q, et al. Optimization of a three-echelon cold chain considering freshness-keeping efforts under cap-and-trade regulation in Industry 4. 0[J]. International Journal of Production Economics, 2020, 220: 107457.

[96] Lou Y, Feng L, He S, et al. Logistics service outsourcing choices in a retailer-led supply chain[J]. Transportation Research Part E: Logistics and Transportation Review, 2020, 141: 101944.

[97] Wang G, Ding P, Chen H, et al. Green fresh product cost sharing contracts considering freshness-keeping effort[J]. Soft Computing, 2020, 24(4): 2671-2691.

[98] Yan B, Chen Y R, He S Y. Decision making and coordination of fresh agriculture product supply chain considering fairness concerns [J]. RAIRO-Operations Research, 2020, 54(4): 1231-1248.

[99] Wu Q, Mu Y, Feng Y. Coordinating contracts for fresh product outsourcing logistics channels with power structures [J]. International Journal of Production Economics, 2015, 160: 94-105.

[100] Ma X, Wang S, Islam S M N, et al. Coordinating a three-echelon fresh agricultural products supply chain considering freshness-keeping effort with asymmetric information[J]. Applied Mathematical Modelling, 2019, 67: 337-356.

[101] Nahmias S. Perishable inventory theory: A review[J]. Operations Research, 1982, 30(4): 680-708.

[102] Dolan R J, Jeuland A P. Experience curves and dynamic demand models: Implications for optimal pricing strategies[J]. Journal of Marketing, 1981, 45(1): 52-62.

[103] Rajan A, Rakesh, Steinberg R. Dynamic pricing and ordering decisions by a monopolist[J]. Management Science, 1992, 38(2): 240-262.

[104] Bhattacharjee S, Ramesh R. A multi-period profit maximizing model for retail supply chain management: An integration of demand and supply-side mechanisms[J]. European Journal of Operational Research, 2000, 122(3): 584-601.

[105] Saha S, Nielsen I E, Moon I. Strategic inventory and pricing decision for substitutable products[J]. Computers & Industrial Engineering, 2021, 160: 107570.

[106] Pan K, Lai K K, Liang L, et al. Two-period pricing and ordering policy for the dominant retailer in a two-echelon supply chain with demand uncertainty[J]. Omega, 2009, 37(4): 919-929.

[107] Maiti T, Giri B C. Two-period pricing and decision strategies in a two-echelon supply chain under price-dependent demand[J]. Applied Mathematical Modelling, 2017, 42: 655-674.

[108] Chen K, Xiao T. Ordering policy and coordination of a supply chain with two-period demand uncertainty[J]. European Journal of Operational Research, 2011, 215(2): 347-357.

[109] Liu Z, Gao R, Zhou C, et al. Two-period pricing and strategy choice for a supply chain with dual uncertain information under different profit risk levels[J]. Computers & Industrial Engineering, 2019, 136: 173-186.

[110] De Giovanni P, Zaccour G. A two-period game of a closed-loop supply chain[J]. European Journal of Operational Research, 2014, 232(1): 22-40.

[111] Genc T S, De Giovanni P. Trade-in and save: A two-period closed-loop supply chain game with price and technology dependent returns[J]. International Journal of Production Economics, 2017, 183: 514-527.

[112] Mondal C, Giri B C. Pricing and used product collection strategies in a two-period closed-loop supply chain under greening level and effort dependent demand[J]. Journal of Cleaner Production, 2020, 265: 121335.

[113] Ramani V, De Giovanni P. A two-period model of product cannibalization in an atypical Closed-loop Supply Chain with endogenous returns: The case of DellReconnect[J]. European Journal of Operational Research, 2017, 262(3): 1009-1027.

[114] Wang W, Ding J, Sun H. Reward-penalty mechanism for a two-period closed-loop supply chain[J]. Journal of Cleaner production, 2018, 203: 898-917.

[115] Tang J, Li B Y, Li K W, et al. Pricing and warranty decisions in a two-period closed-loop supply chain[J]. International Journal of Production Research, 2020, 58(6): 1688-1704.

[116] Dey K, Roy S, Saha S. The impact of strategic inventory and procurement strategies on green product design in a two-period supply chain [J]. International Journal of Production Research, 2019, 57(7): 1915-

1948.

[117] Dey K, Saha S. Influence of procurement decisions in two-period green supply chain[J]. Journal of cleaner production, 2018, 190: 388-402.

[118] Zhang S, Zhang J. Contract preference with stochastic cost learning in a two-period supply chain under asymmetric information[J]. International Journal of Production Economics, 2018, 196: 226-247.

[119] Yang H, Zhuo W, Zha Y, et al. Two-period supply chain with flexible trade credit contract[J]. Expert Systems with Applications, 2016, 66: 95-105.

[120] Yan B, Liu G, Wu X, et al. Decision-making on the supply chain of fresh agricultural products with two-period price and option contract [J]. Asia-Pacific Journal of Operational Research, 2021, 38(01): 2050038.

[121] Yan B, Han L. Decisions and coordination of retailer-led fresh produce supply chain under two-period dynamic pricing and portfolio contracts[J]. RAIRO-Operations Research, 2022, 56(1): 349-365.

[122] Yan B, Chen X, Cai C, et al. Supply chain coordination of fresh agricultural products based on consumer behavior[J]. Computers & Operations Research, 2020, 123: 105038.

[123] Moon I, Dey K, Saha S. Strategic inventory: manufacturer vs. retailer investment[J]. Transportation Research Part E: Logistics and Transportation Review, 2018, 109: 63-82.

[124] Li J, Yi L, Shi V, et al. Supplier encroachment strategy in the presence of retail strategic inventory: centralization or decentralization? [J]Omega, 2021, 98: 102213.

[125] Arya A, Frimor H, Mittendorf B. Decentralized procurement in light

of strategic inventories[J]. Management Science, 2015, 61(3): 578-585.

[126] Roy A, Gilbert S M, Lai G. The implications of visibility on the use of strategic inventory in a supply chain[J]. Management Science, 2019, 65(4): 1752-1767.

[127] Chen P, Liu X, Wang Q, et al. The implications of competition on strategic inventories considering manufacturer-to-consumer rebates [J]. Omega, 2022, 107: 102541.

[128] Mantin B, Veldman J. Managing strategic inventories under investment in process improvement[J]. European Journal of Operational Research, 2019, 279(3): 782-794.

[129] Thorlakson T, Hainmueller J, Lambin E F. Improving environmental practices in agricultural supply chains: The role of company-led standards[J]. Global Environmental Change-Human and Policy Dimensions, 2018, 48: 32-42.

[130] Hsu V N, Lai G, Liang G. Agricultural partnership for dairy farming [J]. Production and Operations Management, 2019, 28(12): 3042-3059.

[131] Wang L, Chen J, Song H. Marketplace or reseller? Platform strategy in the presence of customer returns[J]. Transportation Research Part E: Logistics and Transportation Review, 2021, 153: 102452.

[132] Chen P, Zhao R, Yan Y, et al. Promotional pricing and online business model choice in the presence of retail competition[J]. Omega, 2020, 94: 102085.

[133] Belhadj N, Laussel D, Resende J. Marketplace or reselling? A signalling model[J]. Information Economics and Policy, 2020, 50: 100834.

[134] Xu X, He P, Zhang S. Channel addition from marketplace or reselling

under regional carbon cap-and-trade regulation[J]. International Journal of Production Economics,2021,236:108130.

[135] Yan Y,Zhao R,Liu Z. Strategic introduction of the marketplace channel under spillovers from online to offline sales[J]. European Journal of Operational Research,2018,267(1):65-77.

[136] Zhang C,Ma H M. Introduction of the marketplace channel under logistics service sharing in an e-commerce platform[J]. Computers & Industrial Engineering,2022,163:107724.

[137] Huang L,Huang Z,Liu B. Interacting with strategic waiting for store brand: online selling format selection[J]. Journal of Retailing and Consumer Services,2022,67:102987.

[138] Jia D, Li S. Optimal decisions and distribution channel choice of closed-loop supply chain when e-retailer offers online marketplace [J]. Journal of Cleaner Production,2020,265:121767.

[139] Tian L,Vakharia A J,Tan Y,et al. Marketplace,reseller,or hybrid: Strategic analysis of an emerging e-commerce model[J]. Production and Operations Management,2018,27(8):1595-1610.

[140] Pu X,Zhang S,Ji B,et al. Online channel strategies under different offline channel power structures[J]. Journal of Retailing and Consumer Services,2021,60:102479.

[141] Liu Y,Ma D,Hu J,et al. Sales mode selection of fresh food supply chain based on blockchain technology under different channel competition[J]. Computers & Industrial Engineering,2021,162:107730.

[142] Liu W,Liang Y,Tang O,et al. Channel competition and collaboration in the presence of hybrid retailing[J]. Transportation Research Part E:Logistics and Transportation Review,2022,160:102658.

[143] BRICK MEETS CLICK. The lookout: Sizing up amazon's growth in

grocery and what could be the weak link in its strategy[EB/OL]. (2020-06-28)[2023-01-06].

[144] SUPERMARKET NEWS. Retail and Financial: Kroger, Walgreens form group purchasing organization[EB/OL]. (2019-12-11)[2023-01-06].

[145] Alizamir S, Iravani F, Mamani H. An analysis of price vs. revenue protection: Government subsidies in the agriculture industry[J]. Management Science, 2019, 65(1): 32-49.

[146] Li D, Chen J, Liao Y. Optimal decisions on prices, order quantities, and returns policies in a supply chain with two-period selling[J]. European Journal of Operational Research, 2021, 290(3): 1063-1082.

[147] Yu Y, Xiao T. Pricing and cold-chain service level decisions in a fresh agri-products supply chain with logistics outsourcing[J]. Computers & Industrial Engineering, 2017, 111: 56-66.

[148] Wang C, Chen X. Option pricing and coordination in the fresh produce supply chain with portfolio contracts[J]. Annals of Operations Research, 2017, 248(1-2): 471-491.

[149] Tang R, Yang L. Financing strategy in fresh product supply chains under e-commerce environment[J]. Electronic Commerce Research and Applications, 2020, 39: 100911.

[150] Hagiu A, Wright J. Marketplace or reseller? [J]. Management Science, 2015, 61(1): 184-203.

[151] Yan Y, Zhao R, Xing T. Strategic introduction of the marketplace channel under dual upstream disadvantages in sales efficiency and demand information[J]. European Journal of Operational Research, 2019, 273(3): 968-982.

[152] Lei Y, Jasin S, Sinha A. Joint dynamic pricing and order fulfillment

for e-commerce retailers[J]. Manufacturing & Service Operations Management, 2018, 20(2): 269-284.

[153] Zhang X, Hou W. The impacts of e-tailer's private label on the sales mode selection: From the perspectives of economic and environmental sustainability[J]. European Journal of Operational Research, 2022, 296(2): 601-614.

[154] Zhao Y, Hou R. Should a supplier engage in the marketplace? an equilibrium analysis in a hybrid-format supply chain[J]. RAIRO-Operations Research, 2021, 55(5): 2639-2655.

[155] Li P, Tan D, Wang G, et al. Retailer's vertical integration strategies under different business modes[J]. European Journal of Operational Research, 2021, 294(3): 965-975.

[156] Wei J, Lu J, Wang Y. How to choose online sales formats for competitive e-tailers[J]. International Transactions in Operational Research, 2021, 28(4): 2055-2080.

[157] Wei J, Lu J, Zhao J. Interactions of competing manufacturers' leader-follower relationship and sales format on online platforms[J]. European Journal of Operational Research, 2020, 280(2): 508-522.

[158] Qin Y, Wang J, Wei C. Joint pricing and inventory control for fresh produce and foods with quality and physical quantity deteriorating simultaneously[J]. International Journal of Production Economics, 2014, 152: 42-48.

[159] Yan B, Fan J, Wu J W. Channel choice and coordination of fresh agricultural product supply chain[J]. RAIRO-Operations Research, 2021, 55(2): 679-699.

[160] Wang M, Zhao L, Herty M. Modelling carbon trading and refrigerated logistics services within a fresh food supply chain under carbon cap-

and-trade regulation[J]. International Journal of Production Research,2018,56(12):4207-4225.

[161] Song Y,Fan T,Tang Y,et al. Omni-channel strategies for fresh produce with extra losses in-store[J]. Transportation Research Part E: Logistics and Transportation Review,2021,148:102243.

[162] He B,Gan X,Yuan K. Entry of online presale of fresh produce: a competitive analysis[J]. European Journal of Operational Research,2019,272(1):339-351.

[163] Li D,Liu Y,Fan C,et al. Logistics service strategies under different selling modes[J]. Computers & Industrial Engineering,2021,162:107684.

[164] Li D,Liu Y,Hu J,et al. Private-brand introduction and investment effect on online platform-based supply chains[J]. Transportation Research Part E: Logistics and Transportation Review,2021,155:102494.

[165] Abhishek V,Jerath K, Zhang Z J. Agency selling or reselling? Channel structures in electronic retailing[J]. Management Science,2016,62(8):2259-2280.

[166] Alaei A M,Taleizadeh A A,Rabbani M. Marketplace,reseller,or web-store channel: The impact of return policy and cross-channel spillover from marketplace to web-store[J]. Journal of Retailing and Consumer Services,2022,65:102271.

[167] Xu Y,Wang J,Cao K. Logistics mode strategy of firms selling fresh products on e-commerce platforms with private brand introduction [J]. Journal of Retailing and Consumer Services,2023,73:103306.

[168] Wang G,Ma C. Analysis of procurement strategies in a two-period fresh product supply chain[J]. Kybernetes,2023 (ahead-of-print).